21世纪高等学校电子信息类专业规划教材·电子商务

人力资源管理信息化
（修订本）

邬锦雯　主　编
孙高洁　邓顺国　杜向阳　副主编

清华大学出版社
北京交通大学出版社
·北京·

内容简介

本书借鉴同类教材的经验，在编写过程中参阅了大量国内外优秀的论著和文献，融合了人力资源信息化管理这一领域的最新研究成果和应用实践，分别介绍了人力资源信息化管理的基本知识，人力资源管理信息系统的模块分析、选择与实施，因特网下的人力资源管理，因特网与企业文化，人力资源网站等内容，使读者对企业人力资源信息化管理的整个进程有一个较清晰的了解。

本书共7章。第1章介绍人力资源基本概念，对人力资源管理进行概述；第2章论述人力资源管理与信息化的结合，引出人力资源信息化管理这一课题；第3章介绍企业如何选择与实施人力资源管理信息系统；第4章介绍在因特网环境下的人力资源管理；第5章介绍企业文化与人力资源管理；第6章介绍人力资源网站；第7章介绍的是HR解决方案与案例分析。

本书结构严密，资料翔实，内容新颖，叙述清晰，可作为电子商务专业、人力资源管理及信息管理等专业的教科书及相关专业的专科生、本科生或研究生的参考书，也可作为从事实际工作的企业管理人员和对该领域有兴趣的社会人士的参考书。

图书在版编目（CIP）数据

人力资源管理信息化／邬锦雯主编. —北京：清华大学出版社；北京交通大学出版社，2006.3（2018.3 修订）

（21世纪高等学校电子信息类专业规划教材·电子商务）

ISBN 978－7－81082－697－6

Ⅰ. 人…　Ⅱ. 邬…　Ⅲ. 信息技术－应用－企业管理－劳动力资源－资源管理－高等学校－教材　Ⅳ. F272.92－39

中国版本图书馆CIP数据核字（2006）第014691号

责任编辑：杨　祎
出版发行：清 华 大 学 出 版 社　　邮编：100084　　电话：010－62776969　　http://www.tup.com.cn
　　　　　北京交通大学出版社　　邮编：100044　　电话：010－51686414　　http://press.bjtu.edu.cn
印 刷 者：北京时代华都印刷有限公司
经　　销：全国新华书店
开　　本：185×260　　印张：12.75　　字数：310千字
版　　次：2006年3月第1版　　2018年3月第1次修订　　2018年3月第9次印刷
书　　号：ISBN 978－7－81082－697－6/F·146
印　　数：15 001～16 500册　　定价：26.00元

本书如有质量问题，请向北京交通大学出版社质监组反映。对您的意见和批评，我们表示欢迎和感谢。
投诉电话：010－51686043，51686008；传真：010－62225406；E-mail：press@bjtu.edu.cn。

前　言

随着信息技术的飞速发展,网络数字化信息经济时代已经来临。与传统的经济模式相比,许多方面均发生了巨大的变化,几乎所有的商业规则都在改写。企业经营模式由具体到虚拟,从竞争走向合作,从控制走向学习,从独立走向整合,从集中走向分散,出现了许多新的概念和模式。如信息经济(Information Economy)、全球化(Globalization)、虚拟组织(Virtual Organization)、外包(Outsourcing)、电子商务(Electronic Commerce)、企业再造(Business Reengineering)、价值链(Value Chain)、客户关系管理(Customer Relationship Management)、供应链管理(Supply Chain Management)等。企业在如此复杂多变的环境下,必须及时地适应环境和及时做出调整才能立于不败之地。在我国,社会主义市场经济体制逐步建立并完善,许多企业越来越认识到市场竞争的激烈和增强企业竞争力的紧迫感。企业竞争的关键是人才的竞争,能否管好人、用好人是企业成败的重要因素。因此,人力资源管理已成为现代企业管理中最根本的环节。

在这样的社会背景下,怎样让企业人力资源管理工作适应飞速发展的信息经济时代,怎样让企业人力资源管理与信息技术紧密结合,以增强其有效性和便捷性,怎样做到人力资源信息化管理已成为每个企业面临的问题。同时也构成了本书写作的主要目的。

本书的突出特点是完全从企业的角度去考虑问题,不局限于人力资源管理信息系统的技术细节,关注如何以最少的成本使企业做到人力资源信息化管理,让企业的人力资源管理人员从烦琐的日常工作中解放出来,把时间和精力放在人力资源的战略规划上,更多地考虑制度和企业文化对人的约束。本书共分7章,采取循序渐进的方法。第1章对人力资源管理进行概述,介绍了一些人力资源的基本概念、人力资源的管理环境和几种管理模式。第2章介绍一些信息技术的基本概念和信息经济飞速发展的时代背景,把人力资源管理与信息化结合起来,引出人力资源信息化管理这一课题。第3章说明企业如何选择与实施适合企业自身特点的人力资源管理系统。第4章主要是阐述因特网的高速发展对企业人力资源管理具体工作有何影响,以及企业的应对方略。第5章着重分析了企业文化与人力资源管理的互动,以及网络环境下的企业文化建设。第6章则专门介绍了人力资源信息化管理进程中的一个重要角色——人力资源网站。第7章是对几个典型的人力资源解决方案和案例进行分析,给企业提供一些启示。整本书结构严谨,内容详实,实用性较强。通过对该内容体系的学习,可以对一个企业人力资源信息化管理的进程有一个较清晰的了解。

本书由邬锦雯负责总体设计,其他编写人员均为工作在电子商务教学和科研第一线的实际工作者。第1章由邓顺国、郑晖编写;第2章由孙高洁、刘伟编写;第3章由冯志勇编写;第4章由李舒编写;第5章由邬锦雯、孙高洁编写;第6章由杜向阳编写;第7章由康远志、赵书虹编写。完成初稿后,由邬锦雯、邓顺国进行统稿。另外,在此感谢华南师范大学经济与管理学院的领导在本书编写过程中给予的大力支持!

本书在编写过程中参考了大量的资料,并尽可能在书后参考文献中列出,但是难免有遗漏,在此向所有文献的著者表示诚挚的谢意! 由于编者水平有限,编写时间比较仓促,书中出现错漏和不足之处在所难免,敬请读者批评指正,以便我们进一步完善和修改。

编　者
2006 年 1 月

目　录

第 1 章　人力资源管理概述

导读：伴随着经济全球化的进程，伴随着信息技术的迅猛发展和广泛应用，经济和社会赖以发展的战略资源发生了根本的变化，人力资源已经成为经济和社会发展最重要的资源。创造和应用知识、信息的能力和效率，已成为决定一个国家综合国力的重要因素。而人力资源管理作为企业最重要的管理内容之一，面临着新的经济形态、新的经济模式和整个社会环境，特别是信息化浪潮的影响的挑战。本章主要对人力资源管理进行概述。重点讨论人力资源管理发展阶段及其发展模式以及我国人力资源管理的基本情况和发展趋势。

1.1　人力资源管理的基本概念

1.1.1　人力资源及其人力资源管理的含义

人力资源是现在企业得以顺利进行的三大资源之一，也是最重要的资源。什么是人力资源呢？学术理论界仍然没有一个统一的看法和认识。内贝尔·埃利斯（Nabil Elias）认为，人力资源是企业内部成员及外部的人即总经理、雇员及顾客等可提供潜在服务及有利于企业预期经营的总和。雷克斯·列科（Rensis Lakere）认为，人力资源是企业人力结构的生产和顾客信誉的价值。伊凡·伯格（Ivan Berg）认为，人力资源是人类可用于生产产品或提供各种服务的活力、技能和知识。也有人认为，人力资源是具有智力劳动或体力劳动的人们的总和。应该说，以上的几种说法都从不同的角度论述了人力资源的概念。

我们认为，人力资源是指人类进行生产或提供服务，旨在推动经济和社会发展的劳动者的各种能力的总和。企业的人力资源就是能够推动企业发展壮大的劳动者能力的总和。而人力资源管理（Human Resource Management，HRM）就是运用科学的方法，通过招聘、培训、任用和奖励等措施对组织内外能够推动组织发展的成员的管理和有效运用，以保证组织目标实现与成员发展的最大化。

从以上定义可以看出，人力资源管理的目标是"组织目标实现与成员发展的最大化"，实现这一目标的途径则是"招聘、培训、任用和奖励等措施"，并且这些途径必须使用的是"科学的方法"，这就是现代人力资源管理的含义。

1.1.2　人力资源管理概念的发展过程

人力资源管理概念最早是由美国人在 20 世纪的 70 年代提出的，其最大的特点就是改变了将员工仅仅看作是劳动力的观点，而将员工当作战略性资源，企业纷纷将人事部改为人力资源管理部。人力资源管理概念经历了如下发展阶段即：传统的劳动力管理—人力资源管理—大人力资源管理—现代人力资源管理（人力资源的信息化管理）。

1. 传统的劳动力管理阶段

传统的劳动力管理是一种见物不见人的管理，它把人当作劳动力，把劳动力与设备等一起当作物，其特点是：

（1）把人当作物，重使用（把人当作劳动力）轻培训，单方面地强调控制、使用和管理；

（2）把人当作一种成本，把雇佣劳动力的支出当作成本开支，而不把人当作一种对企业发展具有决定意义的资源，忽视人性的存在，忽视人的主观能动性。

2. 人力资源管理发展阶段

人力资源管理阶段是把人作为一种"资源"，注重产出和开发。人力资源是一种特殊资源，它具有主观能动性、智力性和社会性。

人力资源是具有主观能动性的资源。主观能动性是人力资源的首要特征，是与其他一切资源最根本的区别。人力资源是唯一一种具有主观能动性的资源。所谓主观能动性是指人力资源在经济活动中起着主导作用，因为一切经济活动首先是人的活动，由人的活动才引发、控制、带动了其他资源的活动。另外，在经济活动中人力资源是唯一起创造作用的因素。经济活动的生命是发展、进取和创新，而只有人力资源才能担负起这种任务。

同时，人力资源还具有智力性和社会性的特点。人类是唯一具有思维能力的生命体，人类的智力性是其他动物和工具所不具有的。因此，人力资源具有智力性，这是任何其他资源都无法比拟的，即使是电脑这种智能性的工具资源都无法与人力资源的智力性相比。当人们把人力当作一种资源的时候，表明人力资源管理进入了新的阶段并且由于人类的活动具有社会性，随着社会分工的深化和细化，社会性尤为明显，这使得人力资源也具备了社会性的特点。

3. 大人力资源管理阶段

传统人事管理是某一职能部门单独承担的任务，其他职能部门一般不参与。但进入大人力资源管理阶段后，情况发生了很大的变化。大人力资源观强调的是以系统、全局的观点来看待人力资源问题，即跳出人力资源的圈子看人力资源。不把人力资源局限于人事部门，不把人力资源管理封闭于狭小的领域，而是把人力资源管理作为支持公司长远发展的战略性力量，人力资源管理部门逐渐成为企业的核心部门，企业的各个部门逐渐围绕各部门开展的人力资源规划、开发利用。人力资源管理部门侧重于人的潜能开发、培训和调配，其他部门则侧重使用人才并配合人力资源管理部门的工作。人力资源管理涉及企业的每一个管理者，现代的管理人员应该明确：他们既是部门的业务经理，也是这个部门的人力资源经理。人力资源管理部门的主要职责在于制订提高他们对人的管理水平和素质。所以说，企业的每一个管理者，不单完成企业的生产、销售目标，还要培养一支为实现企业组织目标质好量足的员工队伍。

4. 人力资源的信息化管理阶段

因特网的出现从根本上改变了人力资源管理的方式。网上招聘（包括网上视频招聘）、网上培训、员工信息管理数据库，实现人力资源的战略规划、决策系统，人力资源的成本核算与管理系统，人力资源的招聘、选拔与录用系统、人力资源的教育培训系统等人力资源管理方式的出现，都对现代人力资源管理造成了巨大的影响，信息技术将人力资源管理人员从烦琐的数字表格文档中解放出来，使他们拥有更多的时间来对人力资源管理进行决策。同时，网上招聘提高了人员招聘的速度，扩大了招聘的范围。网上培训降低了成本，提高了培训的效率。

1.1.3　人力资源管理的职能

1. 人力资源计划、招聘和选择

一个组织为了实现它的目标,在特定的地点和时间,必须有能够胜任特定工作岗位的员工。要聘用到这样的员工,需要进行人力资源计划、招聘和选择这三个程序。

人力资源计划是系统地检查人力资源需求的过程,以确保在需要的时候能够聘用到满足技术和数量要求的员工。招聘是吸引足够数量的个人并且鼓励他们申请到组织中工作的过程。选择是从一组申请人中录取那些最适合公司及其招聘岗位的个人的过程。成功的完成这三项任务对组织有效地实现它的目标是极为重要的。计划是一项工作的开端,同样,人力资源计划是人力资源管理的开端。开端好了,或者说"龙头"摆正了,或者说"体"对了,就为以后的工作奠定了基础,铺平了道路。各组织均十分重视人力资源计划工作。(管理者通常称计划工作是组织一切工作的"龙头",企业管理者常说企业管理有"一体两翼",一体指计划,财务管理和质量管理为两翼。)

2. 人力资源开发

个人、工作和组织总是在不断地变化,要使个人、组织更有成效,能适应变化的环境与组织,人力资源开发也是必需的。公司要保持其竞争力,必须在人力资源开发过程中不断地改进和提高。当一个人进入公司并且自始至终从事其职业时,这一开发过程就开始了。中国有句俗话说"活到老,学到老",就是说这种开发是不间断的。大规模的人力资源开发项目被称为组织发展,其目的是改变公司的内部环境,使员工更有效地工作。

人力资源开发包括培训定位、强化团队意识、职业计划与绩效评价等。其中,职业计划是一个规定人力资源目标和建立实现目标措施的过程。个人的职业计划与组织的需要并不是孤立和矛盾的。组织应该在职业计划中帮助员工,以至两者的需要都能被满足。通过对员工和工作小组的绩效评价,以确定他们是如何较好地完成指定的任务。绩效评价为员工提供了机会,利用他们的实力克服存在的不足,从而使他们变得更令人满意和更富有成效。

当今,科学技术发展迅猛,产品更新加快,企业的兼并重组增多,兼并重组的规模越来越大,员工的流动也在加速,人力资源开发的必要性日显突出。

3. 报酬和福利设计

报酬和福利设计具体包括:工资,即一个人完成基本工作所获得的货币;福利,指追加的经济酬劳,而不是基本工资,包括对假期、病家、节日和医疗保险的支付;非经济酬劳,指非货币酬劳,例如,完成工作后的享受,或舒适的工作环境。仔细周全的报酬系统应体现员工为满足组织目标所做的贡献,给予员工公平和合适的报酬。目前,员工的劳动越来越多的是脑力和知识型的劳动,这种劳动的贡献不易计量,其成果反映具有滞后性,科学地计量员工劳动状况和成果是人力资源管理中的重要内容。

4. 安全和健康管理

安全指保护员工避免受到与工作相关的事故所引起的伤害。健康是指员工免除疾病并获得全面的身心健康。

员工在安全的环境中工作并享受良好的保健,能够使其更有效地工作,从而给组织带来长期的利益。从根本上来说,关心、重视安全与健康,是发展经济的目的,是社会主义生产的目的,是经济制度所决定的。随着社会的进步,在全球范围内安全和健康备受各国政府与企业的重视,制定了许多相关法律和政策,切实保障员工的安全与健康。

5. 员工和劳动关系

伴随着资本主义的产生和发展,面对资本家的残酷剥削和压迫,工人群众为维护自身的合理报酬与利益产生与发展了工会组织。工会组织在解决员工共同关心的问题,激发员工的劳动热情,提高生产效率方面起到了积极的作用。1949 年中华人民共和国成立后,通过工会组织及其活动培养了一大批劳动能手、劳动模范,造就了一批优秀干部,有的还成为了国家领导人。但是,曾经有一种观点认为国有企业的员工是企业的所有者,不存在员工同企业的利益冲突,对工会组织的作用有所轻视,在这种观念影响下不少人力资源管理教材对员工和劳动关系有所忽略。社会主义市场经济体制的建立,改变了单一的国有所有制形式,工会的作用受到国家和政府的重视,制定了相应的法律和政策,人力资源管理工作理所当然地要运用这些条件、环境和武器,极大地调动员工的主动性和积极性,有效地利用人力资源,提高企业的经济和社会效益。同时也应看到,一些发达国家由于生产力水平提高,员工生活水平提高及社会福利增加,工会会员减少,工会的作用越来越淡化,劳方和资方的工资谈判减少,取而代之的是产生了一系列的有效员工关系制度。例如,股权大众化、权利分散化、管理民主化等,通过这些制度激励员工学习与工作,不断提高效率。

6. 人力资源研究

人力资源研究的对象是面对飞速发展的经济与社会,如何科学而有效地解决人力资源管理中所出现的种种难题。人力资源研究者的实验室是整个的工作环境。研究会涉及人力资源管理的每一个职能。例如,一个与招聘相关的研究可以得知在某一企业最可能获得成功的工人类型,而对工作安全方面的研究可以判别某些工作事故发生的原因。人力资源研究的目标是最大限度地实现个人和组织目标。

由于科技进步,人的因素越来越重要。员工期望值大,变化快,员工构成变化快,员工工作性质变化快,因而要不断提高员工素质。所有这些都强化了人力资源研究。例如,在瑞典,虽然劳动力经过良好的教育和培训,但由于国家较高的所得税率,使得即使极具刺激性的薪水也缺乏吸引力。对瑞典沃尔沃工厂的研究显示,瑞典人对汽车制造厂所产生的尘垢污染表示不满。而且,在装配线上进行严密监控并且与机器同步工作也是令人头痛的事情。因此,沃尔沃建立了更多环境舒适和令人赏心悦目的工厂,在这里是由生产工作组管理自己。每个生产工作组装配汽车的一个实体部分,这些汽车部件从一个生产区被移到另一个生产区。在新的沃尔沃工厂中,工人的劳动热情和生产效率要比老厂高,旷工的现象比老厂少。很明显,人力资源研究有助于大力发展生产力和令人满意的劳动力。

1.2 人力资源管理的环境

人力资源管理是近 20 多年来首先在西方发达国家中发展起来的,它成为管理的革命性的演变。从人力资源管理的发展演变中,可以明显地看到社会环境因素的影响和作用。

(1) 经济发展方式的发展演变,使人力因素在社会经济发展中的作用越来越突出。随着西方发达国家社会经济发展方式的变化,在今天,西方发达国家中约有 2/3 的劳动力在生产性服务和运输性服务行业中就业,而在制造业中就业的劳动力不断减少。显然,对于服务性组织来说,其成功的关键将更多地依赖其雇员的才能与工作热情,依赖处于工作第一线的服务人员的责任心和服务的质量，管理部门必然要采取一系列创造性措施去解决在新经济形态下的人事管理新问题，有效地激励员工的工作积极性。

(2) 新的技术革命的突飞猛进和高新技术产业的飞速发展，特别是网络信息技术的广泛使用与发展，以及以网络为基础的知识经济的形成，产生了全球性的对优秀科技人才的巨大需求，同时也造成了全球性的高科技优秀人才的匮乏。因而不论是各种新兴产业的决策者和经营者，还是各国的政府部门，都致力于优秀人才的争夺，采取各种措施吸引优秀人才，激励各类人才，实施人才战略，以满足社会经济发展对人才的迫切需求。

(3) 教育的普及与发展使劳动者素质普遍提高，许多高学历者进入到学历要求不高的工作岗位上。越来越多的一线工人具有大学文凭。劳动者素质的提高，使得劳动力的潜能大大增强，但与此同时也给人事管理提出了新的要求，要借助新的管理方式解决高学历者在普通工作岗位上所产生的不满，运用新的激励技巧对这些具有较高教育程度的劳动力进行有效激励。

(4) 新的劳动与就业法律的制定与实施必然对管理者行为进一步产生限制作用。20世纪60年代以来，美国在公平就业机会立法方面，陆续制定了一系列法律，禁止由于种族、年龄、残疾、宗教、性别或原居住国等原因而对雇员有所歧视，有的州法律还规定雇主有义务为雇员提供健康福利。其他西方国家也纷纷进行了相似的立法。法律对管理者行为的限制规范作用，使得雇员的合法权益得到更多的保障，同时也影响到双方的关系。

(5) 西方学者关于人力资源理论的提出，为人力资源管理提供了理论基础，并形成了人力资源管理的社会氛围。在20世纪60年代前后，对西方国家社会经济飞速增长原因作出新解释的学者形成了两大派：一派以诺斯、布坎南、哈耶克等代表的制度学派，强调制度资本是经济长期增长的主要原因；另一派以舒尔茨、贝克尔、卢卡斯、罗迈尔等为代表，他们认为人力资本要素已日益成为现代经济和收入增长的重要源泉。两派的理论在世界各国都产生了广泛影响。制度的变革与人力资源管理都得到了人们广泛关注与研究。人力资源理论的提出，促使人们更加关注人力资源的开发利用，在人力资源管理方面不断进行实践探索和理论总结，并形成了有利于人力资源管理的良好社会氛围。

1. 影响人力资源管理的外部环境因素

人力资源管理代表了一种新的管理哲学与价值观，要求管理者切实把“人高于一切”的价值观贯彻到整个管理活动中，把赢得雇员的忠诚与献身精神作为人力资源管理的基石，要求每个管理者都承担起人力资源管理的职责，充分开发人的潜力，促进人的全面发展。显然，要实现人力资源管理，就必然需要良好的外部环境与之相适应。这个良好的外部环境主要应包括以下的因素。

(1) 充满生机与活力的社会经济发展环境。它表现为一个区域的社会经济长期保持较高增长速度，经济的外向度和开放程度不断增强，居民收入不断增长，教育、科技、卫生和社会保障也同时得到发展和提高，整个区域充满了发展的活力。一个地区不管其发展水平如何，只要具有发展的活力，勇于吸纳外来投资和人才，社会经济持续增长，就必然给各类人才用武之地，给人力资源的开发提供发展的空间，人力资源管理才能获得巨大的动力和基本的物质基础。

(2) 政府运行的高效率与廉洁奉公。在市场经济体制的条件下，政府仍然承担着对人力资源进行宏观调控的责任，在人力资本的培育，人才的流动与资源配置等方面发挥着重要作用。因而政府运行的高效率与廉洁奉公,必将促进人才战略与人才政策的贯彻实施,从而为人力资源管理的实现提供有利条件。

(3)良好的法制环境。良好的法制环境意味着一个地方具有健全的法律法规体系,特别是劳动与就业方面的立法能满足社会经济发展和人的全面发展要求,司法机关严格执法,各类组织和人员严格依法行事,加强法制监督。这样,公民和法人的合法权益都能得到保障,特别是执法的过错责任能及时得到追究,管理者行为有了法律的规范与约束,人力资源的培育、人才的流动与竞争、人才的聚集与开发等活动才能在规范有序中进行。良好的法制环境为人力资源管理的实现提供了强有力的保障。

(4) 科学技术与教育的充分发展,教育与科学技术发展水平的高低,直接关系到人力资源质量的高低,要满足现代化经济发展的需求,就必须大力贯彻科教兴国的战略,切实发挥科学技术作为第一生产力的重要作用。必须通过教育的普及与发展来提高人的素质。而教育的发展,则应着眼于提高国民的整体素质,在大力提高教育投入,大大降低文盲率,加强学历教育的同时,努力加强职业教育与素质教育,加强对劳动者的劳动态度、价值观和劳动技能等方面的教育与培训,不断提高人力资源的质量,从而为人力资源管理的实施提供必要的人才条件。

(5) 良好的社会人文环境。在良好的社会人文环境里,人们不但重视自然科学与技术,而且也充分重视人文社会科学;不仅高度崇尚科学的理性思维与理性精神,而且也具有尊重人、关怀人和以人为本的人文精神。人们普遍具有人类文明社会形成的人文素养,独立人格意识得到张扬,人的全面发展要求得到普遍认同与尊重,人才的价值与作用被充分肯定。在这样的社会人文环境中,不仅可以吸引人才、留住人才、实现人才的聚集,而且也为各类人才发挥作用提供了广阔的空间,人力资源管理的实施也必将获得成功。

上述几方面因素是相互密切联系的,它们的综合构成了人力资源管理的环境系统。它们相互影响与作用,相互促进与发展,各种因素的积极作用,就必然能够形成一个尊重知识,尊重人才、鼓励创业的良好社会氛围,建立起有利于优秀人才脱颖而出、人尽其才的良好机制。在这样的环境中,人力资源管理必定能取得人们所期望的成效。

2. 影响人力资源管理的内部环境因素

影响人力资源管理的内部环境因素主要包括公司的目标、政策、组织文化、高层管理层的管理风格、组织内员工、非正式组织和企业内工会等。

(1) 目标。指组织持续存在的目的或原因。每一管理层都应为明确的组织目标而工作。目标是组织的旗帜,是组织的方向,组织内的各部门和子系统(例如,分公司、工厂、处、科、车间)都应明确自己的目标,以便与组织(例如公司)的总体目标协调一致。

(2) 政策。政策是指为决策提供方向而事先制定的指导方针。在企业中,围绕销售、采购、生产、财务和人事诸方面制定一系列政策。政策较之于企业中的规则(例如,生产工艺规则、设备检修规则等),要具有弹性或灵活性。企业中涉及人力资源管理方面的政策有:

- 给员工提供一个安全工作的场所;
- 鼓励员工尽可能多地发挥其人力资源潜力;
- 提供补贴以鼓励员工在质和量上提高生产效率;
- 确保现在的员工首先被安排在他们能够胜任的任一空缺职位上;
- 工龄满 25 年者,无论何时退休,不受外界社会不良波动的影响;

- 送往国外进修者,在本单位工作时间一般不少于5年。

这些政策将鼓励员工安心工作,有安全感,有长期持续努力工作的动力,有不断进取得到晋升的愿望,有利于企业骨干队伍的成长与稳定。

(3) 组织文化。组织文化指的是组织的社会和心理倾向,是与产生行为规范的正式结构相互影响的组织内部共享价值、信仰和习惯的系统。由企业内职工个体研究转变为对企业内职工整体的研究,追求企业的整体优势、卓越和良好的集体感受是企业文化的特点。十分重视团队作用的企业文化,其人力资源管理就不可能过分突出个人,奖励和报酬的发放应将团队、组织和车间放在重要位置。注意同一车间、班组内员工间的相互协调、公平和合理。重视学习和创新的企业文化,决定人力资源管理中突出学习、创新优秀人才的榜样力量,注意对创新优秀人才的各种物质激励和精神激励。

(4) 高层管理者的管理风格。中国海尔公司董事长张瑞敏很重视产品质量。当初曾查出本公司生产的76台不合格的电冰箱,开职工大会,令质量出了问题的车间主任将这76台不合格的电冰箱全部砸烂。视质量如生命的企业经营者自然注意提高员工的质量意识,请高校老师讲质量管理,开办质量管理培训班,员工业绩的考核也重在质量考核,对企业内干部考核重点也在质量。领导者的风格影响着人力资源管理的内容与侧重点。通用电器公司前任总裁韦尔奇也很注意产品质量,主持开展6希格玛活动,他对员工的考核、晋升和评级都十分注重质量问题,随时检测他们的质量管理意识、质量管理方法和技巧。人力资源管理必须适应高层管理者的管理风格,着力选聘注重质量的员工,录用质量管理方面的高手,提拔和晋升在质量管理上做出贡献的员工。相反,如果高层经营管理者轻视产品质量,就不可能招聘录用产品质量管理上的强手,也想不到嘉奖质量管理方面的优秀人才。久而久之,这样的企业最后可能将会破产、倒闭。最高管理者和经营者的管理风格影响企业和公司的人力资源管理,最终影响企业的生死存亡。

(5) 员工。企业、公司因员工能力、态度、个人目标和品质方面的不同,人力资源管理者的工作方法也就有所不同。对员工A有效的方法,对员工B使用就可能无效,这是基层管理者熟知的,称之为"一把钥匙开一把锁"。人力资源管理必须针对员工和车间小组的差异而采用不同方法。非熟练工人较为集中的基层,其管理者的主要精力要放在任务的技术性方面。熟练工人较为集中的基层,其管理者的主要精力要放在任务的合作协调方面,而对技术性细节关注较少。企业营销新手一定要了解营销中的具体程序和新客户的状况。营销老手则要搞好同生产制造部门、财务部门、质量检测部门的合作支持,争取让生产部门能按时、按质、按量交出产品,争取财务部门及时开单结账,甚至让财务部门能帮助客户解决一时的资金周转困难等。

(6) 非正式组织。所谓非正式组织,指的是一个在没有被官方指定的单位内发展人力相互作用的关系和形式的组织。在一个单位中,非正式组织是客观存在的,也有很大的影响力。管理者必须重视这个问题。例如一个科学研究单位,突然引进来一名留学博士,正式组织,包括研究室主任都很欢迎。可是这个室的老毕业生多,尤其是20世纪80年代初期的大学本科毕业生很多,学历层次普遍较低,有留学经历的人少,做访问学者的人在国外工作时间短。在这样的环境中会有一些冷言冷语针对博士,令这个博士无法工作,他只能退出。这件事本质上是非正式组织的作用将该博士挤走了,非正式组织的副作用影响了整个研究室的发展。非正式组织的作用与影响是人力资源管理者必须认真分析和正确对待的。在美国,均等就业机会是写进法律的,各正式组织都要认真执行,也会有明确表示。但是,一个清一色的男性或白种人的工作小组可能会抵制分配女性或者黑人到这个小组来。新来的女性或黑人会遭到排斥,或者原来小组的人不愿意帮助他,甚至冷语贬损他。这类情况使基层管理者在非正式组织的影响和正式组织及政策之间处于艰难境地,加大了基层管理者的工作难度。

(7) 工会。指企业内部工会组织,它是影响人力资源管理的内部因素。企业、公司上层及公司上层管理者特别要处理好企业内工会代表工人、代表员工同资方、同老板所签订的劳资协议,整个组织(整个公司、企业)的管理者必须严格履行协议中的各项条款。在多数情况下,协议对管理者、对人力资源管理部门有种种要求与严格限制。例如,管理者想临时将一名维修工调到操作工的岗位上,但由于协议制约,管理者就不能作这一临时安排。发达国家的一些群众团体或有关专家视企业内的工会作用状况是衡量企业民主化、社会民主化程度的一项指标,是民众参与管理的标志之一。

总之,研究和从事人力资源管理要关注环境,当前尤其要关注跨国企业、跨国公司所面临的跨国文化和各国法律的差异。人家的企业要进来,我们的企业要出去。有专家预言,21世纪国家意识会变得淡薄,企业意识和企业文化会强化。但公司文化可能和国家法律相吻合,也有可能产生抵触。所以人力资源的高级经理、企业的高层经营管理者必须有全球性的观念和全球性的技能。要认识到,在全球激烈竞争方面,人力资源管理所起的作用不亚于先进技术和经济规模。各国均制定了很多法律来保障本国公民的权利。但在本公司国外企业工作和本公司国内企业工作,其民主保障是不相同的;同样在国内工作,无论是在外企还是在国企工作,其民主保障也是不相同的。美国也有同样的问题,在美国雇主属下工作和在国外外国雇主属下工作,两者的民主保障是不相同的。人力资源管理专业人员应与代理国际劳工事务的律师密切合作,以保障员工各种待遇条件的合法性。

1.3 人力资源管理的模式

1.3.1 人力资源管理的四种模式

1. 主管模式

这种模式主要适用于幼稚期的企业。这时的企业总体上处于求生存状态,企业员工数量相对较少,财务状况也不是很充裕,管理工作不规范,管理制度不健全。这种模式主要有以下特点。

(1) 人力资源管理工作直接由企业领导负责,一般不设专门的人力资源管理部门。这主要是由于企业的管理幅度小,领导者有更多的机会与员工接触。此时的人力资源管理更多地表现为一种领导艺术,其结果的好坏直接取决于领导者的个人魅力和为人处世的能力,它强调的是一种人格化管理。

(2) 人力资源的开发处于初级的自发阶段。人员少,机构设置简单。领导者与员工在业务紧张时一起不分昼夜地工作,在闲暇时共同分享轻松。企业内部员工之间既能和睦相处,又保持集体利益的高度一致。幼稚期的企业为员工提供了足够的发展空间和表现舞台。员工不仅能够明显地感受到自己的劳动成绩,还可以充分地享受这一劳动成果,这更能让员工发挥出他们的潜能,此时的企业往往表现出极高的活力。

(3) 人力资源管理的日常性和基础性工作,如出勤记录、员工薪资的发放、办理劳保用品等活动,往往被忽略或没有引起足够的重视,一般由企业的财务或会计单位兼任。因为此时的企业没有足够的精力或者认为没有必要按部就班地去完成人力资源管理这一个复杂的系统工程。企业员工的选用、培训、考核与薪酬管理表现出极强的随意性、跳跃性,不成系统。在这种模式下,人力资源工作的关键点首先在领导者自身素质的提高,一方面是指其业务水平,另一方面体现在管理素质上,要充分利用创业期的条件,变自发行为为自觉行动,合理调整人力资源,充分挖掘员工潜力,形成强大的凝聚力。其次,在人员的招聘与选用上,企业往往要求员工一专多能、一人多岗、一人多责。在企业没有形成自己完整的经营套路和企业文化之前,现有员工的业务水平、文化修养和道德素质决定着企业未来的发展前景。

2. 三维一体模式

三维一体模式是指由决策层、人力资源部门和一线经理科学地分工负责人力资源的各项业务,并进行相应的协作。这种模式主要适用于发展期的企业。此时,快速发展的企业规模不断扩大,对人才的渴望与需求异常强烈。人力资源管理逐步作为单独的职能独立出来,各项工作逐步走向制度化、规范化。这种模式的主要特点如下。

(1) 企业高层即决策层负责人力资源的战略管理规划。决策层主要是做好人力资源战略决策,而此前的大量人力资源供求预测工作是由人力资源部门和一线经理来负责,此后的人力资源规划方案是由人力资源管理部门来制定。在最后阶段,人力资源战略规划的执行是由一线经理来担任。而对规划的评价则是在决策层的领导下,由决策层、人力资源部门和一线经理三方共同完成的。

(2) 一线经理主要负责人力资源管理核心业务(招聘、培训、考核、薪酬管理)的关键环节,如招聘中的人员选拔、各岗位员工培训需求评估、员工绩效考核的实施和结果反馈、薪酬管理中具体薪酬数量的确定。而其他非关键环节则由人力资源部门提供支持性服务。

(3) 人力资源部门除辅助一线经理外,还专业负责基础业务(岗位分析、岗位评价)和日常性人事管理工作(如员工健康与安全、员工福利、人事统计、考勤管理、劳动管理、人事档案管理等)。岗位分析和岗位评价是企业人力资源管理的基础环节,这一环节的工作好坏关系着其他业务能否规范进行。制定和调整岗位分析、岗位评价应该是人力资源部门的工作重点。当然,如同人力资源部门应该协作配合一线经理的核心业务工作一样,一线经理也要做好相应的配合,特别是在岗位分析与岗位评价这两项基本业务方法上,一线经理更应该做好协作,甚至参与到工作中去。但是这种模式也存在一定的缺陷,包括如下几点。

(1) 企业决策层、一线经理参与人力资源工作更多地是凭感性认识进行的,缺乏人力资源开发的专业理论知识。并且,很多的管理行为是单纯地从业务水平或本部门的利益出发,使人力资源工作缺乏整体协调性。

(2) 人力资源部门作为一个内部管理部门只是为其他部门提供服务和支持,处于附属地位,因忙于应付一些日常性事务而无法深入企业的经营业务,缺乏对企业走向的洞察力,其管理行为只能是一些修补措施。至于要求人力资源的战略规划与企业的战略目标保持高度一致,只能成为一种空谈。

3. 全员管理模式

这种模式是以人力资源部门为轴心,建立一个由企业决策层、一线经理、人力资源部门及员工自身组成的既有科学分工又相互协作的四位一体的、全员的、全方位的人力资源管理模式。这种模式主要适用于成熟期的企业。处于成熟期的企业,增长速度放慢,人员数量急剧增加,管理层次增多,管理幅度加大;员工素质普遍得到较大提高,对企业文化有较深的理解和认同感;企业的各项管理制度也日趋完善。这种模式的主要特点有如下几点。

(1) 在组织机构中设立副总裁级甚至由总裁直接担任人力资源总监,人力资源部门在企业中处于轴心地位,直接参与到企业战略规划的制订,并完成与之相适应的人力资源规划。

(2) 人力资源部门除做好日常性工作外,还应加深对客户、市场、业务和企业环境的接触和了解,把握企业走向,以事前计划的角色来执行招聘、培训、考核、薪酬管理等工作。另外,人力资源部门还应该对其他部门经理和一些管理人员进行人力资源开发的培训,提升整个企业的人力资源管理水平。

(3) 在企业的其他部门设立人力资源岗位,使人力资源管理成为每个部门经理工作的组成部分,并把人力资源管理作为经理业绩考核的重要内容之一。

(4) 员工自我管理。每一位员工都必须参与到人力资源管理过程中去,以充分体现人力资源管理的人本原则。这主要表现在以下几个方面:①每一位员工可以通过决策参与系统来了解企业人力资源战略规划的情况,从而与一线经理一起根据自身的具体情况制定自己的职业生涯发展计划;②员工根据自身情况与一线经理共同设定每一阶段的具体工作目标,并在实施过程中及时进行修正;③员工参与绩效考核指标与方法的制定,并进行绩效考核的自我评定;④员工参与福利与薪酬制度的讨论,使报酬管理更加科学、公平合理;⑤员工参与培训计划的制定,自我评估培训需求,并对培训成果进行自我评估。

4. 虚拟管理模式

这种模式主要适用于成熟后期或衰退期的企业。它主要是指企业结合自身的实际发展状况,借助社会其他优势资源进行人力资源的开发与管理。企业可以就人力资源管理某一方面的工作寻求外部资源的整合,如通过猎头公司网罗优秀人才。企业也可以全权委托专业机构实行人力资源的开发与管理。如北京同仁堂集团在2002年伊始完成由北京工业发展咨询有限公司全权负责的企业所有干部竞聘上岗工作后,又将委托专业人力资源公司进行职能部门的调整,实现真正意义上的大集团、小机关、多实体,为百年老店赋予现代企业的新内涵。

这种模式的优点主要在于:

(1) 企业可以用很小的成本享受社会的优势资源,提高企业工作效率;

(2) 企业可以以更专业的态度和理论对待、解决人力资源开发与管理中的瓶颈问题和新情况;

(3) 合作单位可以从局外人的角度审视企业现存的人力资源管理问题,引进新的思路和方法,为企业增添活力;

(4) 合作单位没有介入企业复杂的人际关系网,能够为企业员工提供更公平合理的工作环境。

在这种模式下,企业一方面要充分信任合作的专业机构,给予其足够的工作空间;另一方面,合作单位间要加强沟通与交流,让专业的人力资源服务机构对企业的发展现状与生存环境有深刻的认识,从而能对症下药。

1.3.2 国内外人力资源管理模式对比

计划经济时代对人的管理停留在人事管理的层面上。随着我国改革开放的不断深入和市场经济的逐步完善,人力资源管理这一理念已由国外引入我国。由于起步晚,国内人事管理模式与国外先进的人力资源管理模式相比有很大的差距,我们可以从以下几个方面加以分析和对比。

1. 人力资源管理在企业中的地位方面

国外的人力资源管理在企业中处于战略地位,人力资源部门参与企业发展战略的制定,它与企业直线部门的关系是战略伙伴的关系。

国内的人力资源部门仅对企业的经营目标起着支持性的作用。在国内,人力资源管理部门80%的时间都用在了日常性的行政管理事务上,他们无法描述自己为公司的价值增值究竟做出过何种具体贡献。而实际上,人力资源部门并不仅仅负有一种职能性的责任。确立人力资源管理部门在国内企业的战略地位已成当务之急。

2. 人力资源活动强调的重点方面

国内人力资源管理的着眼点是操作导向或日常导向,而国外更多的是着眼于未来导向或战略导向。

(1) 在国外管理先进的企业中,人力资源管理部门的角色已被重新定位,他们正在扮演着四种角色:一是战略伙伴角色。将企业的人力资源战略与企业的经营战略结合在一起,确保企业所制定的人力资源战略得以贯彻执行。二是管理专家角色。负责设计和贯彻有效的人力资源管理制度、管理过程以及管理实践,包括雇员的甄选、培训、开发、评价以及报酬等一系列制度。三是员工激励者角色。承担对雇员的献身精神和贡献进行管理的任务。无论劳动力队伍具有多么高的技能,只要他们变得与企业疏远起来或者内心感到愤愤不平,那么他们就不可能为企业的成功尽自己的努力,也不会在企业工作太长的时间。因此,员工激励者的角色最为重要。四是变革推动者角色。帮助企业确定何时进行变革并且对变革的过程进行管理。这就要对企业文化进行变革,使对抗型和互不信任型的文化让位于合作型和相互信任型的文化。

在国内,人力资源管理者们在更多的情况下扮演的是管理专家的角色和员工激励者的角色。他们大部分的时间和精力用在人力资源管理制度方面和员工激励方面,还没有意识到战略管理者和变革推动者的角色对实现企业目标的重要性。

(2) 人力资源管理组织结构。由于对人力资源管理部门所扮演的角色认识不同,因此,中外企业通常所采用的人力资源管理职能结构也不同。

(3) 人力资源管理活动的类型及在各种活动上所花费的时间不同。人力资源管理活动可划分为三种类型。其中,事务性活动包括人事记录、福利管理、雇员服务,只具有较低的战略价值;绩效管理、培训、招募、甄选、报酬以及员工关系等传统性活动是人力资源管理职能的核心和瓶颈,这些活动具有中等的战略价值;变革性活动包括知识管理、文化变革、战略调整、战略更新,这些活动创造了企业的长期发展能力和适应性,对企业来说战略价值是最高的。

(4) 具体的管理模式和方法不同。从表 1–1 可以具体看出中外人力资源管理模式的差异。

表 1-1 国内外人力资源管理模式和方法的差异

管理实践	国外人力资源管理	中国人力资源管理
人力资源规划	结合企业战略制定人力资源规划	很少制定人力资源规划
招募与甄选	注重人力测评和人职匹配	重视面试
培训与开发	职业生涯设计	上岗培训
薪资与福利	激励性强	缺乏持续激励性
绩效考评	可操作性强	主观性强
员工关系	重视企业文化建设	企业文化不鲜明

- 招募工作。国外公司十分强调通过雇员招募过程来吸引适合公司经营需要的新员工。他们通常会在国际因特网上创建一个专门的招募网页,以便吸引顶尖人才。该网页主要内容是一些对求职者有帮助的求职建议以及公司内部的职位空缺信息。甚至还包括一项请求职者完成的适应性测验,该项测验有助于求职者理解该公司的企业文化与他们个人的需要之间是否相互匹配,这实际上是帮助求职者确定该公司是否是自己想要为之工作的那种雇主。他们之所以花费了大量的资源来建设这个网页,是因为他们相信求职者准备得越充分,公司的招募工作就越容易完成。
- 员工开发工作。国外公司通常采用"接班计划"。为了使企业在需要的时候能够得到必要的人才,企业通常对雇员进行提前开发。企业的每一位员工都必须与其直接上级一起制定一项个人开发计划。制定个人开发计划的依据是对雇员希望达到的未来职业位置所进行的考察以及雇员当前所处的职业位置。为了满足员工职业发展的需要,公司鼓励他们去参加某些课程的学习,鼓励他们考虑从公司内部的一个部门向另外一个部门流动以及从一个产品领域向另外一个产品领域流动。接班计划不仅提高了员工的满意度,而且保证了公司在需要的时候能够得到自己想要的管理人员。高绩效的员工通常可以得到自己期望去的新职位上工作一段时间的机会。这种做法的目的是确保公司永远都不会用能力不是很过硬的雇员来填补某一职位空缺。
- 多元化及道德伦理问题。国外公司非常注重对多元化劳动力队伍的管理。公司还鼓励决策的道德化以及与公司的主要价值观之间的一致性。从人力资源部门传达出的沟通性信息也在帮助雇员理解公司的伦理道德要求。

3. 人力资源管理模式的创新能力方面

中外人力资源管理模式的创新能力是不同的。国外的管理专家不断地进行新的人力资源管理实践并成功地应用到企业中去,为企业的绩效提供帮助。国内不仅是管理开发能力不强,而且借鉴国外先进的管理理念和模式后的应用能力也急需加强。让我们看一下国外人力资源管理的一些新趋势。

(1) 以顾客为导向。这种以顾客为导向的新趋势是与全面质量管理哲学一脉相承的。这种思想为人力资源管理职能提供了一个很重要的思考方法,帮助人力资源管理者确认谁是自己的顾客,这些顾客有什么样的需要希望得到满足以及采用什么样的技术来满足这些需要。

(2) 通过业务外包、结构重组以及流程再造来改善人力资源职能的有效性。进行业务外包的原因有两点:一是外部伙伴能够以比本企业在内部生产时更低的成本来提供某种产品或服务;二是外部伙伴能够比本企业更为有效地完成某项工作。

(3) 决策支持系统和专家系统。决策支持系统主要是被设计用来帮助管理人员解决问题的。该系统中常常包括"如果……那么……"这样的字句,如果假设或数据发生变化时,该系统会给企业提供很大的帮助。

专家系统是把在某一领域中具有专业知识和经验的人所遵循的决策规则进行整合而形成的计算机系统。专家系统可以以较高的质量和较低的成本来提供建议。在使用了专家系统的情况下,企业能够比原来用较少的雇员或者技能较低(从而成本也较低)的雇员来完成同样的操作。

(4) 应用软件技术。如人员招募甄选软件、人员规划软件、绩效管理软件、培训与职业开发软件、薪资与福利管理软件等。

(5) 平衡记分卡。能够使管理者有机会从内部客户和外部客户以及雇员和股东等几个角度来全面审视公司绩效的衡量办法。平衡记分卡之所以重要,是因为它综合了企业为增强市场竞争力所需要的大多数特征,其中包括以顾客为中心、改善质量、强调团队工作、缩短新产品和服务的开发时间以及着眼于未来的管理等等。平衡记分卡不同于传统的企业绩效衡量办法,它强调根据企业的经营战略和竞争要求选择若干关键性的衡量指标。

(6) 自助服务。人力资源正在从一项专门化的、独立化的职能向范围更广阔的企业能力职能方面转化,在这种职能之中,人力资源管理者和直线管理者通过建立伙伴关系来为企业赢得竞争优势,进而达到企业的总体经营目标。

自助服务(self - service)是指赋予职员以控制人力资源事务的能力。由于企业内部联网等方面的技术进步已经使得人力资源部门在一些传统的行政事务方面如人事记录、提供福利服务等方面的重要性越来越低。自助服务除了降低成本之外,还有利于雇员把人力资源部门看成是一个积极的部门。自助服务还与心理契约的变化(雇员们希望自己能够在个人职业发展方面承担起更大责任)相吻合。

4. 国际人力资源管理方面

随着企业所处的竞争环境正迅速地向全球化发展,越来越多的公司在通过向海外出售产品、在其他国家建立工厂以及与外国公司缔结联盟等手段进入国际市场。那么隐藏在这种全球化扩张趋势背后的是一些什么样的原因呢? 首先,这些被进入的国家都是拥有大量潜在消费者的新兴市场,对于那些开工不足的企业来说,这些新兴市场为它们提供了一种增加销售额和利润的手段;其次,许多公司都在其他一些国家设立生产厂,以便通过这些国家成本低廉的劳动力来完成技术水平相对较低的工作而获利。

但是,要想在国际市场上获得成功,所有的企业无论其规模大小,都面临着一个共同的挑战——理解文化差异以及进行人力资源投资。企业需要在以下几个方面付出更大的努力:一是挑选及保留能力较高的雇员,二是重视雇员的培训与开发,三是打破限制雇员创造力的传统官僚式层级结构。

国外企业还十分注重跨文化培训。他们要求外派雇员理解并尊重所到国的文化以及经营规范的能力、语言能力和技术能力等。相比之下,国内企业在这些方面还有所欠缺。总之,要认清我国的人力资源管理与国外先进的人力资源管理模式的差距,真正为企业总体经营目标的实现做出应有的贡献。

1.4 我国人力资源管理的现状和趋势

1.4.1 我国企业人力资源管理的现状

1. 我国企业人力资源管理的发展状况

随着我国市场化进程的发展以及现代企业制度的逐步建立,越来越多的企业开始认识到人力资源管理对于企业的重要性。因而,越来越多的企业开始重视人力资源管理,并将其当作现代企业制度中的重要部分加以建设。总的来说,我国人力资源管理正在逐步向发达国家靠拢。

(1) 人力资源管理制度正在建立。在对企业的调查中发现,人力资源管理制度正在建立,目前人力资源管理制度已经有一些成效,其表现有以下几个方面:

- 招聘制度市场化,招聘途径公平、公开;
- 培训制度和培训形式多样化;
- 薪酬和考核制度合理化。

(2) 人力资源管理的地位正在改变。现代人力资源管理已经不仅仅局限于考勤记录、档案保存、户口办理、工资发放等事务性工作,人力资源管理部门在企业发展和人才策略上有了自己的主观意见,发挥出更大的自主权和决策权。

(3) 人力资源管理手段正在完善。大多数企业都建立了人力资源管理支持系统,有的企业甚至自行开发出决策支持软件,以提高工作效率。随着信息产业的崛起,服务业的内容日益丰富,许多中小企业将自己的档案管理、社保业务等实行外包,公司本身不设置机构办理这些业务,而是委托专业咨询机构定期办理。这样不仅减轻了企业的负担,而且提高了人力资源管理的水平,提高了企业的效率。

(4) 职业经理人正在成长。随着市场化的进程,出现了越来越多的职业经理人,他们不仅业务精通,而且具有良好的职业道德。职业经理人的成长提高了企业的管理水平,许多家族式企业开始引入职业经理人,更加说明了现代人力资源管理制度的影响。

(5) 人力资源管理的内涵更加丰富。企业文化开始在人力资源管理中显现,许多公司的人力资源管理部门不仅对员工进行职业技能的培训,还提供与公司文化相适应的各种形式的培训,提高员工对企业的认同感。同时,人力资源管理逐渐体现出人性化的一面,通过对员工更多人性化的管理方式,提高员工对企业的归属感,从而提高员工的忠诚度。

2. 我国企业人力资源管理发展中的问题

我国已经加入 WTO,中国的人力资源环境对人才来讲变好了,但企业的生存环境受到很大的冲击。因为加入 WTO 以后,人才有了更广泛的流动空间,跨国公司进来了,人才的流动会加速,而人才的特性是在流动中升值的。我们面临这个现实和背景的挑战在于,通过一套什么样的机制能留住优秀员工。在我国,虽然一些企业已经认识到了人力资源管理对企业建立竞争优势和实现可持续发展的重要性,但能够运用现代管理理论进行系统、科学、规范的人力资源管理实践,并取得显著绩效的企业还很少。

目前我国大多数企业已经由传统的人事管理向人力资源管理过渡。但由于种种原因,现行的人力资源管理模式尚不完善,在育人用人等诸多方面存在弊端,亟待改善和提高。

(1) 大多数企业的人力资源管理还是以"事"为中心。主要表现为:只见"事",不见"人",只见某一方面,而不见人与事的整体,强调"事"的单一方面以及静态的控制和管理,其管理的形式和目的是"控制人";把人视为一种成本,当作一种工具,注重的是投入、使用和控制,忽略了对人力资源的开发和培训,不能充分挖掘人的潜力。人作为一种特殊的资本,如果合理利用,能够创造出比其他资本高得多的价值。而我国许多企业把人力资本与其他资本等同对待,使得人力资源的投资十分不足。

(2) 许多企业对员工培训重视不够。人力资本理论重视教育与培训的投入和产出关系。而我国大多数企业育人机制和成才环境尚未形成。一些国有企业仍保持计划经济时代的组织形式,没有专门的培训机构和培训人员,实际情况多是重使用、轻培养。大多数企业由于只看眼前利益,不舍得投资,或担心留不住人才,不敢大规模投资。据调查,在我国国有企业中,有30%以上的企业只是象征性地拨一点教育、培训费,年人均在10元以下;20%左右的企业的教育、培训费年人均在10~30元。大多数亏损企业已基本停止了人力资本投资。部分有能力的企业已放弃或准备放弃岗前或中长期的教育培训。据不完全统计,近几年被撤销的职业教育机构,占总数的45%,被合并的占总数的47%,还剩8%则处于萧条之中。企业在追求生产规模的扩大和技术设备升级的同时,却忽视了对员工的职业培训。

(3) 企业普遍缺乏人力资源规划及其相关政策。人力资源规划是根据企业的发展战略、目标及内外环境的变化,预测企业未来任务和环境的要求,从而为完成这些任务和满足这些要求而提供人力资源的一个过程。其开发和整合有赖于企业战略的确立与明确。但是目前国内大多数企业,人力资源管理往往注重于招聘、员工合同管理、考勤、绩效评估、薪金制度、调动等与公司内部员工有关的事项,却忽略了与顾客的联系,没有关注顾客需求和市场变化对企业人力资源管理战略的影响。尤其是一些中小企业,只是形式上存在招聘、考核、调动等传统人事管理的职能,而实质上根本就没有企业长远战略作为支撑。

(4) 人力资源部门无法统筹管理整个企业的人力资源。人力资源部无法将公司和部门战略与人力资源战略统一结合,受职权限制,人力资源部门与其他业务部门沟通十分困难,人事部的实际工作停留在主管层以下,造成考核体系不完善,激励机制不健全,人力资源计划不完整等问题。公司领导层受业务困扰,对人力资源的重要性认识不足,把人事工作作为企业行政或后勤的一部分。这样就造成人力资源部形同虚设。比如,有的企业的人力资源部并不是一个独立的部门,而是位于其他某个部门之下;还有的企业人力资源部只有一个人。由此可见,人力资源部门与它的真正价值不能挂钩,只是一个象征性的名称而已。

(5) 没有把先进的人力资源管理思想转化为适合本国企业特点的可操作性的制度、手段和途径。由于没有十分成熟的人力资源管理技术和完善的工作流程的实践,难以提炼成人力资源管理信息系统,电子化程度低,工作效率不高也就在所难免。由于人力资源管理理论和实践都是从国外借鉴而来的,加之中国具体的国情不同,并且缺乏一批受过专业培训的人力资源管理队伍,这样就很难形成具有中国特色的人力资源管理模式。而目前,我国企业中从事人力资源管理的专业人员很少,尤其是一些中小企业的人力资源管理人员,大多是缺乏人力资源管理实践经验的新手,致使我国企业的人力资源管理仍旧停留在表层上。

1.4.2 我国企业人力资源管理发展滞后的深层原因

造成我国企业人力资源管理滞后的原因有多种,但深层原因是观念老化、体制僵化。现代企业管理的核心是人力资源管理,人力资源管理的逻辑起点是对管理对象(人)的基本假设,即企业所奉行的对企业人力资本的基本看法和理念。这种理念的不同决定着企业人力资源管理的成效,乃至企业的生存与发展。同时,这一基本理念随时代的发展以及企业经营环境的不同而不断地发展变化。无论是我国企业的用人问题还是规划战略问题,都是一个"理念"问题在作怪。而这种与现代人力资源管理思想格格不入的理念根源,就是我国僵化的人事管理体制。

我国企业特别是国有企业构建人力资源管理架构的最大难点在于,它要由传统的人事管理转变为现代人力资源管理。也就是说,它绕不开传统的人事管理体制。过去,在计划经济体制下形成的传统人事管理体制已经根深蒂固,随着企业市场化改革的推进,传统人事管理正逐渐让位于现代人力资源管理。但是改革至今,并没有从根本上摆脱传统人事管理体制的束缚,许多企业仅仅是把原来的人事处改为人力资源管理部或人力资源开发部,而且大多数企业只是形式上的改动,与原来相比,并无实质性的变化。从用工制度、人事制度、分配制度到企业经营者的任用制度,基本上都是沿用传统的方法。

在传统的人事管理阶段,企业的人事管理职能主要是制度的执行,即按照国家劳动人事政策和上级主管部门发布的劳动人事管理规定、制度对职工进行管理,人事部门基本上没有对制度的制定调整权,难以根据实际情况对管理政策和制度进行及时调整。人事部门在企业中的地位并不突出,趋同于一般的行政管理部门,更多的是从事事务性的管理工作,其管理的形式和目的是"控制人",并不关注个人的绩效,人在企业中不被看作是可待开发的资源。目前,我国大多数企业基本上都处在这个阶段。人力资源管理观念落后,在人力资源开发与管理上认识模糊,人力资源管理与开发仍属于粗放型,多停留在"人事管理"上,未能建立起有效的人力资源开发与利用的投资保障体制,即使有些企业在组织结构上设立了人力资源部,但观念上并未完全从人事管理转变到人力资源管理上来。

1.4.3 提高我国人力资源管理水平的对策分析

(1) 转变观念,构建人力资源管理体系。重视人才,是人力资源管理体系最核心的问题。人力资源管理体系不仅是职能的分工组合,而且包括战略层面的全局把握和操作层面的科学管理。人力资源管理的基本理念强调的是将企业员工作为一种最活跃、最具动力的可开发的资源来对待,企业的所有者应该采取积极的态度、科学的方法来开发、经营、管理它。

(2) 提高管理者素质,建立专业化的人力资源管理者队伍。人力资源管理的重要地位及企业的日益重视,产生了对人力资源管理者的大量需求。人力资源管理者必须精通人力资源管理技能、精通经营知识,应该具有专业化的工作态度,具有更多的人际沟通知识和技巧。企业人才竞争的关键在于是否是"真才",而真正的人才应具备良好的工作态度、健康的人格、优良的心理素质,还包括持久的工作热情、坚忍不拔的意志力、兼收并蓄的开放态度、人际沟通协调技能、团队合作精神等。"真才"的获得只能采用科学的衡量工具和手段。

国外普遍采用的智能测量、人格测量、评价中心等科学方法应当成为企业人力资源开发的重要手段,使企业的人才招聘选拔建立在科学基础上,真正选到人才。

(3)完善培训工作,注重人才自我评价的实现。一个良好的培训机制离不开科学的培训规划以及合理的控制制度。也就是说,员工的培训必须做到经常化、制度化。企业可以充分利用国家义务教育、职业教育、高等教育和各种社会辅助教育等形式来开展员工培训工作,既要注重培训的内容,又要注重培训的层次。同时,企业也应根据自身的需要,进行多渠道、多形式的业内培训,以提高员工的文化水平、业务技能和敬业精神。

(4)建立公平公正的业绩评价体系。如何客观公正地对员工的业绩做出评价,发现他们个人能力的优势方面的发展需要,真正做到人职匹配,是当前人力资源管理的重要问题。随着信息技术的迅猛发展以及因特网技术的成熟,一种新型的绩效评估模式应运而生。所谓360度绩效评估,是指通过被评价对象的直接上级、同事、下属以及与其打交道外部顾客,对其业绩、工作能力和特定工作行为、技巧等提供客观、真实的信息,这种评估模式能够从不同的角度全面反映员工的业绩,较单一的评价方式更为公正、真实、准确、客观、可信。更为重要的是,360度绩效评估体系还包括员工的自我评价,员工的积极性与参与意识都得到了提高。评估不仅是上级对下级进行评估,更重要的是将结果及时让下级知道,员工可以客观地了解自己在职业发展中的不足,从而有针对性地制定今后的个人发展计划。人力资源管理部门根据员工自身特点与潜力,做到人岗的最佳配置。善于利用人,是一个公司成功的关键。

(5)创造良好的企业文化氛围,形成高度凝聚的整体。优秀的企业家往往在企业文化建设中走在前列。柳传志就十分重视联想集团的企业文化建设,联想文化建设包括:讲贡献、讲效益的价值观跻身于国际市场的共同理想;同舟共济、协同作战的整体意识;求实进取、拼搏创业的公司精神;高科技企业的社会形象等。海尔集团的张瑞敏提出的“以人为本,以德为本,以诚为本”、“君子之争,和气为本”等企业文化理念也很值得借鉴。良好的企业文化氛围要以尊重人才、尊重知识为核心,企业的竞争力需要人才支撑。

1.4.4　我国人力资源管理的趋势

美国管理学权威彼德·杜拉克说:“企业或事业唯一的真正资源是人。管理就是充分开发人力资源以做好工作。”今天决定企事业单位最终命运的不是拥有多少物质资本,而是取决于拥有的人力资源状况及如何合理高效开发和管理这些人力资源。在未来,人力资源管理发展的态势主要表现如下。

(1)人才竞争与人才流动国际化。中国加入WTO后对我们冲击最大的不是我们的产品市场,而是人才市场。尤其是企业家人才和热门技术人才的竞争白热化,人才的竞争与流动已打破了国界,人才流动的范围拓宽,人才职业选择权加大。一方面人才资源优势和管理优势越大的企业越具有市场竞争力,也就越容易吸纳和留住一流人才;另一方面,越是高素质、越稀缺、越热门的人才,越容易获得更多的就业选择权与工作的自主决定权,“双向选择”成为必然。如何吸纳和留住人才成为每个企事业单位的一大课题。对于中小型企事业单位而言,应力求吸纳实用、适合型人才,着眼于对员工的有偿培养与有偿使用。

(2)“以人为本”的理念真正落实到人力资源管理的全过程,并进一步向“能本管理”发展。在人力资源管理中“以人为本”就是把人力当成资本,重视人的潜能开发。以开发和合理利用人力资源为基本内容,通过组织、协调、控制、监督等手段对人力资源进行开发整合以使企事业单位中的个体和团体发挥最大的潜能,做到人尽其才,才尽其用。人力资源管理特别是绩效管理和薪酬管理,将与企事业单位内部目标和文化结合得更趋紧密。绩效管理模型追求简洁和实效,而薪酬原则更主张在差异化素质、差异化能力、差异化绩效基础上的差异化待遇,即奉行人人是平等的(身份),但人人也是有差异的(能力和结果)。人力资源管理更集中于激励,以提高员工的积极性和创造性,集中于增加人们的活力,充分发挥每个人的才能,实现其人生价值。人力资源管理由行政权力型转向服务支持型。"能本管理"是一种以能力为本的管理,是人本管理发展的新阶段。能本管理通过采取有效的方法,最大限度地发挥人的能力,从而实现能力价值的最大化,把能力这种最重要的人力资源作为企业发展的推动力量,并实现企业发展的目标以及组织创新。"能本管理"源于人本管理,又高于人本管理,是人本管理的新发展。

(3) 人力资源管理职业化。一个优秀的人力资源管理者,一是要有企事业单位的整体发展战略眼光,在整个管理制度中贯彻总的发展战略,用相关的技术、方法、制度去实现企事业单位的发展目标;二是在企事业单位的战略目标实现的同时,站在员工的角度,理解和尊重员工的追求,充分有效地调动员工的积极性,帮助他们去实现追求和理想。这对管理者的要求很高,这些工作的圆满完成必然有赖于熟悉掌握人力资源管理理论、方法和技术的人。具备良好的人际影响力、亲和力和创新能力的人力资源职业管理者进入企事业单位已是必然趋势。

(4) 人力资源管理职能外包。企业人力资源管理职能外包,是指企业把非核心的人力资源管理交由专业的人力资源管理机构或公司承担。把部分管理职能外包,可以使人力资源部门职员从繁重的低层次、重复性事务中解脱出来,而专注于比较重要的战略性工作。同时,由于委托外包的机构或公司对该项特定工作具有十分专业的知识,擅长于其实际操作,会使这些工作完成得更好。另外,人力资源管理外包还能对企事业单位人力资源管理工作的规范性、公证性和科学性起到一个促进作用,加强员工对人力资源管理部门工作的信任度和满意度。当然,人力资源管理职能外包也会产生一些负面影响。

(5) 人力资源管理走向信息化,人力资源管理系统将广泛应用。现代的信息和网络技术应用于人力资源管理,有助于企事业单位定义与优化人力资源管理的业务流程,提高工作效率,改善服务质量,提供基于信息的决策支持。同时,各软件公司开发的人力资源管理系统(软件)经过不断改版,提高了质量,必将广泛应用于人力资源管理之中。

小　结

(1) 人力资源管理(Human Resource Management, HRM)就是运用科学的方法通过招聘、培训、任用和奖励等措施对组织内外有关人员管理和有效运用,以保证组织目标实现与成员发展的最大化。

(2) 人力资源管理概念经历了如下发展阶段,即传统的劳动力管理—人力资源管理—大人力资源管理—现代人力资源管理(人力资源的信息化管理)。

(3) 人力资源管理的职能有:①人力资源计划、招聘和选择;②人力资源开发;③报酬和福利的设计;④安全和健康管理;⑤处理员工和劳动的关系;⑥人力资源研究。

（4）影响人力资源管理的环境因素主要分为内部因素和外部因素。

（5）人力资源管理主要有:主管模式、三维一体模式、全员管理模式和虚拟管理模式等。

（6）由于起步晚,国内人事管理模式与国外先进的人力资源管理模式相比有很大的差距。

（7）我国大多数企业已经由传统的人事管理向人力资源管理过渡。但由于种种原因,现行的人力资源管理模式尚不完善,在育人用人等诸多方面存在弊端,亟待改善和提高。

（8）我国人力资源管理的发展趋势是:①人才竞争与人才流动国际化;②以人为本;③人力资源管理职业化;④人力资源管理职能外包;⑤人力资源管理走向信息化。

思考题 1

1 - 1 什么是人力资源管理？简述人力资源管理的职能。

1 - 2 影响人力资源管理的内外环境因素都有那些？

1 - 3 简述人力资源管理的主要模式。

1 - 4 比较中外人力资源管理存在的不同。

1 - 5 简述我国当前人力资源管理的现状及其发展趋势。

第2章　信息与企业信息化

导读：随着知识经济的到来，以因特网为代表的信息技术迅速发展，它在挑战企业传统的人力资源管理思维和模式的同时，又为人力资源管理带来了生机和活力。任何企业要想在市场竞争中取得不败的地位，就必须要进行人力资源管理的信息化。本章主要论述了与人力资源管理相关的信息及其信息处理、信息管理等问题，并对人力资源管理信息化的基本框架给以概述性的论述，旨在为读者提供一条比较清晰的思路。

2.1　信息与信息处理

由于人力资源管理信息化其中包含了人力资源管理科学和信息科学两个领域的内容，所以在讨论这个问题之前，我们必须先要了解信息学中的一些基本内容。

2.1.1　信息的定义和特点

1. 信息是什么

信息和一般的物质不一样，它无色无味，无形无态，然而它又无处不在，很难让人产生一种直观的认知。因此对于信息这个词大部分人只能有一种非常模糊的概念。可以说，报纸、因特网、电视都是信息的来源。与他人的对话过程也可以是信息的来源，甚至是邻里间的说三道四都可以成为信息的来源。还有，家族亲人之间长的很相似，从生命科学的角度去看待的话，也是因为在脱氧核糖核酸（DNA）中记录了大量的遗传信息所决定的。从词义的起源上看，在《辞海》中，对信息一词的定义是"音讯，消息"。在英语中信息所对应的"information"从词根上来理解的话，"in"是接受、来自的意思，"-formation"是排队、构成、编队的意思，综合起来看英语对于信息这个词最早的理解就是把接收到的东西（主要指信息）进行整理。对信息一词的解释如果单纯从字面上理解的话，我们对信息的讨论也就失去了意义。如今，信息一词的含义明显已经远远地超出了最初构词时所界定的范围，这就有必要对信息这个词给出一个新的、较为全面的定义。目前整个学术界对于信息一词的解释也是众说纷纭，莫衷一是。在信息科学的地位逐渐上升的过程中，国内外对信息所下的定义何止百种，有的从信息的通用角度和适用角度定义，如"一切存在都是信息，信息就是消息"；也有从哲学、管理学、经济学和社会学等不同学科角度对信息加以定义的，如"信息是关于事物运动状态和运动方式的反映"等等。究其原因就是每一个科学领域都从本学科的角度对信息进行定义，这就导致了大部分的定义虽然具有很强的针对性，但是缺乏全面性。

作为一个科学概念，在对不同角度的不同定义进行综合分析和深入研究的基础上，我们对信息可以做出这样一个定义：信息就是反映客观世界的资源和知识，这种资源和知识必须是在传播之前不为人所知的，在传播的过程中可以被接收者所理解的，并最终影响到接收者的意识和行为。

首先，信息必须要如实地反映出客观世界运动变化的规律。产生信息的客观事物通常被称为信息源。信息源往往都是处于一种离散状态的。因此,想要接收信息的话,第一项任务就是要对信息进行收集。从整个人类社会的发展史来看,不难发现人们一直都很重视对信息的收集和使用,甚至可以说人类发展史自身就是对信息的收集和记录的过程。这种现象是由信息自身的性质所决定的。正如辩证唯物主义所指出的"世界是物质的,物质是运动的,运动是有规律的",信息所要表达的就是这种物质世界运动的方式和规律。从某种层面上来看,信息的直接作用是"回首过去,审视现在,展望未来",具有很强的目的性。如果它能为人们实现某种主客观上的愿望,我们就可以把它定义为一种资源或者是知识,因为它可以直接指导人们的各种实践活动。以商业运作为例来看,企业对整个生产过程进行记录,如有多少原料、有多少存货、销售额是多少,这些内容就是企业的生产信息。又如企业对所有员工的资料进行记录,这就是人力资源信息。收集整理这些信息的原因就是通过记录这些表征性的内容,描述出企业状况过去是怎样的,现在又是怎样的,乃至预测出企业未来会变成什么样。

其次,信息在其对接收者构成"信息"这一概念时,它必须是不为接收者所感知的。就这一点,主要是从价值观的角度来看待信息的意义。我们都知道,只有当人原本不知道某样事物,而当他通过一种媒介接触、了解到了这种事物时,这种媒介才能称之为信息。就正如"1+1=2"这个简单的运算,对于习得者而言,它不具有信息的特征,因为他已经了解了这一规律。而对于一个初学者而言,这将是一个很宝贵的信息,因为这将直接影响到他日后学习"1+X=?"等一系列的运算。

再次,如果对客观世界的描述不能被接收者所理解,那么这些描述将会毫无意义,也不能构成信息。强调信息的可理解性是因为理解就是对信息的接收和分析,从而得出客观世界运动规律的的过程。约5 000年前,古埃及人发明了一种图形文字,称为象形文字。这种字写起来既慢又很难看懂,因此,大约在3 400年前,埃及人又演化出一种写得较快并且较易使用的字体。慢慢的,了解古象形文字的人越来越少,到最后这一古文字的使用技能竟然失传了。从17世纪开始,随着埃及考古热的兴起,许多带有这种古象形文字的历史文物被陆续发现,尽管人们知道这些文字中包含着古埃及几千年的历史资料,但是由于没有人能破译这种文字,没有人能读得懂它,所以它充其量只能是一堆毫无意义的符号,不能向人们传达任何信息。直到1822年法国文字学家商博良通过对罗塞塔石碑的研究,终于译读出了这种古象形文字。从此,通过对各种文物中古文字的翻译工作,古埃及社会的宏伟画面才逐渐向世人展现出来。这就是由于完成了对这种文字的破译,以这些文字为载体的内容才具备了可理解性,向人们描述了许多不为人知的东西,在这种情况下,它才能算是信息。

最后,信息也要对接收者的实践活动构成影响。为什么我们需要信息?我们对信息的需要不可能仅仅是为了追求一种"知道",而是需要用信息去为自己和群体谋求更多的利益。人类的活动由于需求因素的影响,往往都是以选择为先决条件的。信息则为人们的选择行为提供了依据。信息由于自身的特点,经常会出现一些"毛病",真实还是虚假、全面还是局部、客观还是主观?这些都要进行分析。一般来说,人们在进行选择或者是决策之前,很难获得做出正确决定所需要的全部信息,许多人因此习惯于根据已经获得的不完全信息进行决策,这是一种十分错误的做法。依据不完全信息所做出的选择也会是一种盲目的选择。如何克服?就是要对已有的信息进行分析,再用分析的结果去指导决策。在分析的过程中,要甄别真信息和假信息,要区分主要信息和次要信息,如果某些信息实在无法收集,也要尽可能的对最终的选择展开评估,对其可行性和成功几率进行分析。由此可见,信息收集和分析目的就是为了使用,使其能够指导接收者的实践,能够影响接收者目前的和以后的具体行动。

2. 信息定义的辨析

通过介绍信息定义,我们可以发现信息与以往我们所认知的信息的概念有很大的不同。信息与消息不同。消息是信息传播的载体。消息中包含信息,但是并不是所有的消息都是信息。同一则消息,有时只会对特定的群体而言才是有价值的,而与消息毫不相干的群体即使接收到消息,因为这一消息对他们毫无意义,无法产生任何的影响。

信息与知识亦不同。信息是指导人们展开实践的依据,而只有在实践的过程中,信息的真伪、轻重才能得到有效的验证。经过验证后,部分的信息会上升为知识,随后再利用其去指导人们的实践。知识是人类社会生产和生活实践的记录与总结,是人对主观世界和客观世界认识的反映与概括。所以说信息包括知识,知识是信息的重要部分,是其系统化、体系化的内容,两者之间决不是简单的等同。

信息与情报也不同。情报是指传递着的有特定效用的知识。因此,知识性、传递性和效用性是情报的三个基本特性。可以说情报的针对性比信息要强得多。同样以"1+1=2"这个例子来说,"1+1=2"是信息,因为这一点对于大部分人而言都是通晓的,而不是针对极个别的人的信息。所以因此情报肯定是信息,而信息未必都是情报。

一定的消息和知识在人们对其产生特定需要时均可转变为情报。消息、知识和情报都属于信息这个大的范畴,对人类社会而言,信息的内涵主要是这三者的总和。

3. 信息的特点

在前边我们已经讨论过,信息是一种知识、资源,但是信息资源与传统的物资资源和能源资源有着很大的区别。这种区别主要体现在信息自身所具备的特点上。从归纳类型来看,信息的特点主要有以下几点。

(1) 依附性。信息无法脱离载体而独立存在。因为信息是无形的,所以信息的载体一般都是物质性的,因为只有物质性的事物才能为人类所认知。同样,依靠载体,信息才能被有效地记录、存储,为人们所识别、认识和理解。例如储存在计算机中的信息,这些信息是无形的,它只有通过磁盘或者说是磁盘上的磁粉才能被记录、复制和修改。

(2) 抽象性。信息是抽象的,必须通过一定的形式表达出来。表达信息的符号称为数据。对数据的解释就是信息。例如138XXXXXXXX,如果它就是一串单纯的数字组合,那么它就是毫无意义的,不能构成信息,自然也不能成为数据。但是当它表达的是某个人的移动电话号码的时候,这串数字就有意义了,如果把它存储在电话里,它就是某个人的电话数据。

(3) 传播性。信息是可以传递的。就本质意义而言,信息的存在就是为了实现交流,如果不能进行传播的话,信息也就失去了存在的价值。信息的存在是在交流和传递中实现的。信息借助一定的载体而存在,通过这些物质载体得复制、传输在物质世界中流动,并在传递和利用中实现其价值。当然,信息的传播有时候也会受到某些主客观因素的影响,例如保密、礼仪等原因,导致其传播的速度和范围会受到制约,但是从总体上来看,信息始终是要扩散的,只是时间方面的问题。

(4) 不可逆转性。不可逆转性是信息资源与物质资源很大的一个不同点。物质资源可以被占用,而且还能够被剥夺;而信息则只能被掌握,不能被剥夺。一个商品,被一方购买之后，另一方就无法购买同一个商品，而购买方也可以把这个商品再次抛售出去，从而失去这一物品。而信息却不是这样，同一个信息可以为无限个人所掌握，一旦掌握之后，就很难再失去，因为我们没有办法强迫别人退回或者忘记某一信息。信息的不可逆转性是在信息的流动中实现的。这些流动的信息，在信息量方面对每个接收者都是均等的。例如，一个学者编撰了一本教科书，所有阅读者都可以从这本书中得到同样多的信息，而这个学者自己所拥有的信息不会由于信息的流动和传播而减少。

(5) 相对性。信息的相对性是指同一信息传递给不同的接收者，由于时间上的差别及接收者因自身的条件、状态不同，会产生不同的行为，或者是不产生行为。例如在股票市场上，一旦某个股票出现波动时，不同的炒家接收到这些消息，行动也会不同。如果股票价格上升，炒家可能会考虑吸纳更多该股，也有可能会抛出套现，或者持观望态度而不采取任何行动。

(6) 增值性。纵观人类的发展历史，不难发现农业时代是以农业生产为经济特征的时代，随后以大量机器作为生产资料的社会生产模式奠定了工业社会的基础。如今信息已成为社会生产过程中的基础资源，所以说信息时代来临了。信息可以作为一种生产资料，把其投入到实际的生产实践中的话，就能实现效益的增值，即信息的投入可以使自然资源、人力资源和资本资源增值。信息这种使物质资源增值的特性，其实质是信息和信息资源自身价值的实现过程。

(7) 不对称性。由于每个人的知识水平、生活阅历和实践经验的不同，从而所拥有的信息量不同，一个人所拥有的信息可能不为其他人所拥有，这样就会造成人与人、人与企业或者企业与企业之间信息的不对称性。我们把一方所特有而他方无法获得验证的信息称为“不完全信息”，将有关交易的信息在交易双方之间的不对称分布称为“信息不对称状态”。这种对相关信息占有的不对称状况导致在交易完成前后分别发生“逆向选择”和“道德风险”问题。

4. 信息与道德风险和逆向选择

信息的不对称性可以从两个角度划分：一是不对称发生的时间，二是不对称信息的内容。

从不对称发生的时间看，不对称性可能发生在当事人签约之前，也可能发生在签约之后，分别称为事前不对称和事后不对称。事前的不对称导致逆向选择，而事后的不对称导致道德风险。

(1) 逆向选择是指代理人或卖主凭借信息优势而使处于信息劣势的委托人或买主处于不利选择的境地，这将导致低质商品排斥优势商品，市场效率低下，资源浪费严重。在《“柠檬”市场：质量不确定性和市场机制》(The market for “lemons”: qualify uncertainty and market mechanism)的论文中，阿克洛夫分析了一个卖者比买者更加了解产品特性的产品市场，并以旧车为例对此进行经典分析。在旧车市场上，既定的旧车卖者和关心车子质量的买者之间存在着信息不对称。已经在车行里工作了几年的卖者对旧车的性能、保养程度或损坏程度了如指掌，而买者却无从得知这些信息。阿克洛夫把这种市场描述为“柠檬”市场，把旧车比喻为“柠檬”。阿克洛夫认为，买者常常必须依赖各种近似估计的技巧，使他们能从有形到无形做出推断。如果对一辆虽有少许凹坑和划痕，但装饰很好的汽车和一辆明显破旧的汽车进行比较，买者可能会推断前者比后者保养得好，据此估计汽车的技术可靠性。

然而,大多数人很快意识到这种推断是犯了错误(指在统计检验中不接受正确的零假设),即提出了错误的主张,认为一辆漂亮的车等于一辆好车。于是,涉及一些更重要的交易方面,消费者根据可靠性等近似估计技巧推测对一辆旧车做出的报价,可能会比那些知道旧车前主人如何小心翼翼地保养这辆车的人要来得低。人们会预料到市场上的汽车外表华丽,但保养不当或有假疵。如果购车者是个风险中性者,在他不能确知所购车辆的内在价值的前提下,他愿意接受的价格也只是所有旧车价值按概率加权计算的一个平均值,即预期价格,而不管购得的旧车质量如何。结果,过了一段时间,这种预测增加了买者对产品质量的不确定性,进一步降低了合理的报价。随着时间的流逝,买者通过经验发现卖者把低于中等水平的产品投入市场,这种认为产品质量递减的意识反过来又会使产品的价格下降。这一过程不断持续,最后市场上只剩下损坏最严重的旧车,所有稍好一点的旧车都从市场上消失。

以保险市场为例。保险市场是一种用来分担和规避风险的市场,以减少市场的不确定性,而保险公司本身却面临信息不对称的困扰。一般而言,保险公司对于投保人的相关信息占有总处于劣势,它所收取的保险费是根据一般发生事故的概率计算出来的,那些低风险的投保人会认为成本太大,而退出保险市场,结果只剩下高风险的投保人。在这种情况下,保险公司为了不亏本只有提高保险费,结果进一步造成相对风险较低的保险人退出市场。在任何给定的价格水平上,总是高风险的人购买得多,而低风险的人购买得少,这种低风险者不断被排挤出保险市场的恶性循环即是"逆向选择"的结果。

(2) 道德风险,是指占有信息优势的一方为自身利益而故意隐藏相关信息,对另一方造成损害的行为。以保险市场为例。在保险合同签订后,投保人因为自身利益,有可能会降低防止风险的努力,甚至故意造成损害或加剧损失以获得赔偿,而保险公司很难掌握投保人的行为信息,即保险公司在此方面处于信息劣势,这种信息的不对称分布促使占有信息的优势方选择对于相对方不利行为,给相对方造成利益损失。例如,某甲为其自行车购买了财产保险,在购买保险前为防止丢车,他上两把锁。而在买了保险之后,因为丢车有保险公司赔偿,则他可能会降低防止风险发生的努力,只上一把锁,甚至不锁,从而加大了丢车的可能性,而保险公司对其行为无法监督,无法获得有关其行为的信息。保险公司考虑到道德风险的存在,会将其作为一种风险因素计入成本,从而在一定程度上增加了保险的成本。

从不对称信息的内容看,不对称信息可能指某些参与人的行动,即隐藏行动;也可能是指某些参与人的信息,即隐藏信息。隐藏行动或隐藏信息都属事后,即道德风险范畴,在这种情况下,交易双方在签约时信息是对称的,但签约后由于一方对另一方的某些信息缺乏了解,就可能会产生道德风险。这以劳动力市场的情况最为严重。在劳动力市场上,由于受教育程度的不同,工人知道自己的能力而雇主不知道,从而在雇主和工人之间产生了信息的不对称。在这种情况下,工人可以隐匿自己的行为或者隐瞒自己教育水平低下的事实进行有利于自己而不利于雇主的行为。

2.1.2 信息管理

信息作为一种客观的社会存在,是随着人类社会的产生而产生,随着人类社会的发展而发展的。正是由于信息本身所具备的诸多价值,让人们不得不去对信息进行管理。信息是复杂多样的,自然信息管理也是一个复杂的体系,具有多层次、多因素、多功能及不断变化的特点。科学地研究信息管理的特征,有利于我们对信息管理系统进行有效的调节和控制,实现管理的现代化和信息化。

1. 信息管理的发展

信息管理活动的产生和发展同其他社会实践一样,是一个循序渐进的过程。追溯其历史发展,我们可以粗略地将其划分为四个典型的发展时期。

第一个时期是古代信息管理时期。这一时期从最原始的语言传递到后来的结绳记事,再到文字、纸张和活字印刷等技术的诞生都反映出了人类对信息进行管理的要求和渴望。但是由于这一时期信息总量不大以及科技因素的限制,信息管理很难突破时间和地域上的束缚,导致对信息的管理只能采取零星的记录和对信息载体进行封闭式的无力管理。

第二个时期是传统管理时期。这一时期可以说是伴随着工业革命的出现而出现的。近代科学技术的发展为近代信息管理提供了更广阔的舞台。工业革命所带来的技术革新极大的提供了传统的活字印刷技术的效率,同时新的交通工具的出现让信息传递得更快更广。作为社会上最早出现的公共信息文献管理场所——图书馆成为这一时期信息管理的象征和标志。传统信息管理时期所要解决的主要是信息的保存、整理和分类等问题。

第三个时期是技术管理时期(1950—1980年)。该时期以电子信息系统为象征和标志。20世纪40年代中期数字电子计算机问世之后,计算机的应用从数值计算逐步转换到数据处理上来,使信息管理很快出现了利用电子信息技术的热潮和大趋势。计算机作为信息处理的工具发挥出越来越大的潜力和魅力。在处理内容上,以信息数据的处理和检索为主要任务;在管理方式上,以信息化、电子化为特征;在应用上,管理信息系统、办公自动化系统都得到了广泛的应用;在执行者上,以计算机专家为主力军。这些特征都与以往的信息管理表现出了很大的不同。

第四个时期是信息资源管理时期(1980—现在)。这一时期信息管理的发展主要表现在理念的更新上,即把信息上升到资源的高度,使其与经济资源、管理资源和竞争资源实现有效的整合,通过合理开发利用信息资源获取竞争优势。在这一理念的指导下,信息管理的主要职能开始转到为竞争战略的决策提供各个方面的支持上来。也可以说,正是在这一时期,传统管理中各个层面的问题都开始与信息化紧密地联系在一起了。

2. 信息管理的概念

在描述了信息管理的历史沿袭之后,我们不难发现信息管理是一种动态发展的科学,在不同的时期由于科技和观念等原因,它所涵盖的内容肯定也不尽相同。由此,我们对信息管理这一名词进行界定的时候,也必须要结合时代的特点,充分考虑各方面的因素,才可以尽可能地作出一个全面、客观的结论。信息已经成为当代管理的基本要素,当代管理在很大程度上就是对已经掌控的信息进行归纳、整理,使之成为决策的依据,由此可见,信息是社会发展的重要资源。对此,我们有理由认为,信息管理就是对人类社会活动和社会实践的各种相关信息进行科学的搜集、组织、控制和协调,以实现信息资源的充分开发、合理配置及完全利用。

从当代商业社会的特征来看,对信息管理的理解不应该局限于对信息和技术进行管理,而应该将技术因素和人文因素结合起来考虑,实行多因素的综合集成管理。这一定义,强调信息是一种资源,既然作为资源,就必须从经济视角审视信息管理,要在战略决策和未来发展规划的高度上强化信息管理,不满足于仅仅在操作层和运行层的低层次管理,才能实现信息资源利用的有效性。

3. 信息管理的基本内容

信息既然作为一种资源,那么它必然存在着一般价值和使用价值,如何对信息的开发利用就构成了信息管理的主要内容。在实际的运用中为了有效地利用信息,就必须组织诸如信息搜集、存储和传递等程序化工作,以解决信息利用中的各种问题。社会的信息现象是广泛而普遍存在的,人类信息管理活动的范围也是十分广泛的,信息管理现象的广泛性与复杂性决定了信息管理内容的普遍性与综合性。从外延和层次上对信息管理进行描述的话,我们可以把信息管理分为宏观管理和微观管理。国家对信息事业的整体管理,包括制定信息管理方针政策,确定信息管理体制和布局,制定长远发展规划,这些都被称之为宏观管理;而对信息在各社会组织中的具体应用和管理,则被称为微观管理,例如,人力资源管理信息化、生产资源计划(MRPII)、企业资源计划(ERP)等等。

从宏观上看,信息管理主要包括以下几个内容。

(1) 宏观信息环境的管理。宏观信息环境主要是指信息管理中要面对的一些信息政策及法规等。可以说,信息管理政策法规是信息管理最基本的调控手段。信息政策是指国家及国家部门为达到一定的目的而制定的信息行为方针和行动准则,它是信息系统履行社会职能、优化运行的必要保证;信息法规则是由国家各级立法机关制定的信息活动必须遵循的纲领性准则,它是一国之内所有信息工作和信息管理的基本行为准则。法律和法规是国家意志的一种体现,把信息管理上升到法律、法规的高度就体现了国家从宏观上发挥指导作用来调整和规范信息管理过程中出现的各种问题,通过一系列相配套的政策和法规为信息管理的发展营造良好的宏观管理环境。在我国,信息管理的宏观环境还在营造当中,如2005年通过的《电子商务法》(示范法),以及目前中在起草中的《个人信息保护法》等,这些都反映出了国家在信息管理中的作用。

(2) 信息产业的管理。这一点也是信息管理中一个宏观环境的问题。在现代社会中,信息是重要的经济、战略资源,它能极大地提高整个社会的劳动生产率。所以说,信息产业的产业关联度很大,对许多产业都具有极大的拉动力。从信息产业内部来看,产业结构以计算机和通信技术为核心内容,带动电子、半导体、超导等技术的发展,与此相关又带动一批其他产业如零售业、服务业、教育业等许多行业的迅速成长。信息产业将引起传统产业的新生,提高其效率,开辟新市场。以美国为例,2002年美国信息产业的产值为3 950亿美元,占整个GDP的3%,但是有关方面认为通过信息产业拉动的产值可能占整个GDP的15%,甚至更高。所以,对信息产业的管理是关系到整个社会经济能否实现飞跃的重要措施。从宏观层次上对信息产业的管理,就是要立足于信息产业发展的大政方针,研究信息管理和信息产业发展中可能会出现的以及必须要面对的各种问题,通过对信息及涉及信息活动的各种要素进行综合性的规划、协调、控制、指导,来推动信息产业和信息经济的发展,最终达到信息产业整体社会经济效益的实现。

(3) 信息科技的管理。信息科技的管理与信息产业的管理有点相似,但是又有着本质区别。信息科技管理就是根据信息科技发展的自身特点结合社会对信息技术实际应用的需要,组织信息技术的开发和升级,实现信息科技的标准化和规范化管理。前边说过信息产业对许多行业具有巨大的拉动作用,信息科技管理要解决的就是如何运用信息科技推动本行业发展的同时带动其他行业的发展。由此可见,信息科技的管理研究的就是信息技术在社会生产实践中具体应用的问题。信息科技管理主要分为两个层面,一个是硬技术管理,即对于信息科学领域硬件的开发和研究,如计算机、通信网络及通信设施等;另一方面就是软技术管理,针对信息技术的具体应用,如系统开发、系统集成等方面。

从微观环境看,信息管理则包括以下内容。

(1) 对信息产品和服务的管理。对信息产品的管理是信息管理中最基本的工作,可以说它与信息处理具有同源性。它是指通过对信息的搜集、加工、组织形成信息产品,并利用这些产品获取利益或者引入决策,它包括信息产品的研究与开发、信息产品的买卖与市场化、决策支援等方面。信息产品有的时候是可以直接套利的,而有的时候却只能间接套利。例如我们经常使用的杀毒软件,这就是一种信息产品,制造商对流行计算机病毒和木马的信息进行收集并研发出破解方法,最后把这些信息集成于软件,就可以直接进入市场牟利。然而有些信息产品,例如一些企业的销售报告、统计报告等,很少能直接进入市场获利,但是这些信息产品将对企业目前和未来的决策有着极其重要的价值,企业通过利用这些信息产品调整自己的策略也能获得回报,这就是信息产品管理的另一种目的。

(2) 信息系统管理。对信息系统的管理是信息管理得内在要求和必然手段。通过对涉及信息活动的各种要素进行合理的计划、协调、控制,可以实现信息资源的充分开发和有效利用,满足社会信息需求的需要。在具体的应用中,它主要包括信息系统的设计、运行、评价和安全管理,对信息资源进行有效配置和对信息技术投资的正确评估,以及信息管理系统的发展等。在企业中,通过建立信息系统并对系统中信息的收集、存储、整理,可以支持和帮助企业的管理和决策。尤其是通过对过往数据的分析,可以端正企业目前的行为,如果再辅之以一定的数据模型,甚至可以预测出企业的未来。

(3) 信息管理决策。决策是管理实践活动的核心内容,是组织中所有管理活动的基础,它不仅贯穿于组织内外部整个管理过程的始终,而且在整个信息系统管理中也处于中心环节和关键的位置,因此决策决定了整个组织的运行状态以及发展方向,制定正确的决策是任何组织中最重要的活动。然而,组织中的决策者,他们的决策依据从何处来？就是从已收集到的信息中来。通过对信息的收集和整理,决策者可以找到自己决策的依据,对决策是否正确的判断也来自于对信息的收集,同时决策又直接影响着日后会收集到怎样的信息,可以说决策与信息就是相互作用、互相影响的关系。既然决策与信息之间的关系如此密切,我们有理由认为在管理决策中,信息管理决策是一切决策的先发条件。因为信息管理决策决定了组织中信息活动的目的和具体行为。信息管理决策的对象和基本内容就是对信息发展战略进行规划、组织、指挥、控制和人事安排等等。

4. 信息管理与信息处理

在前边的内容中,我们一直强调信息的收集、记录、分析等内容,很容易让我们片面地认为信息处理就是信息管理。其实,信息处理与信息管理是两个概念的问题,它们二者所关注的问题是截然不同的。

以人力资源管理为例来看,企业的人力资源信息包含的内容主要是两个方面,一方面如姓名、年龄、学历等,这些构成了人力资源信息中的基本内容;另一个方面则是绩效信息,即员工的工作情况、考核情况等内容。一般来说,企业需要把这些内容输入到人力资源信息库中,随后再按照各种需求对这些员工的资料进行编组,如年龄组、学历组、经历组等。从这一系列的过程里我们可以看出,这些过程主要涉及的就是一些计算机操作的过程,或者说是信息记录的过程，在这种情况下，我们把这一系列的活动称为信息处理的过程。当企业有具体的人事要求时，例如需要提拔一名员工时，企业就会结合职位的具体要求，在信息库中寻找符合条件的候选人，随后再依据考核的结果做出决策，在这个时候，就是信息管理方面的内容了。

从上面的例子可以看出信息管理是一个研究如何有效利用信息资源，从满足管理需要的层面对信息处理提出要求的活动，属于管理范畴。而信息处理则是考虑如何收集信息、记录信息、分析信息这些内容，属于技术范畴。信息管理着眼于如何利用已有的信息来提高企业的经济效益，把信息变成管理者的行为依据，这是涉及到企业经营管理者进行经营活动的管理问题。而信息处理则是指使用各种信息技术以及该技术的软硬件支持这些内容。所以说，信息处理与信息管理的关系就是：对信息进行处理，就是为了对信息进行管理；对信息进行管理，就必须依靠对信息进行处理。

2.2 信息化与企业发展

如今我们所处的信息时代，随着信息技术的广泛应用和信息网络的不断发展，企业信息化程度在不断的提高。信息网络的发展，使企业面临着知识化、数字化、虚拟化、网络化、个性化、全球化的变革，企业的发展日益与企业信息化程度密切相关。企业不仅在内部形成网络，做到信息处理自动化、信息共享，提高企业的整体运营效率。而且，企业还与外部网络相互连接，形成网际互连。信息以及由其衍生的信息科技、信息系统作为一种战略资源已不再仅仅是战略决策的支撑部分，而且还是决定企业发展、决定企业兴衰荣辱的决定因素，信息战略也成为企业战略不可分割的一部分。目前，欧美许多发达国家都将信息技术引入企业日常生产经营的各个环节之中，建立起了一种以因特网络、信息技术为基础的新型发展模式。应当说，引入信息化、建立信息化、发展信息化在当代企业界中的呼声越来越高。所以说，企业信息化形成的独特优势使其在当代商业社会中得到了越来越广泛的应用。信息化成为当代企业发展战略中不可阻挡的必然趋势。

2.2.1 信息化与企业信息化

信息化也称国民经济和社会信息化，是指在“国民经济和社会各个领域，不断推广和应用计算机、通信、网络等信息技术和其他相关智能技术，达到全面提高经济运行效率、劳动生产率、企业核心竞争力和人民生活质量的目的”。信息化是工业社会向信息社会的动态发展的过程。在这一过程中，信息产业在国民经济中所占比重上升，工业化与信息化的结合日益密切，信息资源成为重要的生产要素。与工业化的过程一样，信息化不仅仅是生产力的变革，而且是生产关系的重大变革。国民经济的信息化其中包含了两个关键领域。一个是政府信息化，另一个是企业信息化。作为国民经济中最重要的组成部分——企业，它的信息化是全社会信息化的基础所在。企业的信息化发展水平直接关系着国家信息化发展战略的顺利实施和国民经济的可持续发展，是当代社会国家提高竞争力的核心所在。

而企业信息化简单的讲就是企业应用信息技术及产品的过程，换言之就是企业借助信息技术和信息系统从内部到外部、从局部到全面、从战术到战略向社会渗透的过程。在这些过程中，企业利用以计算机、网络技术为核心的现代信息技术，通过内部局域网，企业与企业间的网际网，最后延伸到因特网，通过开发和利用信息资源，实现信息资源共享，减少企业交易成本，改善企业经营管理，提高企业创新能力，培育企业核心竞争力。在具体操作上，就是要实现企业生产过程的自动化，管理方式的网络化，决策支持的智能化和商务运营的电子化等。

通过信息化的特点我们不难看出，信息化可以为企业带来许许多多的好处和优势，但是这决不意味着企业应当为了实现信息化而信息化。信息化只是一种手段，而不是目的。例如，在2000年之前，许多公司千方百计向网络靠拢，片面地认为信息化就是要上网，只要上网就能实现信息化。霎那间.COM、.CO、.XX风起云涌，I公司、E公司更是充斥于每个商业角落。与之相适应的是网络股、科技股和概念股，总之一切与网络相关的股票更是被炒的“牛气冲天”，即使是新上市的股票也被抢购一空。然而，在经历了2000年4月纳斯达克的狂泻之后，伴随着网络经济的泡沫破灭，企业信息化开始进入了冷思考的时期。应当说，企业为了适应客观环境的变化，必须依靠现代信息技术、网络技术等高新技术和资源，通过信息网络和计算机技术在构筑新的平台的同时实现前后台信息系统的整合，为提高企业综合运作能力，实现技术创新、管理创新、组织创新、制度创新，增强企业的核心竞争能力，从而成为实现企业战略目标的一种有效支撑。并不能一味地强调“为了有而用”。更明确地说，信息化只是企业提高赢利能力，支撑企业战略目标的方式。

2.2.2　企业信息化建设的必要性

企业信息化发展到今天，可以说从原来的挑战、尝试阶段进入到了不得不变的时代，高度重视信息化与企业发展的利害关系是当代企业发展不容忽视的一个问题。

1. 提高企业核心竞争力的内在要求

竞争力是市场中竞争者的综合素质和能力，它表现为该竞争者在行业中所处的地位和作用。尽管对企业竞争力的描述可从其具体的组成因素以及特定的评价指标体系来衡量，但是从根本上说，对企业竞争力的判断主要还是看企业的核心竞争力之所在。企业的核心竞争力是指企业赖以生存和发展的关键要素，这些要素使企业歧异于竞争对手，像某些技术、技能和管理机制。一个能长期获得成功的企业必定有其核心能力。这种能力需要企业不断开发、培养、巩固以及创新，因为即使有再强大的核心竞争力，也还有可能被竞争对手所学习、模仿甚至超越。例如，美国的微软公司，虽然在软操作系统开发上是当之无愧的世界第一，这就是其核心竞争力所在，但是它仍然需要不断的对旧产品进行更新，不断开发新产品以填补市场和满足各种的需求，目的就是为了维持它在计算机操作系统领域的核心竞争力。

企业的信息化主要为提高企业的核心竞争力、保证竞争优势提供了两方面的重要保障。一方面，信息技术与制造技术的结合所形成的各种系统集成，如ERP、CAD/CAM、、CAPP等，实现了企业生产管理、库存管理、人力资源管理、营销管理的高度集成化，使企业生产经营趋于同步、敏捷、智能和虚拟化，极大地增强了企业行为的高效性、市场反应的敏捷性和顾客需求的适应性。另一方面，随着Intranet和Internet的发展以及各种信息系统如ES，EFT，CSCW，EMS等的应用，使企业实现了异地的同步信息交换，在获取、传递、利用信息资源方面变得更加灵活、快捷、广域和开放，从而提高了企业应用信息的能力。这两种保障在实际应用中，可以减少企业的设计和生产成本，加快产品和技术创新的步伐，而且有利于降低对现有产品进行更新或改进的成本。信息化制造技术的应用有利于加强库存管理,减少库存量,有利于灵活地调度企业现有的经济资源,提高资源的使用效益。电子商务的发展大大降低了企业间的交易成本,缩短了企业与消费者的距离,扩大了企业的活动半径。信息收集系统的应用提高了企业创新的能力,有利于企业对市场的变化做出快速、准确的反应,不断向市场提供差别化的产品和服务,形成不易为竞争对手所模仿的核心竞争优势。

2. 顺应全球经济发展趋势的要求

全球经济发展的趋势就是经济全球化和经济一体化,目前我们已经看到经济全球化是不可抗拒的历史潮流。经济全球化要求各种资源在全球范围内进行配置和利用。不同国家的经济特点大相径庭,这样在资源的全球配置过程中每个国家都会表现出不同的比较优势。组织行为学决定了企业活动的最终目的就是追求利润的最大化,而在经济全球化的条件下,为了实现这一目标的企业就要在生产上充分发挥本国的比较优势,并利用他国的比较优势积极开拓国内外市场,扩大生产规模,实现更为细致的分工。

以信息技术为核心的信息化浪潮正在不断地改变着世界经济的形态:国际化已不再是大企业的"特权",中小企业可以随意开展国际贸易;虚拟企业大量涌现,传统企业的界限逐步被消除;网络社会将使市场经济进一步延伸,距离的概念逐步消失;顾客在因特网上几乎可以购买到任何商品,可以从任何地方的商家购买。所有这些当代商业社会的新特点都必须凭借强大的信息技术作为支援。

3. 知识管理的需要

知识管理主要是指知识积累、知识交流和知识共享。知识积累是知识管理的基础,知识管理就是以知识为本的管理。在企业中,知识是企业的宝贵财富,其中包括企业所掌握的与之各方面相关的技术、经验、意识、方法、数据、信息、产品、客户资料与专利等内容,有显性知识和隐性知识。因此,企业有必要对其所拥有的知识进行有效的管理。知识管理是对企业知识的识别、获取、开发、分解、使用和存储的过程。具体而言,"知识管理就是由于工业经济时代的有形资产的管理模式不能满足知识经济时代的要求而提出来的适应工业经济时代有形资产的管理模式,主要是对显性知识即可编码的知识和物化了的无生命的知识的管理。"网络技术和应用的飞速发展,为企业知识管理提供了新型的技术平台,也促进了基于网络架构的知识管理系统的开发和应用。同时,知识管理与企业的各种传统应用日益融合,基于知识管理的绩效评估系统、市场营销系统、企业门户系统、客户关系管理系统、高层决策系统和电子商务系统等越来越为用户所接受。

作为企业知识的重要组成部分,信息技术的知识管理,又具有其独特的意义与内涵,企业信息化包括与企业经营、科研、销售、生产密切相关的各种信息技术与管理知识等。由于企业信息技术的与企业的科研生产的关系越来越密切,导致企业越来越依赖对信息技术的运用,然而在实际的操作中,企业却往往因为缺乏企业信息技术方面的专门人才,在知识管理信息化中无从下手。因此,如何实现企业信息技术与知识管理的协调发展,用信息技术带动企业的知识管理,再用知识管理去促进信息化的发展是目前企业知识管理信息化的一个重要课题。

4. 提高企业管理水平目的的推动

企业管理是制约企业发展的重要原因。我国目前许多企业都是从传统的计划经济管理模式下转型进入市场的,这就决定了在管理中或多或少会存在老管理模式中的积弊,如管理粗放化、领导意志、经验主义这些问题。现在很多企业都认识到要想提高企业的管理水平就必须克服这些问题,而克服的方法就不得不依赖于信息化。信息技术的发展及其应用,实现了信息分析的智能性,尤其是各种专业信息系统如专家系统、决策支持系统、群体决策支持系统、电子会议系统等的建立与应用,极大地增强了管理者的信息能力、管理和决策能力,拓展了管理者的思维空间,最大限度地减少了管理过程中的随意性和主观性,增强了管理的科学性和说服力。

在信息系统的建设中,企业领导应树立正确的信息系统建设观念,建立信息系统是为了提高管理效率,但决不是单纯的传统管理的计算机化,这是我国企业在信息化建设中尤其要注意的问题。企业的信息系统要尽量采取定制的方式,而不是买一套现成的软件包,往计算机里一安装,就算信息化了。每家企业都有自己的管理特点,在信息化的建设过程中要将企业特有的管理理念体现到管理信息系统中,只有这样才能实现企业管理水平的升级。

5. 业务流程重组的要求

业务流程重组(Business Process Reengineering, BPR)理论是由美国的 Michael Hammer 博士和 Jame Champ 首先提出,并将它引入到西方企业管理领域。它是一种主动性的变革,以信息和知识化为基础,以关心客户的需求和满意度为目标,对企业的业务流程进行根本性再思考和彻底性再设计,从而获得在时间、成本、质量、服务和速度等方面业绩的改善,使得企业能最大限度地适应信息时代的变化。

业务流程重组是在全球化竞争加剧、需求多样化和经济动荡的环境下产生的。它的出现是管理理论自身变革这一内在规律的需要,同时现代信息技术的发展也是 BPR 发展的直接动力。业务流程重组是推动企业信息化建设的巨大动力。企业以业务流程为中心,运用信息技术提供的强大技术支持,来突破传统组织职能结构和界限的制约。这就要求企业的管理者必须从过程的角度而非职务的观点来重新考虑企业的活动。

在企业形态和规模上,由于实现信息化管理,企业的的各部门没有必要为各方面都配备专门的人员。通过信息网络,各部门可以根据业务需要在人员分配和使用上协调调度。这样企业就可以从一般的组织结构建设中分出大量的精力投入到经营管理方面。这一系列的变化将带动组织价值体系的重新塑造、组织结构的重新构造和组织激励机制的重新建立。

2.2.3　企业信息化实施中的障碍

无可否认企业信息化是极具诱惑力的东西,企业一旦成功实施信息化的话,会取得极大的竞争优势。但是不可否认,企业在实施信息化的过程中也的确遇到过各种各样的问题,这些问题的积弊难返,让许多企业叫苦不堪。以 ERP 的应用为例,根据国际上的一项研究表明:全球 ERP 项目 70% 以上都是失败的,而且成本平均超预算 240%,安装时间超预计 178%。就目前我国实施 ERP 的情况来看,近 20 年来,我国企业总共投资了近 100 亿元人民币实施 ERP 项目,成功率一般认为在 15% 左右,可能更低,也就是说我国目前已经和正在实施 ERP 项目的企业有 80% 都在作无用功。多数企业在应用 ERP 后,其管理水平以及反映企业综合能力和管理状况的相关指标都没有发生明显的变化。因此许多人调侃地说"实行信息化就是找死,不搞信息化就是等死",这虽然是一句笑话,但是也不难看出企业实施信息化的两难态度。因此,只有认清企业在进行信息化中存在的障碍和困难,找到症结所在,才能够更好地避免和解决这些问题,才能有助于企业信息化的全面实施。

1. 观念跟不上技术的发展

目前我国企业在对信息化的态度上很容易走极端,要么认为信息化是铤而走险,要么认为信息化是起死回生的灵丹妙药,可以说这两种心态给信息化的实施带来了极大的困难。应该说,企业搞信息化是存在风险的,正如前边所讲 ERP 的实施就是例证。我国目前企业信息化的建设还处在初级阶段,所以存在大量的失败案例也是在所难免的,然而问题就在于许多企业一味的盯死这些失败的例子,惧怕信息系统不成功带来的投资风险和应用风险,认为就算不信息化对目前也没有什么影响,对信息化的态度一直犹豫不决。然而,我们应该清醒地看到,信息化是大势所趋,我国企业目前正面临着加入 WTO 等许多因素的影响,我们不搞信息化,将无法面对信息化建设相对成熟的国外企业的冲击。

另一方面,对企业信息化工程建设的深度估计不足,对信息化建设实质的认识存在偏差。有些企业认为使用计算机代替手工处理就是实现了信息化管理,实现了信息化管理就能为企业带来许多优势。这种态度导致企业把信息化建设看成是简单地购买计算机软硬件、架设网络,一旦这些工作做好,信息化建设也就大功告成了,而不去考虑如何把这些软硬件设备与业务进行结合。我们应该看到,企业信息化不是单纯的的技术运用,而是整个企业行为的一场变革,技术只是辅助手段,应该是业务驱动技术,而不是技术驱动业务。信息化必须伴随对企业运作流程和管理方式的巨大变革才能发挥出自身的功效。

2. 信息化投资不足和结构不合理

应该说,企业信息化的进程确实需要大量资金投入,对于部分企业而言,缺乏足够的资金的确是这部分企业实施信息化的重要障碍。然而,我们目前讨论的投入不足却并非是因为企业无钱可用,而是有钱不用。根据《全国企业信息化建设现状和"十五"规划情况调查报告》显示,"九五"期间,我国企业在信息系统建设和系统应用方面的累计投入占企业总资产的比例仅为0.22%,而发达国家的大企业的信息化投入占总资产的比例一般在5%以上,尤其在美国,信息技术和产业的投资是对其他工业设备投资的16倍,占美国企业固定投资总额的35.7%。同时,报告显示,2000年企业信息化投入居前五位企业,即中国石化集团、中国国际信托投资公司、中国长城计算机公司、上海宝钢集团和中国远洋运输(集团)公司的信息化投入占当年销售收入的比例分别只有0.09%、0.67%、1.08%、0.22%和0.17%,这一组数字与国外的大企业相比,仍是相差很多的。

同时,投资不合理也是一个突出的问题。同样根据《全国企业信息化建设现状和"十五"规划情况调查报告》显示,我国企业目前在信息化的投入中,51%的投资都用于购买硬件设备,24%用于购买软件,也就是所单是在软硬件的投入上就占了总投入的75%,如图2-1所示。在国外,企业的信息化投资一般软硬件的投入和应用的投入基本是对半开的,也就是说国外的企业更多关注的是信息化的应用,而不是软硬件的规模。我国目前的做法,忽视了企业信息系统建设、维护更新与信息资源开发利用之间的协调发展,是不利于企业信息化建设的全面实施的。

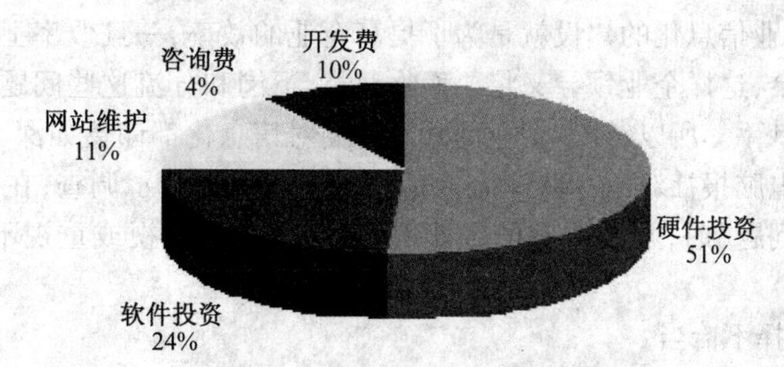

（资料来源:《全国企业信息化建设现状和“十五”规划情况调查报告》）

图2-1　企业信息化投入结构图

3. 复合型人才的缺乏

其实我国的企业早就认识到了人的因素在企业信息化发展中的重要作用,但是最终却还是会受到人为因素的制约,导致信息化迟迟不能顺利展开,原因就在于企业缺乏信息化人才,即既懂业务、管理,又懂信息技术的复合型人才。我国企业信息化过程经常是由信息技术主导的,也是由信息技术专家执行的,实际上这是一种极其错误的做法。技术人员整日埋头技术开发,不考虑技术如何协助业务的开展;业务人员也不了解技术应用的实际情况,不对技术提出具体的要求,结果是各干各的,各管各的。信息化的目的就是为开展业务、为业务服务而诞生的,从应用需求调研、应用分析到系统选型、实施规划都离不开业务人员的协同工作。只有既熟悉企业管理运营和业务流程,又熟悉信息技术和应用的复合人才是名副其实的信息化人才。

待遇问题也是企业复合型人才流失的重要原因。许多既通晓业务知识又了解信息技术的员工在待遇上与一般的业务人员没有太大的区别,然而目前社会上IT技术人员的待遇普遍较一般业务人员要高,这就使得这一类的复合型人才很难安于现状,或者说至少不愿意为企业做更多的贡献。由于待遇和薪酬所引起的人才流失问题也是导致复合型人才匮乏的原因之一。

4. 管理现状与信息化的要求相驳

我们不得不承认的一点是我国企业在管理上比西方还是落后的,比如,管理意识淡薄、管理方式死板、管理效率低下等,正是在这种情况下,我们的大多数企业开始了信息化的变革。信息化要求企业的管理方式发生根本性的变革,这就代表企业的生产过程和运营过程发生重组,其中将涉及企业的各部门和部门之间在职位、权利、义务和利益上发生变化,如果协调不好就会激起企业内部的矛盾,不利于信息化的发展。同时,信息化所带来的标准化、透明化的管理使得企业行为更加精确化和透明化,这对一直以来偏重于人治的我国企业而言是一种挑战,因为人为变通的可能性大大减小了,这将影响到部分人的直接利益。信息化的管理模式和人治的管理模式一旦造成冲突,信息化的管理模式就要让路,因为信息化还是由人所操纵的,这是我国企业管理中经常会出现的问题。

另外,企业的决策者和管理者也不愿意为企业的信息化负责任。我国企业,特别是国有企业,因体制的沿袭问题,领导变动很频繁,造成企业管理思想和方式难以保持连贯性。企业领导者往往不愿意在企业的信息化发展上花费精力。信息化是存在风险的长期工作,如果失败了,领导者要负责任;一旦成功了,可能距离自己调走也为时不远了,没必要前人栽树，后人乘凉。企业信息化的建设就是为了提高企业的效率，一旦效率上去了，就意味着人力资源可能会富余，这样企业领导又将要面临裁员、下岗和分流这些问题的困扰，这些问题会比搞生产还要棘手。所以，许多企业的领导者们对信息化都讳莫如深。国家经贸委经济信息中心和每周电脑报社对近 800 家企业的信息化状况进行了调查，在问及关于“企业信息化存在的主要问题”时，几乎所有的企业都回答“领导不重视或重视不够”，由此可略见一斑。

5. 供应商选择不恰当

根据《全国企业信息化建设现状和“十五”规划情况调查报告》显示，我国企业在新系统的开发上，35% 的企业选择委托专业公司开发的企业信息系统开发模式，29% 的企业选择合作开发模式，只有 30% 的企业进行自行开发，如图 2-2 所示。应该说企业把信息系统的开发委托给专业的新系统开发公司是一种不错的选择，企业可以从繁重的系统开发中解放出部分精力从事经营活动。但是，问题也会随之而来。供应商在承接项目之前为了取信企业往往会作出各种各样的承诺，这些承诺有些是可行的，有些是要打折扣的，更有一些是根本不可为的，这就造成了开发速度缓慢、开发与业务脱节等因素，造成项目延期、不实用，甚至是中途失败。在系统开发完成之后，开发商能不能向企业提供很好的售后支持与售后服务还是一个问题，即使是一个成功的项目，如果没有很好的售后跟进，也不可能有很大的作为。不得不承认我国企业实施信息化的成功率不高，其中有很大一部分原因都是来自于系统开发商。

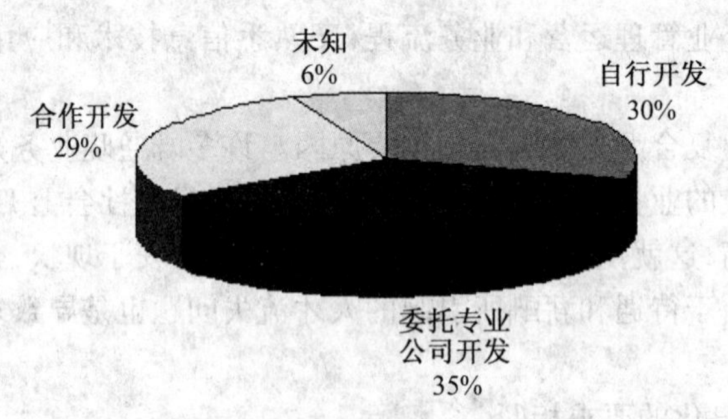

（资料来源：《全国企业信息化建设现状和“十五”规划情况调查报告》）

图 2-2 我国企业信息系统开发构成模式

2.2.4 企业信息化发展的思路

企业信息化要与企业管理进步相结合。从刚才的分析中我们可以看出，企业信息化的发展障碍很多时候不是来自于技术问题，而是来自于企业自身。因此在企业走信息化的路子必须先要对自己重新进行审视，去思考需要改变什么、怎么改变、如何应对改变中出现的阻力，只有这样才能保证信息化进程的顺利展开。信息化不是一个不可逾越的鸿沟，相反，它是企业改造管理思想、管理理念和管理方式的的一个契机。企业只有勇于迎接信息技术，使之与企业的经营管理方式相结合，才能取得信息化建设的最终成功。

1. 信息化必须以科学管理为奠基石

管理信息系统的建立不仅要有技术基础，还要有管理基础，在革新和优化管理水平的同时推进企业的信息化，再用信息化促使企业管理的提高和发展，通过这种生态互动模式，企业的管理和信息化就能获得协调同步发展。

在具体的实操上，企业各阶层的管理人员，尤其是领导，要有远见卓识的眼光，要有发展信息化的胆识和魄力。企业决策者和管理者是企业的核心和灵魂，只有让他们对企业信息化有了充分的了解，才能在企业发展中加大信息化建设的力度。企业的管理层应该认识到企业信息化不是累赘和负担，相反，信息化可以在很大程度上为他们提供各种必需的支持服务。还有通过信息化建设，管理者们可以解放思想，拓宽视野，在引进信息化的同时也引进西方先进的管理制度，提高企业的国际竞争力，从而使企业的逐步与国际接轨，为最终实现现代化、国际化做准备。其次是引入新的管理思维。信息化不是一部分人和一个部门的事情，它要求企业必须有牵一发而动全身的准备，这就意味着企业搞信息化必须要企业群体参与，群策群力。前边我们已经论述过企业在信息化的过程中，往往会有部分人因为自身利益而抗拒信息化，这个问题的解决必须依靠管理制度的改进。企业在信息化的过程中可以引入“变革管理”(Change Management)的思想，教育企业中的所有员工，变革才是企业生存发展的硬道理，同时对员工展开“变革管理”的各种培训，让员工在情感上能接受信息化的变革。同时再辅之以合理的奖罚制度，让员工从行为上与信息化的要求相一致。

2. 信息化的建设要充分与企业的实际需要和实际应用相结合

企业实现信息化就是为了提高企业的活力、增强竞争力，信息化必须要与企业的需求紧密联系。我们不断地强调信息技术是手段，不是目的，正是基于这种思维。举个例子来讲，在交通运输上，飞机可以说是最快捷的交通工具，但是我们不可能实现用飞机来取代一切的交通工具，因为在不同的时候我们对交通工具有着不同的要求。同样，在信息技术的使用上应当遵循在正确的时间对正确的环节施以正确的技术才是合理的应用，绝对不能一味地强调应用最新、最好、最贵的技术和设备。为此，找好信息化建设的切入点尤为重要。确定信息化切入点就是找出企业当前急需通过信息化解决的问题，而这些问题的解决在当前技术条件下可以实现，并可预见到实施后所具有的明显效益。系统运行起来后会进一步明确已有的需求，刺激新的需求，推动信息化的持续提高。

3. 企业信息化是动态发展过程，需要与时俱进

信息化不可能“一蹴而就”，也不可能“一劳永逸”，对信息化的建设需要有长远的眼光，这就意味着在规划企业信息化建设时要用发展的眼光来看待信息化。一般来说，随着社会经济需求的变化和新技术的出现，原有的系统肯定不能适应企业发展的需要，这就要求对原有的系统进行升级、更新或者替换。例如，制造系统自身就经历了从 MRP 到 MRPII，再到 ERP 的过程。技术在变，企业也必须跟上信息技术的发展，不断改造固有生产方式，才能在现代复杂多变的形势和环境下立于不败之地。

4. 要注重信息化人才的培养和引进

企业要了解信息化需要的不仅仅是单一的管理性人才和技术人才，而是需要有精通业务、掌握相关专业、懂得管理、了解信息技术的综合性人才，是真正信息“化”了的人才。这样企业要注重对这类人才的搜寻和培养。对于业务部门的人员，要引导他们了解信息化、接受新技术；对技术部门的人员，要鼓励他们从单一的技术中走出来，去了解企业的业务，去了解企业的经营，只有这两方面的人才走到一起，才能孕育出真正为企业所需的复合型信息化人才。

2.3 人力资源管理信息化

传统的人力资源管理技术主要依靠纸、笔及以其为载体的档案文件,其中耗费了大量的人力资源和物质资源且效率低下。随着知识经济的到来,特别是以因特网技术为代表的信息技术的发展不断地冲击着传统的人力资源管理,要求传统的人力资源管理必须信息化改革。人力资源管理的信息化大体上可以分为内部信息化和外部信息化。

2.3.1 人力资源管理的内部信息化

人力资源管理的内部信息化主要通过选择、建立人力资源管理信息系统或者企业内部塑造信息沟通企业文化,激起企业员工对企业在情感、理想和价值上体现一致的意志力,从而达到更好地管理企业的人力资源,推动企业不断前进的目的。

1. 人力资源管理信息系统

目前在企业知识管理的推进者和应用者当中似乎存在两种行动路线:一是知识管理 =信息管理;二是知识管理 =人的管理。实际上,信息、知识和人是休戚相关的,一方面,信息知识产生于人的学习和实践,是人对事物认识和经验的总和;另一方面,信息、知识只有被人所理解和掌握,应用到实践中,才能发挥信息和知识的重要性。因此人力资源管理与信息知识的管理密不可分。在企业中,想较好地实施人力资源管理,就必须建立一个人力资源管理信息系统,它是提高人力资源管理工作科学化和现代化水平,加快企业感知和反映,健全企业神经系统的重要手段。通过现代信息网络技术的引入和应用,将改善我们的思想观念和工作方法,为合理配置资源、优化使用资源、公正评价资源,以至充分发挥企业人力资源整体效能都将产生积极的作用。

一般而言,人力资源管理信息系统主要包括:①人力资源管理信息系统的选择;②人力资源管理信息系统的测试;③人力资源管理信息系统的维护和管理;④人力资源管理信息系统的评价。

2. 企业文化

企业文化的理论成型是在美国完成的,而作为一种行之有效的管理方法则最早在日本出现。作为管理哲学的企业文化,它是管理实践的结晶,管理科学的发展,其目的就是打破传统管理方式的“经济至上”论,建立“以人为本”管理模式。

作为管理哲学,企业文化被誉为是企业的精神支柱,是一种企业赖以生存的战略性的资源。在企业社会化的进程中,企业文化越来越显现重要的价值,企业的价值观念、道德观念无形中推动着社会的进步。它的作用就是塑造企业员工在对企业的情感、理想和价值上体现一致的意志力。它的建立是在人力资源管理工作中经过长期的潜移默化培养起来的。良好的企业文化是积极向上的精神,有共同道德理念,这是每个员工共同遵守的,不同于生硬的规章制度的管理理念。

但是也要看到文化本身就存在着千差万别,大的方面我们可以说东方文化与西方文化的巨大差异,小的方面我们可以讲在同一民族之内,文化都会有着差异性。企业文化作为文化概念在管理学中的一种衍生物,从本质上讲,它还是文化,所以不同的企业对其文化的阐述和定义也不尽相同。由此可见,对企业文化的定义要具体情况具体分析,它不是一个公式,不可能千篇一律运用一个定理套用在所有的应用中。

企业文化与人力资源管理有着内在的联系性,企业文化的树立对于企业加强人力资源管理、促进人力资源管理的信息化有着积极的推进作用。优秀的企业文化能够充分挖掘智力资源的潜能。企业文化对人的行为机制功能通过产生凝聚作用和辐射作用实现竞争力的提高。一旦企业的价值观被企业员工共同认可后,企业文化就会成为一种黏合力,从各个方面把其成员聚合起来,从而产生一种巨大的向心力和凝聚力。企业文化的凝聚作用,使企业不再是一个单纯的因利而聚集起来的群体,而是一个由具有共同的价值观念、精神状态、理想追求的人凝聚起来的组织,使员工把个人命运与企业的安危紧密联系起来,使他们感到个人的工作、学习、生活等任何事情都离不开企业这个集体,将企业视为自己最为神圣的东西,与企业同甘苦、共命运。

2.3.2　人力资源管理的外部信息化

人力资源管理外部信息化主要涉及企业所处的劳动力市场环境以及以因特网为基础的信息技术运用环境。

人力资源管理环境如图 2-3 所示。

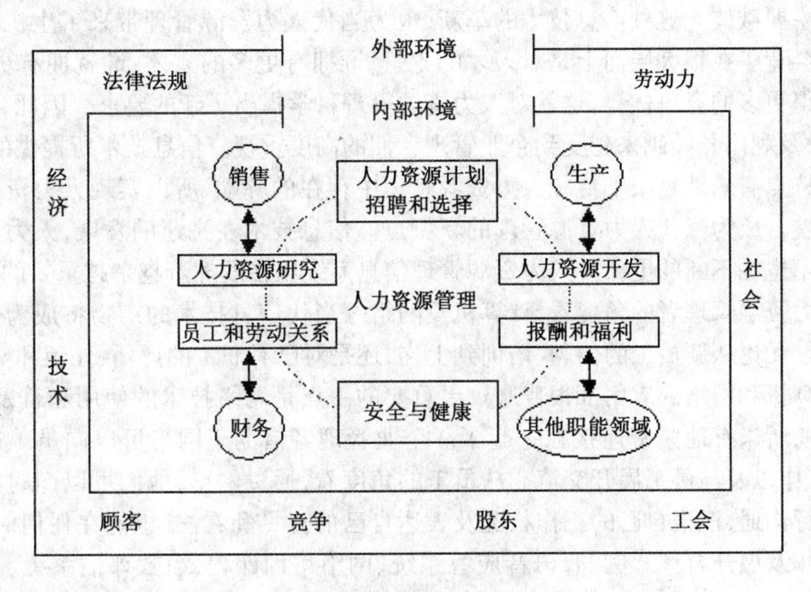

图 2-3　人力资源管理环境

1. 环境因素

众所周知,企业在发展自身经济而参与激烈的市场竞争中,最需要的就是人才,最关键的是使企业具有相对高素质的人才资源的综合水平,如果企业所拥有的人才资源是无限的,那么企业的成功概率就会非常高。但是,现实生活中,受地域、经济能力、社会政治、文化等多种因素的制约,企业所拥有的人才资源必然是有限的,企业的人力资源管理必然会受到影响。影响企业人力资源管理的外部环境主要有:①地理环境因素;②经济能力制约;③社会组织结构和社会关系等。

应该说,许多相关的因素影响着人力资源的管理。这些因素是企业外部环境或内部环境的一部分。通常企业不能控制,即使能也是极少能控制外部环境对人力资源管理的影响。在科技和经济迅速发展的今天,企业按照传统的方式,被动地去适应这些环境的影响,必然会使企业丧失很多市场机会,甚至使得企业在市场竞争中失败。只有把这些环境因素纳入到管理当中,认真研究这些因素与企业活动的关系,寻找特点,制定规则,才能在市场竞争中取胜。

2. 因特网

以因特网为代表的信息技术的飞速发展,给企业传统的人力资源管理思维和模式带来了巨大的冲击,原有的管理思维和管理模式在信息社会中已日益显得“力不从心”。但是如果从另一个层面上思考的话,我们不难发现信息技术对企业人力资源管理的冲击在很大层面上是一种推力,即推动企业人力资源管理向自动化、智能化和个性化的方向发展,在这一点上,是与当代商业社会的特点不谋而合的。企业面对这种推力不应该继续抱着墨守成规、逆流而上的思想,而是要勇于顺应这一潮流,要“借力打力”才能使自己立于不败之地。这一切就要求企业的人力资源管理体系必须要从深层次进行改革,才能确保企业通过确立人力资源管理上的优势进而赢得在整个市场中的竞争优势。

如今,信息技术已经逐渐渗透到人们经济生活和社会生活的每个角落,成为当代社会各种事务的主要载体。这种信息技术的革新,也为当代人力资源管理带来了生机。然而当今的商业社会竞争在很大层面上是对人才的竞争,谁拥有更多的人才,谁就拥有更多的知识,谁就能获得更多的竞争优势,这就对人力资源管理科学提出了新的要求。因此,人力资源的管理、开发及利用开始越来越受到企业管理者们的高度重视。信息技术所提供的快捷、交流和共享的特点有效地克服了传统人力资源管理中存在的弊端,所以实现人力资源管理和信息技术的整合成为当代人力资源管理的新特点。信息技术在飞速的发展,人力资源管理的手段和技术也在不断的更新。人力资源管理信息系统正在发挥着越来越重要的作用。

从人力资源管理者的角度看,计算机及网络等当代信息技术的产物将成为他们主要的生产工具。无论从新员工的招聘、培训到上岗,还是对已有职工的评估、任免和奖罚,在这些过程中计算机和网络的应用都很普遍。更重要的一点是网络技术的使用和普及,员工和各级主管被前所未有地紧密连接在一起了。企业管理者借助于网络可以向员工即时发布信息、布置工作以及与员工展开交流。从员工的角度看,通过网络,他们可以即时的与各级管理者们进行沟通,汇报自己的工作状况及表达自己的意见和看法,也能在任何时间、任何地点开展工作及展开合作。例如,语音应答系统、网络培训课程、绩效评估系统、薪酬福利系统、人力资源数据信息库等诸多技术的应用都将加快人力资源管理自动化、智能化和个性化的发展进程。

总而言之,在当今这个日新月异的信息社会,人力资源管理科学正面临着空前的机遇与挑战。作为管理学领域的后起之秀,人力资源管理正以其朝气蓬勃的生命力,为信息技术的使用和发展提供了广阔的空间;另一方面,通过依托各种网络和应用系统平台,人力资源管理科学也正在逐步实现与信息科学的有机整合,通过信息技术不断充实、完善自身。

小　结

(1) 信息就是反映客观世界的资源和知识,这种资源和知识必须是在传播之前不为人所知的,在传播的过程中可以为接收者所理解的,并最终影响到接收者的意识和行为。

(2) 信息的特点主要有以下几点:①依附性;②传播性;③抽象性;④相对性;⑤不可逆转性;⑥增值性;⑦不对称性。

(3) 信息作为一种客观的社会存在,是随着人类社会的产生而产生,随着人类社会的发展而发展的。

(4) 信息管理就是对人类社会活动和社会实践的各种相关信息进行科学的搜集、组织、控制和协调,以实现信息资源的充分开发、合理配置及完全利用。

(5) 从宏观上看,信息管理主要包括以下几个内容:①宏观信息环境的管理;②信息产业的管理;③信息科技的管理。

(6) 从微观环境看,信息管理则包括以下内容:①对信息产品和服务的管理;②信息系统管理;③信息管理决策。

(7) 企业信息化发展到今天,可以说从原来的挑战、尝试阶段进入到了不得不变的时代,高度重视信息化与企业发展的利害关系是当代企业发展不容忽视的一个问题。

(8) 企业信息化要与企业管理进步相结合,企业只有勇于迎接信息技术,使之与企业的经营管理方式相结合,才能取得信息化建设的最终成功。

(9) 人力资源管理的信息化大体上可以分为内部信息化和外部信息化。

思考题2

2-1 什么是信息,信息的特点有哪些?

2-2 如何理解道德风险和逆向选择?

2-3 什么是信息管理,信息管理的主要内容有哪些?

2-4 为什么说企业必须要进行信息化建设?

2-5 企业信息化过程中的障碍都有哪些?

2-6 企业如何进行信息化建设?

2-7 如何理解人力资源管理信息化?

第3章　人力资源信息系统的选择与实施

导读：随着信息经济的到来和市场经济改革的不断深入，人力资源管理特别是信息化管理越来越成为企业在市场竞争中立于不败之地的关键所在。而传统的人力资源管理系统已经越来越不适应企业的发展，如何选择适合企业的人力资源信息系统（HRMIS）无疑成为企业所要考虑的重要问题。通过对本章的学习，能够使读者很好地了解人力资源信息系统，熟悉人力资源管理信息系统的选择和实施的过程。

3.1　人力资源信息系统的选择

3.1.1　HRMIS 选择的策略

随着企业规模的不断壮大以及业务的不断扩大，企业管理者越来越感觉到需要一个强大的HRMIS，用以加快信息交流与分析，实现降低成本、强化资金管理、财务管理以及人力资本管理等企业核心目标。企业有三种选择建立自己的HRMIS：一是自行开发；二是外购；三是联合开发。

1. 自行开发

自行开发又称自主开发或独立开发，是企业利用自身的技术人员，根据需要进行的独立开发设计信息系统的方法，它适用于技术队伍较强的企业。自行开发的优点是开发费用少，开发的系统能够适应企业自身的需求，便于维护。由企业自身的技术人员组成的系统开发队伍开发的系统更有利于业务流程优化与重组。由于开发人员更了解企业信息化的需求，从而使系统更具针对性。其缺点是因为不是专业的开发队伍，易受其业务工作的限制，从而使系统优化不够，开发水平较低，且由于开发人员是临时从所属各部门抽调出来进行信息系统的开发工作，这些人员在原部门还有其他工作，所以精力有限，容易造成系统开发时间长，系统整体优化较弱，开发人员调动后，导致系统维护工作没有保障。因此，在进行自行开发时，一定要注意加强领导，企业管理者要随时进行监督。同时，在开发时应随时向专业开发人士或公司进行咨询，或聘请他们作为开发顾问。

2. 外购

外购就是购买专业开发商开发的产品。在外购时，企业可以购买国外的HRMIS，也可以购买国内的HRMIS。

（1）选择购买国外HRMIS。一般来说，国外拥有许多先进的管理思想和开发技术，从而国外软件通常要比国内的先进些。概括来说，国外软件集成性高、技术稳定性强、功能更具灵活性且系统开发性也较强，可以为企业的不断发展与改变留有较大的空间。另一方面，国外软件在升级维护方面做得比较好，便于企业信息系统的更新。而且国外软件厂商的咨询合作伙伴比较多，有助于企业找到合适的管理咨询伙伴。最后，国外著名软件开发公司的发展比较稳定，对需要长期合作伙伴的企业来说，这点更具吸引力。

但是,选择国外软件对企业来说也并不是百利而无一害的。一般来说,选择国外软件的购置费用与维护费用相对国内软件来说要高得多。这对处于成长期需要大量资金的企业来说,可能是一个不小的负担。同时,选用国外软件的企业其管理水平有可能不适应国外软件的需要,从而导致企业选而不用,给企业资源造成巨大的浪费。再者,选择国外软件后用户化和二次开发的工作量将很大。国外的软件一般是在国外企业管理背景下开发出来的,不可能完全考虑到了中国国情与中国企业的管理特点。企业要想把国外软件用好,必须针对企业自身的管理特点对软件进行一些用户化,甚至要进行二次开发的工作。这样可能会导致工作量太大,从而使企业对此望而却步。最后,由于一些语言障碍导致企业学习和掌握的难度加大。因此,企业在选择国外软件时还必须考虑以上几个因素。

(2) 选择国内软件。一般来说,购买国内软件的费用较之国外软件来说应该要低得多。同时,由于国内软件支持网点较多,从而企业在系统维护方面也要方便得多。再一个,国内软件复杂程度低,更符合中国人的思维习惯,比较易学易用。最后,国内软件根本就不会存在语言障碍的问题。当然与国外软件相比,国内软件在其他方面还有很多不足。如软件功能的集成性、稳定性不能满足企业的需要;一些软件开发商发展不是十分稳定,导致企业与之的长期合作存在隐患等。

3. 联合开发

联合开发指企业与外面专业开发厂商进行合作,共同开发 HRMIS 的方式。联合开发适合于企业有一定的信息技术人员,但可能对 HRMIS 的开发规律不是非常熟悉,或者在系统整体优化方面能力较弱的企业。这种方式的优点就是节约资金,同时在联合开发的过程中可以培养企业自身的技术人员、增强技术力量。由于在联合开发过程中,双方是共同合作的关系,在开发后也便于系统的维护。缺点是若遇到不好的合作伙伴时,则在合作中可能会出现许多预料不到的问题。因此,联合开发的关键是双方的合作。双方应建立在互信互利的基础上相互合作、相互谅解、相互促进,共同开发,最终达到双赢的目的。

3.1.2 HRMIS 选择的角度

企业在选择 HRMIS 时,可以从以下几个角度出发来选择适合自身发展的 HRMIS。

1. 企业

企业在选择 HRMIS 之前,首先要分析自身的情况,弄清楚自己应该选择什么样的 HRMIS。企业自身的需求是选择 HRMIS 的基础。同时,企业的管理状况及战略规划决定了对 HRMIS 的规划要求。企业的信息化方面条件如何?现有硬件条件是否能够满足系统实施目标的要求?现有人员使用电脑的程度?现在是否还有别的系统?系统之间是否需要进行集成?企业在选择 HRMIS 之前要明确上面这些问题。只有弄清楚以上问题之后,企业才可以确定自己是否有必要选择 HRMIS。在彻底分析自身的情况之后,做出应该选择什么样 HRMIS 的决定之后,企业就可以着手选择 HRMIS。在选择 HRMIS 之前,企业还应该做到以下两点:第一,企业应对整体系统的规划有一个明确的目标,知道系统实施的范围和应用的层面,然后根据自身的规模和需求选择适合自己类型的系统。第二,明确系统应用的重点和步骤。我们知道,企业是不断发展的,那么系统的应用当然也应跟上企业的变革。所选择的 HRMIS 要是能一步到位,那当然是最好的,但是现实中企业通常很难做到这点。因此,企业应首先明确自己将来的发展方向,然后根据人力资源业务的需要对 HRMIS 进行"全面规划,分步实施”。只有这样,企业才有可能选择适合自己的 HRMIS。

2. 供应商

企业在选择 HRMIS 之前还应确定供应商的范围。在充分了解了自身需求和现状后,企业就可以对供应商进行选择了。现在国内市场上有两种类型的供应商,一是专门开发人力资源系统的供应商,二是提供整体解决方案的专业管理软件厂商。对于后者而言,HRMIS 只是其整体产品的一部分。如果企业不用考虑全面的信息化问题,那么两者都应该考虑;但是如果企业着眼于将来发展的话,那么后者应该是更佳的选择,毕竟其在企业信息化的道路上可以为企业提供更多更全面的帮助。虽然有些专业的人力资源软件可能会留有数据接口,但是由于可能不是同一个产品系列,导致企业将来若再采用别的系统的话,那么在集成方面则可能会出现许多意想不到的问题。然而专业企业软件厂商在这方面有比较全面的解决方案,因为其开发的软件系统的标准是一致的,因此比较容易进行系统的拓展。至于选择国内的供应商还是国外的供应商,则应该根据企业自身的情况而定。企业信息化是一个持续而又漫长的过程,这使得企业与供应商之间的关系变成一种特殊的关系。它们之间不再只是简单的买卖关系,更多的是合作与交流,从而实现最终的双赢。管理软件与一般软件不同,它对于安全性和稳定性的要求很高,如果系统一旦出现问题就会给企业的经营管理带来巨大的损失。这就要求企业在选择产品供应商的时候一定要做到慎重。否则,若随便选择了一个不合格的供应商,则很有可能因其提供的产品质量问题而给企业造成很大的损失。因此,选择一个好的供应商对企业选择适合自己的正确的 HRMIS 至关重要。为此,企业在选择合格的供应商之前,应对自己所要选择的供应商进行评估。企业对供应商进行评估时可以从以下四个角度进行考虑。

(1) 供应商的经营状况及性质。如果供应商自身的经营状况就不好,那么可想而知,其设计的 HRMIS 也不会好到哪儿去。企业若选择这样的 HRMIS,很明显对自身的发展是根本没什么作用的。因此,企业始终要明确一点,那就是自己所需要的是能与自己长期共同发展的合作伙伴。

(2) 供应商的开发实力。供应商的开发实力是指供应商对管理资源和技术资源的获取以及应用的实力。对于一个良好的供应商来说,这两方面的实力缺一不可,因为这两者代表了供应商开发系统和发展的潜力,只有具备了这样实力的供应商才能使企业在人力资源管理信息化的大道上越走越远,并不断给企业带来新的资源和效益。

(3) 供应商的咨询和实施团队的水平。如果把 HRMIS 系统看成是一剂药方的话,那么顾问就是诊断和开处方的医师。所以,其水平的高低对 HRMIS 应用的效果有着直接影响。而对供应商来说,是否拥有一个强大的顾问团队,是否对中国的企业有着深入的理解就变得非常重要。现在,国内不少企业在实施 HRMIS 时普遍走入了一个误区,他们迷信“权威”,认为外国顾问公司就一定是最好的。然而事实上并不是他们所想象的那样,特别是在人力资源方面。因为对于成功顾问公司而言,它的法宝不只是在于其高水平的顾问,更在于它在实施企业案例时所积累的数据和经验,以及对中国企业的深刻理解。

(4) 供应商的服务能力。服务能力也是考察供应商的一个重要因素。供应商的服务能力差,企业在使用 HRMIS 出现问题时就不能得到有效的解决。我们知道,任何一个系统都不是完美无缺的,任何系统在使用过程都有可能出现问题。倘若供应商在服务上不能及时跟进,企业在 HRMIS 以后的使用中遇到的问题就不能得到有效及时的解决。这样,HRMIS

不但不能提高企业管理的效率,相反还可能会消耗企业大量的人力、物力、财力,给企业造成很大的损失。因此,企业在选择 HRMIS 时一定要选择服务能力好的供应商。这样,企业就可以放心的使用HRMIS。

3. 系统

在综合考虑了企业自身的需要和供应商之后,我们还要考虑 HRMIS 本身。首先,要考虑系统的类型。倘若公司的业务不是很特殊、管理变动不大,在战略规划上也不会有太大的调整,就可以考虑选用标准化的 HRMIS;如果企业业务较为特殊,自身有一套已经成型了的管理体系且在战略规划上不会有太大的调整,就应该考虑是完全自行开发还是结合有实力的软件厂商进行定制的二次开发。然而,大多数企业经营环境变动较大,企业战略时有调整,管理水平也在不断提升,所以选择一套自定义功能较为强大的系统就显得尤为必要。其次,要考虑产品的拓展性,也就是我们所说的 HRMIS 产品本身与其他系统集成的能力及适用性问题。根据前面所说的,企业若想进行全面信息化的战略,那么建议企业选择专业管理软件。这样的话有利于企业对 HRMIS 与别的系统进行集成。现在 ERP 管理的思想也正在转向基于人力资源管理,可以说 HRMIS 是 ERP 系统的子系统之一。而 HRMIS 也可以更好地基于角色运行,这也顺应了现在面向对象化的趋势。再次,是系统开发技术的先进性。虽然我们不提倡企业一味地追求系统技术的先进性,但先进的开发技术的确可以为企业提供更好的应用服务。例如 Web 技术的推广和应用,使企业的异地处理业务能够轻松实现,使企业用户的实施、维护成本得以大大降低,同时也可以使企业的应用范围得以大大拓宽,能够面向全员,更多地让员工参与管理。

3.1.3　HRMIS 选择的内容

根据不同的角度,不同的企业选择 HRMIS 时会有不同的内容。一般来说,选择 HRMIS 时应考虑系统功能、方案可行性、供应商的实力和产品价格四个方面的内容。

1. 系统功能

选择 HRMIS 时,应注意考虑系统的功能。系统功能包含核心功能、分析功能和战略功能。

(1) 核心功能。核心功能包括招聘信息筛选,人事基本信息管理,档案合同管理,考勤管理,薪资福利管理等。招聘信息筛选功能指简历自动匹配功能、系统筛选建立和设定面试时间功能。人事基本信息管理功能指 HRMIS 能够进行人力资源基本信息汇总,从而成为处理和分析人力资源信息的最佳平台,具有管理便捷、灵活查询的特点。档案合同管理功能是指高效率地管理繁复的档案资料及相关管理运作,从而完全实现无纸化系统自动提示相关操作。考勤管理功能指 HRMIS 能够自由定义考勤班次,与考勤机无线连接,自动汇总考勤信息。薪资福利管理功能指 HRMIS 能够方便地设定薪资公式,自定义薪资福利管理,自动生成每月工资信息。

(2) 分析功能。分析功能是指 HRMIS 为用户提供了全自动的数据统计分析功能,可以浏览或输出您需要的任何数据统计、分析及查询的报表和各种直观图形,帮助用户对各项人力资源的关键绩效指标进行分析和监控。它包括灵活设定各种分析参数的信息过滤器,条件查询,基于岗位说明的岗位结构分析、人员结构分析、人力成本分析、支出收益分析、成本变化曲线、领导综合查询分析、规范报表分析等。

（3）战略功能。战略功能是指 HRMIS 结合先进的人力资源管理理念，帮助用户进行各项人力资源战略决策，其中包括目标考核、360 评价、人力成本分析、岗位职能分析以及企业文化平台建设。其中企业文化建设平台是指 HRMIS 提供的政策发布平台。在这个平台上，企业能够发布各种信息。通过这个平台，全体员工可以随时查询企业发布的各项政策，而企业也能方便地对各项制度和政策进行电子化分类管理。企业所有成员随时可以在系统中查阅和了解公司的相关政策。这样有利于加强政策的透明度和企业文化的深度，从而促进公司的制度化建设和企业文化建设。

2. 方案可行性

（1）由于现在网络技术和计算机技术的飞速发展，使得用 HRMIS 来代替传统的人力资源管理在技术上是可行的。网络技术和计算机技术的发展，使得信息的传播更加迅速，从而也使传统的人力资源管理更易于向信息化的战略转变。可以说，HRMIS 在企业的应用将势在必行。

（2）由于 HRMIS 是通过计算机和网络对人力资源进行系统的信息管理，这就比传统的人力资源管理要有效得多。HRMIS 在企业的使用，将会极大地提高企业人力资源管理的效率，进而提高企业的经营效益。

（3）HRMIS 一旦在企业运行后，会节省企业大量的成本，使企业的管理成本不断降低。HRMIS 在企业运行后，将会大大减少人力资源部门的人员，只要少数的系统维护人员和技术人员对系统进行管理即可，从而会大大减少企业的成本。当然，HRMIS 在企业的投入可能会很大，但它一旦实施后就会发挥其巨大的潜力和无穷的力量，为企业将来的发展奠定一个更好的基础。

（4）信息在经济发展中的作用以及其对企业将来的发展壮大起着举足轻重的作用，企业施行 HRMIS 是现代企业发展的必然趋势。由于企业对信息作用的认识不断提高，企业都在加快自身的信息化建设，争取早日在日益激烈的竞争中取得先机，加快企业发展的步伐。现在国内有不少企业在使用 HRMIS，而在国外，HRMIS 对企业来说更是一件不新鲜的事了。

3. 供应商的实力

企业在选择 HRMIS 时，要充分考虑供应商的实力，要选择一个切实可行的 HRMIS。供应商的实力对企业在以后施行 HRMIS 起着关键的作用。故企业在选择 HRMIS 时，一定要考虑供应商的经营状况及性质，研发能力，以及其资信和服务能力等。一定要选择一个值得信赖的供应商。

4. 产品价格

HRMIS 的价格也是企业在选择时应考虑的重要因素。HRMIS 的投入对刚成立的企业来说是一个不小的成本，所以企业在选择 HRMIS 时要充分考虑 HRMIS 的价格，自身能否承受的起。

3.1.4 HRMIS 选择的注意事项

1. 明确自身对 HRMIS 的整体需求

明确企业自身对 HRMIS 的整体需求并了解 HRMIS 是否能满足这些需求，是企业在选择 HRMIS 必须考虑的重要问题。因此，企业在选择 HRMIS 之前，必须要弄清楚以下几个问题。现在是否需要上 HRMIS？为什么需要？HRMIS 系统具体能够解决什么样的问题？在哪些方面能给人力资源管理带来改进？以及实施系统的整个周期是多长？只有弄清楚这些问题之后，企业才能在选择 HRMIS 时做到有的放矢，才能选择最适合企业发展的HRMIS。

对于 HRMIS 软件来说，在市场上流行的各种样式的软件在一般的功能上应该没什么区别，它们的区别就在于一些功能的细节方面。这就要求企业在选择 HMRIS 软件时要注意其细节的功能。当然，还应注意软件功能的完整性。企业可以分阶段地进行信息化建设，但选择软件时却不能分阶段地去选。因此，在选择时还应注意软件功能的完整性。

2. 注意软件系统设置的灵活性、开发性和扩展性

HRMIS 的建立是在现代管理理论的指导下，用现代技术加强、改造、完善或建立全新的信息管理系统。因此，在应用 HRMIS 应用软件系统后还必须考虑由于信息技术的飞速发展所可能引起的商业活动方式的变化对企业经营管理方式提出的要求，这包括机构和业务流程的重组，以及经营活动范围的扩大和方式的多样化产生的许多新的市场机会，企业必须进一步完善和增强信息管理系统的功能来满足企业日益变化的要求。同时，软件在与其他信息系统进行数据交换以及进行二次开发方面的功能对于适应企业不断变化的管理工作也是非常重要的。

3. 根据预算选择相应层次的 HRMIS 供应商

企业在上 HRMIS 时，一般应有项目的预算。如果企业高层对 HRMIS 的价值认识得比较深刻，相应的项目预算会比较充足，选择 HRMIS 时就应该考察较高层次的 HRMIS 供应商，以便得到高质量的产品和服务。如果企业规模较大，而相应的 HRMIS 预算有限，选择 HRMIS 时就应兼顾高层次的供应商和中低层次的供应商。因为 HRMIS 的模块很多，项目金额一般和企业选择的模块和系统的复杂程度有关，企业业务复杂，对 HRMIS 的需求也就越高。如果选择中低层次的供应商，即便在预算范围内上了所有模块，但软件和服务有可能满足不了企业的需求，系统就不可能在企业中得到广泛应用。这样非但没有给企业带来效益，相反却给企业造成浪费；如果企业对 HRMIS 的需求较低，则应选择中低层次的供应商，这样就可以一次性的上全系统，以免将来再一一上其他模块。

4. 注意 HRMIS 软件运行的稳定性与易用性

软件运行的稳定性是软件质量和技术水平的体现，如果软件在运行时经常死机或非法中断，势必会影响 HRMIS 的运行效果和数据的安全性。一般来说，软件开发至少需要一年以上的时间才能形成产品化；而在软件推向市场时，还需要半年时间的磨合，经过众多用户的实际运行考验才能趋向稳定；再需要半年至一年的时间才能趋向成熟。用户可以从软件开发与投放市场时间的长短初步判断软件的稳定性，再通过一些实际操作或试运行来进一步确定其稳定性。软件的易学易用性对人员培训的工作量以及软件系统的应用效果也是有影响的，这也应该成为企业在选用软件时考虑的一个因素。

5. 明确企业在实施 HRMIS 中的资源要求

这里主要指 HRMIS 的软硬件资源的要求以及与其他系统的接口问题。软件要求包括选择什么样的软件平台，采用 C/S 架构还是 B/S 架构，或者是两种架构都有；采用什么样的数据库，SQL 还是 Oracle，或是其他数据库，以及使用 HRMIS 所涉及到的其他软件。硬件要求包括数据库服务器、应用服务器、客户端和网络环境的要求等。此外，还要考虑是否与其他系统（比如 ERP、财务软件等）作接口的问题。一般来说，经验丰富的供应商都会根据客户的实际资源，提出相应的解决方案，从而降低客户在这方面所需投入的成本。

6. 选择 HRMIS 之前应对 HRMIS 进行绩效评价

在对人力资源信息系统进行选择时,首先还应对 HRMIS 的绩效进行评价。信息系统的投资已经成为当今企业战略管理的一个严峻问题。一方面,企业信息系统规模的增大促使其逐渐成为提高企业价值和发展潜力、提高企业核心竞争能力的有效手段和途径。另一方面,在信息系统方面投入的巨额资金也对管理层施加了压力,即如何在战略计划的制定与实施过程中对信息系统进行定位,如何衡量信息系统投资与业务绩效之间的关系,如何正确认识信息系统的绩效,从而了解信息系统对企业目标的贡献程度,更好地利用和改良企业信息系统,这是企业在选择 HRMIS 时应关注的核心问题。

3.1.5 HRMIS 可行性研究

在现代化的管理工作中,任何一个信息系统的开发,在人力、物力、财力和时间的耗费上都是比较大的,对企业的现状和将来的发展都有着直接和长远的影响。HMRIS 的开发当然也不例外。因此,在选择 HRMIS 之前,决不能盲目上马,草率从事,必须先做好可行性研究工作。可行性研究也称为可行性分析,它是信息系统开发的第一步工作,即对系统开发的可能性、必要性和有益性进行分析和论证。

在选择 HRMIS 和进行其开发工作之前,首先要对系统及其周围环境进行认真的初步调查,掌握与系统有关的基本情况,然后进行客观的可行性研究和论证,得出有关新系统开发的可行性研究报告,供企业决策者和用户在最终决策时参考。HRMIS 的可行性研究一般来说要进行以下几个方面的工作。

1. 初步调查

可行性研究工作的第一步是进行初步调查,其具体内容大致包括以下几个方面。

(1) 企业的目标和任务。企业的目标是指企业在一定的时期内,其生产经营活动最终所要达到的目标。而企业的任务则一般是指近期所必须完成任务的具体生产经营内容。一个企业为了实现其目标,通常将其分解成若干个子目标。一般来说,HRMIS 的目标应受制于并服务于企业的目标。

(2) 企业的组织机构和管理体制。企业的组织机构和管理体制包括:企业的规模,人、财、物等资源的组织及管理体制;工艺特点及生产流程;生产效率和经济效益等。因为任何一个企业的生产经营活动都必须通过相应的组织机构和一定的管理体制才能得以进行。

(3) 现行人力资源管理的状况。人力资源管理在企业中的地位及作用,工作内容、人员组成及分工状况以及目前人力资源管理工作中所存在的问题和不足。

(4) HRMIS 的环境。系统的环境是指系统与外界的联系。它一方面包括与企业有业务往来的单位,涉及的物质和信息的联系;另一方面包括企业内部各业务部门之间的联系,其管理工作计算机化的状况及今后的发展状况等。

(5) HRMIS 开发条件。系统开发条件主要包括企业决策者和部门领导对信息系统开发的认识、态度和决心;业务人员对系统的接受程度;现有系统的管理基础;供系统开发的人力、物力、财力,如系统的开发人员及其技术水平,投资费用与力度以及系统开发的初步设想等。

2. 可行性分析

根据初步调查的结果及资料显示,对软件开发的投入与所能取得的效益进行分析比较,最后决定是否建立以计算机为基础的HRMIS,若需要,则应考虑采取何种方式建立,这就是可行性分析。可行性分析的目的就是按照系统的开发要求,根据调查所掌握的情况,在当前企业的具体条件下,分析和论证HRMIS开发的必要性和可能性。HRMIS的可行性分析一般包括以下几个方面的内容。

(1) 系统开发的必要性。一个系统的开发,首先应讨论其必要性。当系统开发的设想及要求提出来之后,如果业务人员对开发新系统的需求并不迫切,或者企业的决策者认为现行系统没有更换的必要,那么通常就认为没有开发新系统的必要。因此,要按照现行的人力资源管理系统的功能、效率、组织结构、人员水平和目前其工作中已存在或出现过的问题与不足,来分析和论证开发新的HRMIS的必要性。

(2) 经济上的可行性分析。关于经济上的可行性分析,除了研究开发与维护新系统所需要提供的费用能否得到保证之外,还需要研究新系统将要带来的效益与其开发成本和维护费用之间的关系。要论证开发一个新的HRMIS在经济的可行性有以下两种方法:费用估计和收益估计。

开发一个新的HRMIS的费用主要包括设备费用、软件的开发成本、系统运行和维护费用等三个方面。

设备费用主要包括购买计算机硬件和软件、机房设施、空调、电源以及其他外部设备的费用。软件开发成本是指开发HRMIS软件的成本。软件开发成本的高低与很多因素有关,如系统开发人员的素质与经验,系统的复杂性与性能状况,系统开发所用到的分析设计方法及语言,计算机硬件和软件资源的特性及开发工具等。软件开发成本估算主要指软件开发过程中所花费的工作量及相应的代价。与传统的工业产品不同,软件的成本不包括原材料和能源的消耗,主要是人的劳动的消耗。另外,软件也没有一个明显的制造过程,它的开发成本是以一次性开发过程所花费的代价来计算的。因此,软件开发成本的估算,应是从软件计划、需求分析、设计、编码、单元测试、集成测试到认证测试,整个开发过程所花费的代价作为依据的。目前,比较可行的软件成本估算方法有程序代码行成本估算和工作量成本估算两种方法。所谓程序代码行成本估算方法是指根据所开发的软件其程序的代码行数以及每行代码的成本来计算的。而每行代码的成本与工资水平、软件的功能及其结构的复杂程度有关。工作量成本估算方法,则是在确定了系统开发的工作量以及工作量成本之后,进而计算出整个软件的成本。在实际工作中,通常相互比较不同估算方法计算出来的结果,以决定最终的软件开发成本。

运行维护费用包括系统运行维护阶段所需人员,如系统管理人员、硬件及软件维护人员等的工资以及培训费用,还包括在系统运行维护阶段所需材料和消耗品的费用,如电费、打印机耗材费用等。

收益的估计是决策者更关心的问题,但建立一个HRMIS之后的收益通常又很难量化,很难用金钱数量直接衡量出来。如HRMIS的使用,必将促进管理工作的现代化及管理水平的提高,给其他企业起到了示范作用,这种社会效益是很难用金钱来具体衡量的。

对于HRMIS来说,其收益的估计一般来说可以从以下几个方面综合考虑。

- 提供了多少以前无法提供的信息,所提供的信息质量能有多少改善,以及提供信息的速度是否有所提高。
- 企业流动资金的占用量是否有了减少,资金的周转是否加快了,各种管理费用是否有了减少,产品成本是否降低了。

- 给人力资源的管理带来了什么样的方便,是否提高了其工作效率。
- 是否能提高企业在同行业中的业务竞争能力和企业形象。

(3) 技术可行性分析

技术可行性分析主要是指根据现有的技术设备条件以及准备投入的技术能力和设备,分析系统在技术上实现的可能性。在设备条件方面,应着重考虑计算机的配置要求、各种外部设备等是否能够满足 HRMIS 在数据处理方面的需要。如果系统采用网络结构,还要考虑网络本身,要根据数据传输量的大小来选择合适的线缆以及相应的网络软件等。

在技术力量方面,应着重考察从事系统开发以及系统投入运行之后的维护管理人员的技术水平。在 HRMIS 开发和运行维护的各个阶段,需要各类技术人员参与,如系统分析人员、系统设计人员、程序员、数据录入人员、硬软件维护人员等。如果能够投入的上述人员数量不够,或所投入的上述人员的技术水平不够,或者缺乏系统中要用到的某些知识,如网络知识等,那么可以认为此系统的开发在技术上是不可行的。

(4) 运行性可行性分析

HRMIS 软件运行后,数据处理工具的变化会使人力资源管理的工作方式发生很大的变化,原来许多的岗位可能会被新的岗位所替代,人力资源管理人员的岗位分工也要做相应的调整。考虑到这种调整可能会给人力资源管理人员带来短期的不适应,所以要充分估计可能会遇到的问题。运行可行性分析就是针对以上问题所进行的,它主要分析以下几个因素。

- 企业决策者对系统的开发和建立的态度。企业管理者对系统开发和建立的支持与领导是系统开发工作能否成功的关键所在。
- 企业领导及有关管理人员对人力资源信息需求的迫切性及程度。
- 人力资源管理人员对 HRMIS 的熟知程度。
- 分析现行的人力资源管理系统,是否能够提供完整、正确、规范的原始数据,即目前的管理基础工作能否满足新系统的要求。
- 新系统的建立可能会导致数据传递路线、工作习惯、处理方式以及处理结果的表现形式等许多方面的改变,这些变化是否能够得到上级业务部门的认可,业务人员是否能够适应这种变化。

运行可行性分析根据对以上几个方面的调查分析和研究,得出企业是否有必要开发和建立 HRMIS 的结论。

3.2 HRMIS 的测试

HRMIS 的测试是保证其质量的关键,是对整个 HRMIS 开发过程,包括系统分析、系统设计和系统实施的最终审查。HRMIS 在运行的每个阶段,会不可避免地产生一些差错。此外,在编程过程中,也会引起一些新的问题。这些问题在 HRMIS 运行之前若不能得到及时解决,等到在系统使用过程中暴露以后,此时解决问题的难度将更高,代价更大,甚至会给企业带来非常严重的后果。因此,在 HRMIS 投入运行之前,必须对它进行测试。

3.2.1　HRMIS 测试的目的

HRMIS 测试的目的是努力发现系统运行中可能会出现的问题,并给予解决。测试时要精心选取那些易于发生错误的测试数据,要以十分挑剔的态度找出系统中的问题并加以解决。经验表明,测试中可能会出现以下几类问题。

(1)功能错误。功能错误是指由于处理功能说明不够完整或不够确切,导致编程时对功能误解而产生的错误。

(2)系统错误。系统错误是指与外部接口错误、子程序调用错误和参数使用错误等。

(3)过程错误。过程错误主要是指算术运算错误、逻辑运算错误等。

(4)数据错误。数据错误是指数据结构、实体、属性错误,动态数据与静态数据混淆,参数与控制数据混淆。

(5)编程错误。编程错误是指语法错误、程序逻辑错误、编程书写错误等。

测试的目的就是要发现系统在运行的过程中会不会出现以上所述问题或一些新的问题,同时在解决问题的过程中不断总结经验教训,防范系统在以后的使用中发生类似的错误。

3.2.2　HRMIS 测试的内容

企业在选择好 HRMIS 后,还应该对系统进行综合测试。HRMIS 的测试应根据以下几个指标进行。

1. 完整性与集成性

企业选择好 HRMIS 后,应对其完整性和集成性进行检测。其完整性是指 HRMIS 是否全面涵盖了人力资源管理的所有业务功能,并且对每个业务功能是否都是基于完整、标准的业务流程而设计的。其集成性是指 HRMIS 能否将其所含的功能模块进行拆分使用,同时又可以将拆分后的功能模块集成一个完整的系统。HRMIS 是用户日常工作的信息化管理平台。它对员工数据的输入工作应该只需进行一次,而其他模块则可共享,这样可以减少大量的重复录入工作。企业所选择的 HRMIS 应该既可作为一个完整的系统使用,也可以将模块进行拆分而单独使用,在必要时又能扩展集成为一个完整系统。

2. 易用性与灵活性

检测 HRMIS 的易用性是要看 HRMIS 的界面是否友好简洁,是否能直观体现人力资源管理的主要工作内容。一个易用的 HRMIS 应采用导航器界面,引导用户按照优化的人力资源管理流程进行每一步操作。同时,HRMIS 界面应基本上没有弹出式对话框,在一个界面中就能显示所有相关信息,并通过操作实现所有功能。这样,一方面信息集成度高,另一方面减少了大量对弹出式对话框的烦琐操作。同时,HRMIS 还应具有灵活性。在 HRMIS 中,企业可以方便地根据用户需求进行客户化功能改造,更改界面数据项的显示;HRMIS 还应有强大的查询功能,使企业可以灵活地设置任意条件组进行组合查询并能支持中英文(或其他语种)实时动态切换。

3. 网络功能与自助服务

企业还应对 HRMIS 的网络功能及自助服务进行检测。一个好的 HRMIS 应能提供异地、多级、分层的数据管理功能;日常管理应不受地理位置限制,可在任何联网计算机上经身份验证后进行操作；允许员工在线查看企业规章制度、组织结构、重要人员信息、内部招聘信息、个人当月薪资及薪资历史情况、个人福利累计情况、个人考勤休假情况，注册内部培训课程，提交请假和休假申请，更改个人数据以及与人力资源部门进行电子方式的沟通；允许直线经理在授权范围内在线查看所有下属员工的人事信息，更改员工考勤信息，审批员工的培训、请假、休假等申请，并能在线对员工进行绩效管理；总经理可在线查看公司人力资源配置情况、人力资源成本变动情况、员工绩效等各种与人力资源相关的重要信息。

4. 开放性

企业在测试 HRMIS 时，还应检测其开放性。一个好的 HRMIS 应提供功能强大的数据接口，轻松实现各种数据的导入导出以及与外部系统的无缝连接，使员工方便地引入各类 Office 文档，并存储到数据库中。这样就规范了人力资源文档的管理，并增加了文档的安全性。同时 HRMIS 要支持所有主流关系型数据库管理系统以及各种类型的文档处理系统。

5. 智能化

企业在检测 HRMIS 时，还应检测其是否具有智能化的功能。HRMIS 的智能化是指系统具有自动收发邮件功能和提醒功能。用户可直接通过 Email 发送信息给相关人员，例如给被录用人员发通知、给员工提供加密工资单等，这样就极大地降低了行政事务工作强度，提高了工作效率。同时，HRMIS 还应设置大量的提醒功能，以使用户定时操作与自身相关的内容，如员工合同到期、员工生日等，从而使得人力资源管理变被动为主动，有效地提高员工对人力资源工作的满意度。

6. 系统安全

在众多测试指标中，系统安全应该算是一个最重要的指标。企业在选择 HRMIS 后，对系统安全的检测应是一个必不可少的步骤。一个完善 HRMIS 的系统应对数据库进行加密，有严格的权限管理，并设定用户对系统不同模块、子模块乃至数据项的不同级别操作权限。最后还应建立日志文件，跟踪记录用户对系统每一次操作的详细情况，建立数据定期备份机制并提供数据灾难恢复功能。

3.2.3 HRMIS 测试的方法

HRMIS 的计算机测试包括模块测试、子系统测试和系统测试三个方面的内容。

1. 模块测试

HRMIS 包括许多不同的模块，在测试时需要对每个模块进行测试。模块测试就是对单个模块进行的测试，它是系统测试的基础。模块测试比系统测试更容易发现问题并更有效地解决问题。

模块测试又分为动态测试和静态测试两种。在进行动态测试前，先通过阅读程序和人工运行程序的动态测试方法来发现程序中的语法错误和逻辑错误。在阅读程序时，不同程序员交互阅读，以便更有效地发现错误。通常人们在阅读自己的程序时，往往是按自己固有的思路去读程序，因此较难发现问题。人工运行程序是在弄清楚程序结构的情况下，用少量简单的数据将程序运行一遍，发现程序中的一些逻辑错误。阅读及运行程序可以及早地发现错误，从而减少错误造成的损失。静态测试是在没有机器压力的心理状态下进行的，它易于纠正错误，防止因上机测试引起的心理状态变化，这种心理状态变化往往会导致在纠正错误的同时又会产生新的错误。

动态测试有“黑盒法”和“白盒法”两种。“黑盒法”是指测试人员不考虑模块的内部结构,只用测试数据来验证程序是否符合它的功能要求,是否会产生异常情况,通常也称为“穷举输入法”。而“白盒法”要求测试人员根据模块的内部结构来导出测试数据,使模块中的所有测试路径都被测试到,通常也称为“穷举路径法”。

2. 子系统测试

子系统测试是在模块测试的基础上,解决模块间相互调用的问题。子系统测试,通常可以采用自顶向下测试和自底向上测试两种测试方法。

(1) 自顶向下测试。先用主控模块作为测试驱动模块,然后将其所有下属模块用桩模块代替。在桩模块中只保留所代替模块的名字和输入输出参数,而没有具体的处理功能。在子系统测试过程中再逐步将桩模块用实际模块替换。在替换时,可以按数据流动的方向,即按照输入模块、处理模块、输出模块的顺序逐步替换。在替换桩模块时,通常是完成一组测试后,用一个实际模块替换一个桩模块,然后再进行下一组测试,这样依次结合构成一个完整的子系统,为保证模块替换后不会引入新的错误,可以在模块替换后先进行回归测试,即重复以前已进行过的部分测试,然后再进行新的测试。

(2) 自底向上测试。从系统结构的最低一层模块开始,进行组装和测试。这种方法需要设计一些测试驱动模块而不是桩模块。测试驱动模块主要是用来接受不同测试数据,并把这些数据传递给被测试模块,最后打印出测试结果。

自底向上测试子系统,先将一些低层模块组合为实现某一特定功能的模块群,然后为这些模块设计一个驱动模块,作为测试的控制模块,以协调测试数据的输入输出。在完成这一模块群的测试后,按照系统的层次结构从下向上用实际模块替换驱动模块,组合成一个新的规模更大的模块群,然后再进行新的一轮测试。

上述两种子系统测试方法各有其优缺点,一种方法的优点正是另一种方法的不足之处。自顶向下方法的优点在于和子系统整体有关的接口问题,可以在子系统的早期得到解决,但设计测试数据比较困难。自底向上测试方法的优点在于设计测试数据比较容易,但它必须在最后一个模块组装出来后,才能使模块群作为一个整体存在。通常在进行子系统测试时,是将这两种方法结合起来进行,即对子系统较高层次使用自顶向下的组装方法,对于系统的较低层次使用自底向上的组装方法。

3. 系统测试

所有子系统都测试成功以后,就可以进行系统测试。它主要是为解决各子系统之间的数据通讯和数据共享(公用数据库)的问题以及满足用户要求而做的测试。系统测试应该由若干个不同测试组成,目的是充分运行系统,验证系统各部件是否都能正常工作并完成所赋予的任务。系统测试一般来说有以下几种。

(1) 恢复测试。恢复测试主要是检查系统的容错能力。当系统出错时,能否在指定时间间隔内修正错误并重新启动系统。恢复测试首先要采用各种办法强迫系统失败,然后验证系统是否能尽快恢复。

(2) 安全测试。安全测试是检查系统对非法侵入的防范能力的测试。在安全测试期间,测试人员假扮非法入侵者,采用各种办法试图突破防线。如想方设法截取或破译口令;专门定做软件以破坏系统的保护机制;故意导致系统失败,企图趁着恢复之机非法进入;试图通过浏览非保密数据,推导所需信息等。从理论上讲,只要有足够的时间和资源,没有不可进入的系统。因此系统安全设计的准则是使非法入侵的代价超过被保护信息的价值,此时,非法入侵就会变得无利可图。

(3) 强度测试。强度测试是对异常情况的抵抗能力进行测试。强度测试总是迫使系统在异常的资源配置下运行。强度测试采用以下几种方法进行。

- 当正常情况下每秒钟能够承受一至两个中断时,运行每秒产生十个中断的测试用例。
- 定量地增加数据输入率,检查输入子功能的反映能力。
- 运行需要最大存储空间的测试用例。
- 运行可能导致操作系统崩溃或磁盘数据丢失的测试用例。

(4) 性能测试。对于那些实时和嵌入式系统,软件部分即使满足功能要求,也未必能够满足性能要求。虽然从单元测试起,每一测试步骤都包括性能测试,但只有当系统真正集成后,在真实环境下才能全面、可靠地进行性能测试。系统性能测试有时应与强度测试结合起来对系统进行测试。

在系统测试完成后要进行用户的验收测试,它是用户在实际应用环境中所进行的真实数据测试。主要使用原手工系统所用过的历史数据,将运行结果和手工所得相核对,以考察系统的可靠性和运行效率。

系统测试的依据是系统分析报告,要全面考核系统是否达到了系统的目标。在系统测试中可以发现系统分析中所遗留下来的未解决的问题。

经过以上分析可知,模块测试可以发现程序设计中的错误,子系统测试可以发现系统设计中的错误,而系统测试则发现系统分析中的错误。因此,系统分析与设计人员要极其重视早期的系统分析与设计工作。

3.2.4　HRMIS 测试的原则

选择好 HRMIS 以后,在运行前要进行测试。HRMIS 测试是根据系统开发各阶段的规格说明和程序内部结构而精心设计的一批测试用例(即输入数据及其预期的输出结果),并利用这些测试来发现系统运行中出现的问题。测试是为了保证系统质量的重要措施,其目的就是为了找出系统运行中可能会出现的问题,并加以解决。同时,测试也是为了检验 HRMIS 是否满足了企业的需求。

HRMIS 进行测试时应遵循以下几个方面的原则。

(1) 尽早且不断地进行系统测试。

(2) 测试用例应由测试输入数据和输出结果两部分构成。

(3) 测试时,程序员应避免检查自己的程序。

(4) 测试后残存错误数目与已发现错误数目成正比。

(5) 严格执行测试设计计划,排除测试的随意性。

(6) 测试后,要对每个测试结果进行全面检查。

(7) 要妥善保存测试计划、测试用例、出错统计和最终分析报告,为以后的维护提供方便。

3.3　HRMIS的维护与管理

3.3.1　HRMIS的维护

HRMIS的维护是指系统开发完成交付使用后,为了保证系统正常运行和改正错误或满足新的需要而修改和维护系统的过程。其目的是使程序始终处于最佳的状态,使系统中各个设备始终处于正常的运行状态。我们知道,随着企业经营管理水平的提高,外部经济环境的变化以及处理业务量的增减变动,人力资源管理也必须不断进行改进和完善。反映到HRMIS中,就是要求对系统进行不断的完善和优化。软件设计考虑不周的问题、软件运行中出现的问题,也要求及时地进行维护。可以说系统维护工作要始终贯穿系统的整个生命周期中,维护工作也是系统整个生命周期中最重要、最费时的工作,其工作量达到生命周期各部分工作量的60%以上。而且随着硬件价格的下降,软件规模的扩大,复杂程度的提高,维护的代价也在攀升。易维护性已成为衡量软件质量的一个重要标准。

一般来说,进行系统维护的原因包括以下三种。

(1) 纠正在特定的使用条件下暴露出来的一些潜在的程序错误或设计缺陷。

(2) 在系统使用过程中数据环境或处理环境可能会发生变化,如新的硬件或操作系统的更新换代,所以需要更新系统以适应这种变化。

(3) 用户和数据处理人员在使用时可能会提出一些改进系统的想法或措施,如改进现有的功能或增加一些新的功能。这样使得系统也必须随时进行更新来满足企业中使用者的需求。

系统维护是一个系统工程,它涉及HRMIS的各个方面,归纳为四个方面:软件维护、硬件维护、数据维护与代码维护。

1. 软件维护

HRMIS软件维护是系统维护中最重要的,也是工作量最大的一项维护工作。软件维护是指软件在交付使用后,为了保证软件正常使用和满足新的需要而对软件进行的修改活动。一般来说,对商品化的HRMIS应由软件销售和研发部门负责,如要求随时更新系统;对自主开发的软件,要求系统维护人员首先查阅有关的设计资料和程序流程图,并仔细核对有关源程序,确定分析问题所在之后,再采用生命周期法动手修改。

软件维护的类型有四种。

(1) 正确性维护。纠正在系统开发阶段已发生的而系统测试阶段尚未发现的错误。一般来说,这类故障是由于遇到了以前从未有过的某种输入输出数据的组合,或者是系统的硬件和软件之间的某种冲突而引起的。在软件交付使用后发生的故障,有些是不太重要,并且可以回避的;有些则很重要,甚至影响企业的正常营运,必须制定计划,进行修改,并且要进行复查和控制。

(2) 适应性维护。适应性维护是指在外部环境发生变化时对软件进行的维护。例如,操作系统的变更或计算机硬件的更替所引起的软件转换是常见的适用性维护任务。而"数据环境"的变动,如数据库和数据存储介质的变动,新的数据存放的增加等,都需要进行适应性维护。

(3) 完善性维护。为扩充功能和完善性能而进行的修改,这是指对已有的软件系统增加一些软件系统分析说明书中没有规定的功能与性能特征,还包括对处理效率和编写程序的改进。例如,有时可将几个小程序合并成一个单一的运行良好的程序,从而提高处理效率;而有时却因为系统内存不够,或处于多道程序的设计巧合,又希望把一个占用整个机器容量的一个大程序分成一些小程序段,这些小程序段占用内存小且运行时间相同,这样可使软件设计优化。

(4) 预防性维护。这种维护的主要思想是维护人员不应该被动地等待用户提出要求才进行维护工作,而应该选择那些还有较长使用寿命、目前虽能运行但不久需作较大变化或加强的系统进行维护。目的是通过预防性维护,为将来的修改与调整奠定良好基础,减少以后的维护工作量、维护时间和维护费用。

值得指出的是,上述四种维护方式都必须用于整个 HRMIS 中,维护软件文档和维护软件的可执行程序是同样重要的。另外,HRMIS 维护的难易程度与系统分析设计直接相关。采用结构化系统分析与设计方法,使系统充分反映用户需求,软件总体结构合理,模块独立程度高,程序可读性好,文档齐全,就可以为维护工作打下良好的基础。

2. 硬件维护

硬件维护是指为了保证所有计算机系统处于良好的运行状态,对计算机及其附属设备所进行的保养、检修和修复工作。硬件设备的维护应有专职的硬件人员承担,维护安排分为两种:一种是定期的预防性维护,例如,在周末或月末进行设备的例行检查与保养;另一种是突发性的故障维修,由专职人员或厂商进行,但不允许拖延过长时间,以免中断软件系统的工作。一般而言,大中型企业的计算机系统都配有足够的并行处理机,一台 CPU 上的作业可以送到另一台 CPU 上进行处理。同时还配有足够多的外部设备,绝不会因为撤销了部分打印机、磁盘设备,而影响整个系统的运行。

3. 数据文件维护

HRMIS 投入运行后应对数据文件不断地进行评价、调整、修改。数据文件的维护不仅是要维护其正常活动,而且要使数据文件的设计工作得以持续和提高。

维护阶段的主要工作是:数据库安全性控制,数据库文件的正确性保护、转储和恢复,数据库的重组织和重构造。数据库安全性控制属于一种内部控制,在此就不给予详细介绍。下面就介绍一下其余几种主要工作。

(1) 数据库文件的正确性保护、转储和恢复

为了保证数据的正确性,应做到以下几点。

- 每隔一定时间,将数据库中的内容转储到磁盘上,作为后备数据,即进行数据备份。
- 对每次使用数据库文件的过程进行记录,以便出现错误时可以检查错误来源。
- 在每次对数据库文件内容进行修改时,应把修改前的内容和修改后的内容都转储到磁盘上加以保存,以备检查。
- 在系统出现故障或发现对数据库文件的某个处理有错误时,应利用保存在磁盘上的过去某个时刻正常的数据库文件内容来恢复数据库文件内容。
- 当系统出现故障或发现对数据库文件的某个处理有错误时,要消除其错误影响,以便恢复正确的数据库文件。

（2）数据库文件的重组织与重构造

数据库文件运行一段时间后，由于对记录不断进行增、删、改操作，会使数据库文件的物理存储变坏，例如，逻辑上本属于同一记录或同一关系的数据，在物理上被分散在许多不同的地方，从而降低了数据库文件存储空间的利用率和数据的存取效率，使数据库文件夹性能下降。这时数据库管理员就要进行数据库文件的重组织。数据库管理系统一般都提供一些实用程序，在重组织过程中，按原设计要求重新安排记录的存储位置。

由于数据库应用环境的变化，如增加了新的管理内容，反映在数据库中就要增加新的实体数据。如某些业务消失了，有的处理业务产生了变化，那么实体和实体联系也应随之发生变化。原设计若不能很好地满足新的需求，则要改变数据库的逻辑结构，如增加新的数据项、改变数据项的类型、增加或删除索引等。当然数据库重构程度是有限的，如同应用软件系统一样，只能作部分的修改和调整。倘若应用变化太大，重构也将无济于事，这表明系统生命周期的结束，应重新开发系统。

4. 代码维护

代码维护是指对业务中使用的代码和程序处理中所用的代码进行增、删和更改。由于业务范围扩大，供应商不断增多，其相应的代码也应增加；或由于业务数据代码满足不了当前的需要或业务数据代码不完善时，就要修改和建立新的代码系统。

系统维护是一项长期而艰巨的工作，它将存在于整个系统的生命周期之中。而且，在系统维护的同时，可能会导致系统中新的差错的产生。尤其是软件维护，在修改程序时，稍有不慎，就有可能对其他模块乃至整个系统产生影响，导致严重的后果。如果一有错误就立即修改源程序，这样很容易把系统搞乱，以至最后不可收拾。所以，为了顺利地进行 HRMIS 的维护工作，应建立一套严格的工作程序和必要的审批制度，以防止维护副作用的产生。

3.3.2　HRMIS 的运行管理

HRMIS 运行阶段管理工作的目的要求与开发阶段有根本的区别。开发阶段要求经济地、按时按质地开发好 HRMIS，而运行管理的目的是使 HRMIS 在一个预期的时间内能正常地发挥其应有的作用，产生其应有的效益。HRMIS 运行管理的任务就是围绕这一目的展开，一般包括三个方面的工作，即日常运行的管理、系统文档规范管理、系统的安全与保密管理。

1. 日常管理与维护

（1）日常管理。HRMIS 正式运行后，为了让系统长期高效地工作，必须加强对系统的日常管理。HRMIS运行的日常管理不仅仅是机房环境和设施的管理，更主要的是对 HRMIS 每天运行状况、数据输入和输出情况，以及安全性与完备性及时如实地记录和处置。这些工作主要由 HRMIS 管理员完成。

- 日常事务管理。HRMIS 运行的日常事务管理包括数据收集、数据整理、数据录入及处理结果的整理与分发。此外，还包括简单的硬件管理和设施管理工作。
- 运行记录。HRMIS 运行情况的记录。整个 HRMIS 运行情况的记录能够反映出系统在大多数情况下的状态和工作效率，对于系统的评估与改进具有非常重要的参考价值。因此,对系统的运行情况一定要及时、准确、完整地记录下来。除了记录处理效率、文件存取率、更新率等正常情况以外,还要记录意外情况发生的时间、原因与处理结果。记录系统运行情况是一件细致而又烦琐的工作,从 HRMIS 开始投入运行就要抓好。HRMIS 刚建成时所编制的程序和数据很少能一字不改地沿用下去。

(2) 日常维护

日常维护应根据 HRMIS 运行的外部环境的变更和业务量的改变,及时对系统进行维护。维护工作主要包括以下几个方面的内容。

- 程序的维护。程序维护是指根据需求变化或硬件环境的变化,对程序进行部分或全部的修改。修改时应充分利用原程序,修改后要填写程序修改登记表,并在程序变更通知书上写明新旧程序的不同之处。
- 数据文件的维护。除了主文件的定期更新之外,数据文件的维护有许多是不定期的,必须在现场要求的时间内维护好。
- 代码的维护。代码的维护应由代码管理小组进行。变更代码应经过详细讨论,确定之后应用书面写清、贯彻。代码维护的困难并不在代码本身的变更,而在于新代码的贯彻。因此,各业务部门要指定专人进行代码管理,通过他们贯彻使用新代码。这样做的目的是要明确管理职责,有利于避免出现错误和及时修正错误。

2. 系统文档管理

文档是记录人们思维活动及其结果的书面形式的文字资料,系统文档就是描述系统从无到有的整个发展与演变过程及各个状态的文字资料。

(1) 系统文档及其管理的重要性。HRMIS 实际上由系统实体以及与此相对应的文档两大部分组成。HRMIS 的开发要以文档的描述为依据,系统实体的运行与维护更需要文档来支持。

系统文档不是事先一次性形成的,它是在系统开发、运行与维护过程中不断地按阶段依次推进编写、修改、完善与积累而形成的。如果没有系统文档或没有规范的系统文档,系统的开发、运行与维护会处于一种混乱状态,从而严重影响系统的质量,甚至导致系统开发或运行的失败。当系统开发人员发生变动时,问题尤为突出。因此,系统文档是系统的生命线,没有文档就没有 HRMIS。

文档的重要性决定了文档管理的重要性,文档管理有序地、规范地开发是运行 HRMIS 所必须做好的重要工作。

目前 HRMIS 的文档内容与要求基本上已有了比较统一的规定。根据不同的性质,可将文档分为技术文档、管理文档和记录文档等若干类。

(2) 系统文档管理的主要内容。系统文档是相对稳定的,随着 HRMIS 的运行及情况的变化,它们会有局部的修改与补充,变化较大时,系统文档将以新版本提出。系统文档管理工作的主要内容有如下几点。

- 文档标准与规范的制定。在 HRMIS 开发前或至少在所产生的阶段前,按国家规定并结合具体系统的特点,制定文档的标准与规范。
- 文档编写的指导与督促。根据标准指导与督促系统开发人员和使用人员及时编写有关的文档资料。

- 为保持文档的一致性与可追踪性，所有文档都要收全，并集中统一保管。要做好文档的收存、保管与借用手续的办理等工作。
- 文档的管理虽不是一件日常性的工作，但因为其对 HRMIS 的质量至关重要，因而必须由专门人员负责，并要形成制度化。

3. HRMIS 安全保密管理

具体来说，信息系统的安全与保密是两个不同的概念

信息系统的安全是为防止有意或无意地破坏系统软硬件及信息资源行为的发生，避免企业遭受损失而采取的措施。信息系统的保密是为防止有意窃取信息资源行为的发生，使企业免受损失而采取的措施。

一方面，企业在管理信息系统的开发和运行过程中，投入了大量的人力与资金，得到了各种软硬件系统，同时也产生和积累了大量的信息。这些都是企业的重要资源，几乎反映了企业所有的方面的状况，直接关系到企业的生存与发展。因此，HRMIS 的安全与保密是一项必不可少的重要管理工作。

另一方面，信息系统几乎被企业内部每一位管理人员接触与享用，随着企业信息化建设的深入，企业与外界的信息交往日益广泛与频繁。但是，由于信息的易传播性与易扩散性，使得 HRMIS 的安全保密工作难度大大增加。

HRMIS 的安全性问题主要由以下几方面原因所造成。

- 自然现象或电源不正常所引起的软硬件损坏与数据破坏。
- 操作失误导致的数据破坏。
- 病毒侵扰导致的软件与数据的破坏。
- 人为对系统软硬件及数据所作的破坏。

为了维护 HRMIS 的安全性与保密性，必须具备强烈安全保密意识，并且不折不扣地贯彻各种安全措施。

- 制定严密的 HRMIS 安全与保密制度，作深入的宣传与教育，提高每一位涉及 HRMIS 人员的安全与保密意识。
- 制定 HRMIS 损害恢复规程，明确在系统遇到自然的或人为的破坏而遭受损害时应采取的各种恢复方案与具体步骤。
- 配备齐全的安全设备，如稳压电源、电源保护装置以及用以维持环境温度的空调器等。
- 设置切实可行的系统访问控制机制，包括系统功能的选用与数据读写的权限、用户身份的确认等。
- 完整地制作系统软件和应用软件的备份，并结合系统的日常运行管理与系统维护，做好数据备份的保管工作。
- 敏感数据尽可能以隔离方式存放，由专人保管。

3.3.3　人力资源的信息管理

对人力资源的信息管理，是对 HRMIS 管理的一个重要内容。其管理过程同所有的信息

管理过程一样,包括人力资源信息的搜集、加工、传递和存储。

1. 人力资源信息搜集工作

人力资源的信息搜集工作是人力资源的信息管理必不可少的一步。它包括以下步骤:确定搜集信息的目标、制定搜集计划、搜集信息和汇集整理信息。在搜集人力资源信息之前,首先要确定搜集信息的目标。确定搜集信息的目标主要是确定所搜集信息的种类、数量及来源。这样企业就知道自己应该搜集什么样的信息才有用。之后,企业应该制定搜集计划,有条不紊地搜集信息,这样搜集的信息就不会混乱而且具有效率。最后,我们应对所搜集的信息进行整理、汇总。一般的,大多数信息可以从现有的人事档案中得到。

2. 人力资源信息的加工

在搜集好人力资源的信息后,还应对这些信息进行加工。人力资源信息的加工有两个基本要求:保证信息的客观性和提高信息的可用性。人力资源信息的加工是一个复杂的系统工程。一般来说,人力资源的加工要经过信息的分类、信息的统计分析、信息的比较和信息的综合处理等环节。

3. 人力资源信息的传递

企业要得到有效的人力资源信息,就得了解人力资源信息的传递方式。一般来说,人力资源信息的传递方式有计算机网络传递、出版物传递、广播电视传递、文件资料传递和会议传递等方式。

4. 人力资源信息存储的程序

企业在获得人力资源信息之后,还必须对之进行存储。否则,好不容易得来信息又会很容易丢失。有效的人力资源信息存储应包括信息登记、信息编码和信息存储等程序。

3.4　HRMIS 的评价

HRMIS 投入运行后,要在日常运行管理工作的基础上,定期对其运行状况进行集中评价。系统评价的目的是通过对系统运行过程和绩效的审查,来检查系统是否达到了预期的目标,是否充分利用了系统内各种计算机资源和信息资源,系统的管理工作是否完善,并提出今后系统改进和扩展的方向。

3.4.1　HRMIS 评价的必要性

信息技术的不断变化与发展使得信息系统所处的环境不断变化,导致系统项目开发的技术风险增大;与此同时,信息系统的内部价值呈现多样性和多视角性,无形价值和战略价值不断增加且难以量化。这些因素都使企业 HRMIS 信息系统的评价呈现出复杂性。当然这也是 HRMIS 评价中所迫切需要解决的问题。

此外,尽管受到外部因素的影响和信息系统本身发展的推动,HRMIS 对于企业生存发展的战略意义和重要性与日俱增,企业对 HRMIS 的价值寄予很高的期望。然而,在实际应用中却存在着很多问题,这也促使人们不得不重新审视和评价 HRMIS 的绩效。

1. 目前 HRMIS 的评价方法还不够科学

许多企业投入成百上千万的资金用于 HRMIS 的建设,但是大多数企业的经营者深深感受到投资前与投资后对 HRMIS 的期望值落差太大。与传统投资相比,信息技术投资往往具有较高技术含量和风险,在技术和市场开拓的各个环节随时都可能存在失败的风险。传统的财务会计评测指标,如每股收益(EPS)和投资报酬率(ROI)在很大程度上已经无法满足现代企业经营管理的需要。这种评价体系通常促使经理管理层为追求短期效益而削弱了长期的投入,忽视持续的提高和创新,从而使企业缺乏长期发展的实力。

2. HRMIS 决策缺乏可靠依据

一般来说,规模越大,与管理联系越密切,集成度越高的系统,其风险也越大,失败的概率也越高。信息系统项目的高风险和高失败率要求企业在进行 HRMIS 投资决策之前,要进行合理的战略定位,综合论证项目技术上的先进性和可行性,财务上实施的可能性,以及应用上的合理性和有效性。这些问题都要求企业应建立一套合理的绩效评价体系,以促进 HRMIS 在企业中的有效运行。

3. HRMIS 绩效评价缺乏可具体参照的标准

我们知道,一般的项目评价通常要经过前期,中期和后期等工作。项目评价的前期工作一般包括项目立项、可行性研究、预算审查、招投标和专家评议;项目中期则一般要进行规划会议、选型会议、技术方案研讨会等程序;后期工作则是测试、验收、总结和评奖等阶段。然而,我们在评价 HRMIS 具有多大价值,或者说 HRMIS 能给企业绩效产生多大贡献的时候,通常只能用提高工作效率,改善业务处理速度,使用更加方便,资料更易于更新等模糊的指标来衡量。HRMIS 相对于企业的战略地位而言,其价值并非简单地回答“要不要做”这样较为概括的问题,而应是明确地回答“值不值”的问题。这样企业才可以放心地使用 HRMIS。

4. 目前 HRMIS 实施的保障机制不完善

尽管许多企业的 HRMIS 采用了先进的技术和设备,但在营运绩效方面却还是相当的落后,缺少一些有效的过程控制,更缺少量化模型的项目验收和绩效评价。HRMIS 在一次性投资后往往缺乏有效的监控,缺乏有效的实际投放和效益反馈。这也就意味着需要对 HRMIS投资实施持续的过程进行管理和评价,并要建立综合的绩效考核体系。

到目前为止,现有评价多侧重于在某一点的评价,如只判断开始在哪里投资,而缺少在实施之后的操作生命周期中提高对管理收益的关注,尚未从绩效的角度来评价人力资源信息系统,没有将人力资源信息系统绩效与对组织绩效的影响联系在一起。因此,需要建立一种关注最大化收益的持续评价机制,形成一套完整的、能够被广泛接受的评价体系。

3.4.2　HRMIS 评价的目标与内涵

根据系统论的观点,企业 HRMIS 可以被看作是企业大系统中的一个子系统。随着 HRMIS在企业中的重要性不断增强,HRMIS 绩效对企业绩效的影响力也随之逐渐增强。HRMIS对于企业交付预期的产品和服务目标,支持企业间信息传递,辅助财务管理和人力资源等起到良好的支撑作用。因此,企业有必要把企业的战略目标与 HRMIS 目标联系起来,建立统一的目标体系,以确保 HRMIS 交付的价值符合并支持企业的战略任务与目标,做到整体目标的统一,从而了解企业绩效指标如何通过 HRMIS 指标实现优化。因此,在了解企业 HRMIS 绩效之前,有必要了解企业绩效和企业目标。企业绩效是企业经营活动的结果或者表现。它是企业经营活动在企业目标上的反映,即反映的是企业目标的实现程度。因此,企业目标可能会随着企业的经营业绩变化而变化。一般来说,企业在不同阶段会有不同的目标。但不管怎样,企业还是会有一个终极目标。这个最终目标就是企业在现在、将来所能获得的最大利润,即企业价值最大化的目标。企业绩效反映了企业在现在和将来所获利润的多少,即企业价值,反映了当前以及未来可能的状况。

就企业 HRMIS 而言,绩效评价是一个分析性的过程,即通过该过程评价 HRMIS 如何通过交付 IT 服务以实现企业赋予它的使命。绩效评价应该包括评价结果(有效满足 HRMIS 预期使用目标的结果)以及评价过程(为实现预期目标而进行的整个过程)等方面的成效。因此,企业 HRMIS 的绩效可以定义为企业 HRMIS 对企业目标实现的贡献度,绩效是 HRMIS 对企业价值的综合表现。因而 HRMIS 绩效评价应该作为企业整体绩效评价的子集。为了优化企业 HRMIS 绩效,必须设立绩效指标,利用绩效指标来监控 HRMIS 的行为,并监督和激励管理者,从而优化整个企业的绩效。

3.4.3 HRMIS 的评价指标体系

有效的 HRMIS 绩效评价体系应该能够服务于企业的信息化管理,能够帮助企业对 HRMIS进行合理的战略定位,并在 HRMIS 项目的立项、可行性研究、招投标、系统规划、技术方案,项目验收等阶段给出有力的决策依据,能够综合权衡财务上的可行性,应用方面的合理性和有效性,并能够通过持续的评价进行有效的过程控制,从而对 HRMIS 投资实施持续的过程管理和监督,保障 HRMIS 投资的实际投放和效益反馈。总之,绩效评价应该对企业在 HRMIS 方面的投资做出有益的指导,使得企业对 HRMIS 进行持续的提高和创新,并实现其长期效益。为实现上述目标,需要确立 HRMIS 绩效评价的机制。

1. 以实现企业绩效为目标

尽管许多研究者将 HRMIS 绩效管理作为一个主要的管理问题,将 HRMIS 的业务价值作为一个重要的评价要素。然而,在管理 HRMIS 过程中缺少业务目标的指导已经成为一个非常严重的问题。

一方面,在 HRMIS 项目发起时,发起者(通常是企业高层管理者)一般来说都从提高竞争优势、改善客户服务、提高管理有效性等目标出发,提出 HRMIS 项目的业务目标。可是这些业务目标很快就会被转化成为有限的 HRMIS 的财务目标,如 HRMIS 投资成本和一次性开发成本等。接着这些目标再由技术人员转化成为技术目标,而技术目标通常由当前的技术发展趋势所驱动。事实上,尽管 HRMIS 的出发点是从业务开始的,但实际上只有会计和项目经理在掌管项目。他们负责技术解决方案的交付,而不是业务解决方案的交付。这样就不可避免地产生财务与技术的倾向。很自然,后续的绩效评价也就更关注投资的统计数据和技术的功能实现,而 HRMIS 投资对业务的收益却通常被忽略了。这样导致 HRMIS 投资很少能够显示企业的回报,使企业感到不满。

再进一步分析可以发现,实际上企业高层管理者和将来的用户这两组人员是 HRMIS 投资有效性方面的主要股东。然而,他们却被剥夺了权利。高层管理者很少再去重新评价这些资金是否直接用于获取企业的业务目标。此外,以往企业的HRMIS战略基本上是现存活动和计划的叠加,经常采取自下向上的系统开发,而不是一个业务驱动的协调一致的计划。这主要源于未能从业务的角度驱动HRMIS的建设,导致开发的HRMIS与业务目标偏离,从而以远超出预算的花费交付一个远低于预期的HRMIS。

另一方面,从评价主体角度来说,评价者是促进建设性对话的主要沟通机制,所有参与交付HRMIS收益的人员都要参与到评价和决策中。由股东参与而形成的HRMIS目标主要是满足业务需要的变化,而不是财务投资与项目管理准则。要保证交付用户实际需要的业务收益,主要股东对业务需要有共同理解,并且能够知道HRMIS如何交付价值。与此同时,HRMIS开发也用于创建更灵活的内部业务组织,能够引发操作层次的工作变革,这样可以增强组织的人员与部门的生产力,并创建一个更有生机和活力的组织。操作管理者与用户主要负责从日常的HRMIS运行中交付HRMIS的业务收益。因此,由业务目标驱动的HRMIS绩效评价需要有高层管理人员和操作管理者的参与。

2. 以关注系统多方面平衡发展为导向

传统的评价侧重于财务方面的评价,通常采用投资回收期、投资收益率、净现值等方法衡量HRMIS应用的效果。这种评价最大弊端在于忽视了HRMIS的无形收益,然而无形收益却占据HRMIS收益相当大的比例。另外财务指标是结果型指标,只能反映出最终结果,而无法反映出其过程。

当HRMIS投资的目的是为了改善操作效率时,传统的评价技术则仍然可以使用。因为这种投资主要用于产生有形收益,并给予直接的项目成本。这种操作层的HRMIS部署传统上被用于实现效率上的收益。然而,当管理者意识到HRMIS更广泛的战略收益,并将HRMIS用于改善组织决策,获取竞争价值时,就需要考虑如何评价、量化并利用HRMIS投资的问题。

HRMIS的投资不一定与公司的财务绩效相关联,但是HRMIS的投资与其开发的成熟度相关性较高,而成熟度间接影响财务绩效。这表明HRMIS的应用在企业需要较长的学习时间与发展期,因此HRMIS投资在较长时间后才可能有收益,例如,有经验的用户能够产生更好的应用与服务,对组织过程的影响较大。另外,HRMIS的投资也取决于公司的类型、规模以及财务方面的策略。如果只根据其投资水平来简化问题则可能存在很大的局限性。

由于单纯评价财务无法反映其真实性,因此需要考虑到财务与非财务之间的平衡。目前,平衡计分卡理论在企业绩效管理中已经开始应用。"平衡计分卡"是当今世界公认的最有力的管理工具。1992年由美国哈佛大学卡普兰教授和诺顿发明。2003年《哈佛商业评论》将平衡计分卡评为75年来最有力的管理理论。据一些机构统计,《财富》排名前1000家公司中已经有55%~80%采用了平衡计分卡。除被公司广泛采用外,平衡计分卡还在非盈利机构、政府机关以及军事机构获得高度认可。如美、欧等国家政府部门、警察局,美、英等国的国防部门,新加坡政府、中国香港特别行政区的一些部门也都采用了平衡计分卡。可以预言,平衡计分卡将在世界范围内获得更加普遍的认同和应用,中国的企业和非盈利机构,将在未来2~3年内掀起平衡计分卡的高潮。根据"平衡计分卡"应用的潜力,企业可以在 HRMIS 的绩效评价中借鉴平衡计分卡的综合平衡的思路，并根据 HRMIS 本身的特点构建平衡计分卡的四个平衡面（财务指标、过程性指标、能力指标、客户和市场指标）的指标体系。

3. 以全生命周期过程控制为范围

多数评价活动都是传统的，系统开发生命周期被划分为事前评价、事中评价、事后评价等几个阶段。尽管大多数企业认为评价的目的是改善 HRMIS 开发的过程与已开发的 HRMIS。然而实际上评价经常促使项目结束而不是改进项目，尤其是 HRMIS 实施后的评价。目前，对 HRMIS 项目的评价一旦在 HRMIS 启动后就很少能够引起企业的关注，而且事实上企业也根本没有执行持续的评价。

评价不是一次性的“快照”，而是多阶段的活动，它贯穿 HRMIS 项目开发与运行的整个过程。此外，对企业而言，HRMIS 也是一项效益驱动的投资。因此，规划阶段是否适度、开发质量是否能够保证，HRMIS 建成后运行效果是否达到预期目标，这些均对业务绩效产生十分关键的影响。

4. 以持续动态性评价为手段

HRMIS 绩效评价是一个复杂过程，评价的环境、内容和过程之间的相互交错是多方面的。此外，HRMIS 的不确定性导致评价需要考虑环境变更时的动态性。有些学者提出采用权变模型有助于更好理解 HRMIS 在特殊环境下的作用与影响。传统的评价通常都是静态的。在稳定环境下，这种评价主要关注如何有效率地使用资源并达到预先设定的目标，而不是更广泛的组织变更。传统的实施后评价只是一次性地考察 HRMIS 部门交付的产品是否适合。

然而，在实际评价过程中，HRMIS 所影响的时间框架是高度不确定的，并且延长到传统生命周期之外（如长期的基础设施的影响）。这意味着如果在操作运行期间不进行定期重新评价，可能收益就会减少。因此，需要从中长期持续的角度使评价工作作为一个监控机制。这也意味着需要一个更适合的模型来评价生命周期以便于采用收益管理方法。

随着项目开发日益朝原型化、迭代递增交付式过程模型发展，用户所设计的评价以及管理者对风险的评价更加频繁。用户与操作管理者被包含到评价中，评价技术如何支持日常操作，所建议的 HRMIS 在操作层面上是否有效，这样的评价活动更具有参与性并直接关注学习过程，使各阶段的每一步学习过程都被纳入到整个开发过程。

对于 HRMIS 而言，其整个生命周期的评价是形式化评价和总结性评价相结合的一种动态评价。对于每个过程域中的各阶段而言，需要通过持续的形式化评价使每个阶段的目标不断完善，而进行到一定阶段时也需要进行总结性评价，有利于对照目标的实现程度，总结成果，发现问题。对于形式化评价而言，需要在整个生命周期设定特定的节点，以便提供及时有效改善项目的信息。根据整个生命周期的各阶段的共性特点，针对每个阶段设立控制关口，即在进行到下一阶段活动前设定需要满足的决策检查点，并在控制关口处对各阶段的任务、交付产品、责任落实等情况进行审查。通过形式化评价，可以及时动态地反馈每个阶段的进展情况，并针对某阶段的评价结果可以反馈与控制，从而保证对下一阶段的绩效影响减小。

总结性评价的目的是评价项目的结果。总结性评价通常发生在变更之后,在项目已经进入稳定之后以及在项目的影响已经形成之后,通常在 HRMIS 规划阶段结束后,系统实施后以及系统交付后进行。总结性评价回答的基本问题有:项目是否成功,其优点和缺点有哪些;项目对于预期目标的实现程度如何;参与者是否从项目中受益,以哪种方式受益;哪些组件最有效;项目结果与预期成本相比是否值得;项目是否可复制,是否透明化。总结性评价主要收集关于过程影响以及成果等方面的信息,告诉决策者战略是否成功,参与者能否达到其目标,也描绘了目标的实现程度。

HRMIS 的绩效评价需要以良好的运行机制为基础,根据所确立的机制,以实现企业绩效为目标,以均衡发展为导向,以总结性与形式化相结合的持续性评价为手段,建立 HRMIS 全生命周期过程的评价指标体系,能够保证 HRMIS 总体方向的正确性,并保证过程控制的有效性,有助于实现基于评价的 HRMIS 绩效管理。

3.4.4　HRMIS 评价的原则

要想使 HRMIS 的评价达到预期的目的,从而更有效地推动 HRMIS 在企业的顺利实施,则 HRMIS 的评价必须遵循以下几个原则。

1. 公开性原则

HRMIS 的评价制度、评价过程以及评价结果保持必要的开放性是系统绩效评价有效性的重要标志。保持这些信息的开放性有助于减少员工对 HRMIS 及人力资源管理层的敌对感,从而增强普通员工对 HRMIS 的信任感和归属感。一个信息流通不畅的绩效考核体系只会使越来越多的员工将其视为异己的力量而采取敌对的态度,从而使绩效考核难以达到预期的目的。

2. 及时反馈原则

在评价 HRMIS 时,缺少及时反馈的信息必然会使 HRMIS 的绩效评价的目的无法得到顺利实现。在评价 HRMIS 的绩效时,应贯彻及时反馈的原则。这样,在进行 HRMIS 绩效的评价过程中,可以根据及时反馈得来的信息,对绩效评价进行改进,使之更加有效地进行下去。

3. 准确性原则

HRMIS 绩效评价结果的准确性对 HRMIS 在企业中的顺利实施至关重要。因此,准确性原则是 HRMIS 绩效评价中必须遵循的原则。要使评价结果准确,则在绩效评价过程中必须把绩效评价的标准与评价的目标联系起来,把评价要素和评价范围联系起来。准确的绩效评价必须要以恰如其分的绩效评价要求及标准为前提,因此制定合理的绩效评价标准直接关系着绩效评价结果的准备性。而要制定合理的绩效评价标准首先应对 HRMIS 绩效评价的特点及评价要素间的差异进行深入的分析和研究。由于 HRMIS 的运行环境、供应商及使用者因外部环境的不同而不同,因此,制定绩效评价标准时应根据外部因素的变化而进行适时的调整。这样才能有效地、科学地、准确地反映出 HRMIS 在企业运行的状态及其绩效。

4. 一致性原则

在进行 HRMIS 绩效评价时,肯定会有不同的主体参与其中。而由于参与主体对HRMIS

的认识水平的差异、参与主体的知识层次以及自身能力的差异可能会对 HRMIS 的绩效评价产生不同的看法。为此,在进行 HRMIS 绩效评价时,不同的参与主体必须按照同样的绩效标准和评价程序进行评价。其评价的结果应该大致上一致,也就是说在进行 HRMIS 绩效评价时必须有效地避免参与主体的主观随意性。同时,一致性原则也适应于绩效评价的客体。

5. 可行性原则

在进行 HRMIS 绩效评价时还必须遵循可行性原则。可行性原则要求 HRMIS 绩效评价的实施必须满足以下两方面的要求:一是评价的成本必须控制在可接受的范围之内;二是评价标准、评价程序以及评价主体必须得到大众的认可。这一原则在实际的评价中常常被忽略,因为大多数企业认为评价方法和评价标准比取得大众的认同感更加重要。另一方面,实际的 HRMIS 绩效评价总是有一定的经费限额,评价程序不可能离开这个限制条件而追求尽善尽美的评价方式。缺乏员工的支持和理解,企业的 HRMIS 绩效评价的目的就很难得以实现。

6. 多样化原则

在条件允许的情况下,企业应尽可能地选择多种不同形式的绩效评价方式。因为不同的绩效评价方式都有各自的优缺点,其各自的适用性和区分性也因此而存在或多或少的差异。这样,不同评价方式的结合有助于消除因方法单一而导致的系统性误差。评价方式的多样化也是完善绩效评价的一个重要原则。

3.4.5 HRMIS 评价的内容

在进行 HRMIS 评价时,可以从技术上和经济上两方面对之进行评价。只要 HRMIS 在技术上和经济上两方面经过评价后都认为可行,则 HRMIS 在企业应该得以顺利实施。

1. 技术上的评价

评价 HMRIS 在技术上的可行性是评价 HRMIS 的一个主要内容。技术上的评价内容主要又是系统性能,具体内容有以下几个方面。

(1) 信息系统的总体水平。例如,系统的总体结构、地域与网络的规模、所采用技术的先进性等。

(2) 系统功能的范围与层次。例如,功能的多少与难易程度或对应管理层次的高低等。

(3) 信息资源开发与利用的范围与深度。例如,企业内部与外部信息的比例、外部信息的利用率等。

(4) 系统的质量。例如,系统的可使用性、正确性、可扩展性、可维护性以及通用性等。

(5) 系统的安全与保密性。系统的安全与保密性可以说是 HRMIS 所必须具备的性能。但通常来说,要保证系统完全的安全则是一件非常难的事,而这也是 HRMIS 在企业得以更广泛应用的一个瓶颈。系统的安全与保密性主要是指 HRMIS 能保证企业的人力资源信息以及相关的重要资源不外漏,不被竞争对手所窃取。

(6) 系统文档的完备性。系统文档的完备性保证 HRMIS 得以顺利运行的一个重要因素。拥有完备的系统文档的 HRMIS,可以给企业的人力资源管理带来极大的方便,并提高其管理效率。

2. 经济上的评价

经济上的可行性也是企业评价HRMIS的一个主要内容。HRMIS在企业的实施应与其管理成本、经营效益联系起来。当然,评价一个HRMIS给企业带来的经济效益,不能光看其表面上的效益,还应看其给企业长远发展带来的隐性作用。在经济上的评价内容主要是系统的效果与效益,它应包括直接的与间接的两个方面。

(1) 直接评价的内容有:① 系统的投资额;② 系统运行费用;③ 系统运行所带来的新增效益;④ 投资回收期。

(2) 间接评价的内容有:① 对企业形象的改观、员工素质的提高所起的作用;② 对企业的体制与组织机构的改革、管理流程的优化所起的作用;③ 对企业各部门间、人员间协作精神的加强所起的作用。

最后,进行系统评价时企业应注意以下几点。

(1) 系统评价的主要依据是系统日常运行记录和现场实际测试数据。通常,新系统的第一次评价与系统的验收同时进行,以后每隔半年或一年进行一次。

(2) 参加首次评价工作的人员应包括系统研制人员、系统管理人员、用户、用户单位领导和外来专家。而以后各项评价工作主要是系统管理人员、用户和单位领导参加。

(3) 因为HRMIS在运行与维护过程中不断地发生变化,所以评价工作不能是一项一次性的工作,系统评价应定期地进行或每当系统有较大改进后进行。

(4) 评价方式可以是鉴定或评审等,评价的结论以书面的评价报告或评价意见等形式提出。评价结论也是系统的重要文档,应予以收存归档,统一保管。

要特别指出的是,在评价中要避免重计算机轻信息的倾向。计算机、通信网络等固然重要但它们毕竟只是工具。HRMIS好坏的评价依据主要是人力资源信息开发与利用的深度,以及对企业生存与发展所起的作用。

小　　结

(1) 企业有三种选择建立自己的HRMIS:一是自行开发;二是外购;三是联合开发。

(2) 企业在选择HRMIS时,可以从企业、供应商、系统等出发来选择适合自身发展的HRMIS。

(3) 一般来说,选择HRMIS时应考虑系统功能、方案可行性、供应商的实力和产品价格四个方面的内容。

(4) HRMIS选择的注意事项:①明确自身对HRMIS的整体需求;② 注意软件系统设置的灵活性、开发性和扩展性;③根据预算,选择相应层次的HRMIS供应商;④注意HRMIS软件运行的稳定性与易用性;⑤明确企业在实施HRMIS中的资源要求。

(5) HRMIS的可行性分析一般包括四个方面的内容:①系统开发的必要性;②经济上的可行性分析;③技术可行性分析;④运行可行性分析

(6) HRMIS测试的目的是努力发现系统运行中可能会出现的问题,并给予解决。可能出现的问题有:①功能错误;②系统错误;③数据错误;④编程错误;⑤过程错误。

(7) HRMIS 的计算机测试包括模块测试、子系统测试和系统测试三个方面的内容。

(8) HRMIS 进行测试时应遵循以下几个方面的原则:①尽早且不断地进行系统测试;②测试用例应由测试输入数据和输出结果两部分构成;③测试时,程序员应避免检查自己的程序;④测试后残存错误数目与已发现错误数目成正比;⑤严格执行测试设计计划,排除测试的随意性;⑥测试后,要对每个测试结果进行全面检查;⑦最后,要妥善保存测试计划、测试用例、出错统计和最终分析报告,为以后的维护提供方便。

(9) HRMIS 运行管理的目的是使 HRMIS 在一个预期的时间内能正常地发挥其应有的作用,产生其应有的效益。HRMIS 运行管理的任务就是围绕这一目的展开,一般包括三个方面的工作,即日常运行的管理、系统文档规范管理、系统的安全与保密管理。

(10) HRMIS 的评价必须遵循以下几个原则:①公开性;②及时反馈性;③准确性;④ 一致性;⑤可行性。

思考题 3

3-1 企业选择建立自己的 HRMIS 的途径有哪些?

3-2 企业选择自己的 HRMIS 在内容上有哪几个方面的考虑?

3-3 选择 HRMIS 的注意事项有哪些?

3-4 简述 HRMIS 可行性分析的内容。

3-5 HRMIS 测试遵循哪些原则?

3-6 HRMIS 的评价遵循那些原则?

第 4 章　因特网与人力资源管理

4.1 概　　述

导读：因特网的飞速发展正以巨大的冲击力改变人们的生活和观念，给企业发展带来机遇和挑战。关注这些变化给人力资源所带来的影响并有效地加以利用，是企业人力资源管理部门需要面对和正视的课题。通过对本章的学习，可以使读者了解在因特网条件下，电子化人力资源管理的现状及其发展趋势；熟悉网络时代人力资源管理的战略规划及其在企业中的应用。

4.1.1　传统人力资源管理的基本内容

从战略价值的角度，可以将人力资源管理活动分为事务性活动、传统性活动和变革性活动。事务性活动是指像福利管理、人事记录、雇员服务等日常工作，只具有较低的战略价值。绩效管理、培训、招募、甄选、报酬以及雇员关系等传统性活动，构成了人力资源管理职能的核心，但往往也会形成瓶颈，具有中等战略价值。变革性活动包括知识管理、管理开发、文化变革、战略调整以及战略更新等，决定了企业的长期发展能力和适应性，因此对于企业来说是战略价值最高的。

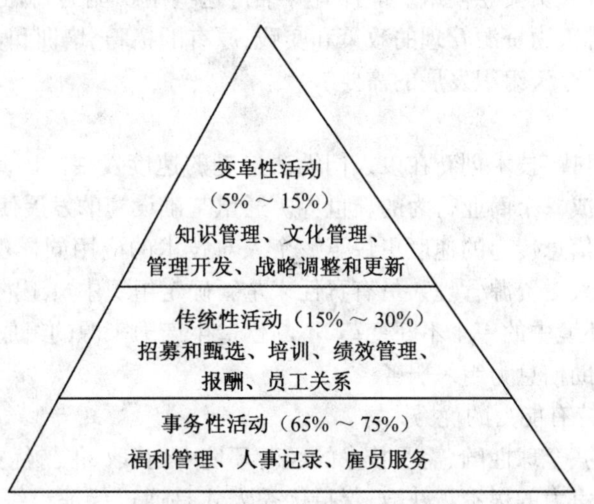

图 4-1　人力资源管理活动的类型及在各种活动上所花费时间的百分比

正如我们从图 4-1 中所看到的，传统模式下，人力资源管理职能的大多数时间都花费在日常的事务性活动上，而在传统性活动上花费的时间就相对少了一些，至于变革性活动就更少顾及。事实上，为了给企业增加附加价值，几乎所有企业的人力资源管理职能都必须增加它们在传统性活动和变革性活动方面所付出的努力。而在因特网时代，改善人力资源管理有效性的要求就显得尤为迫切。首先,在每一种活动内部,人力资源管理职能需要改善在进行每一项活动时的效率和有效性。其次,人力资源管理还需要尽可能地减少事务性工作,甚至是某些传统性工作在自己工作中所占的分量,而把节约下来的时间和资源用于能够带来高附加值的变革性工作。

4.1.2 网络时代传统人力资源管理面临的挑战

在网络时代,企业要想在日益白热化的竞争中保持竞争优势从而取得成功,其人力资源管理必须战胜以下挑战。

1. 以能力为本

在考虑把组织中的战略转化为员工的日常行为时,需要重新定义组织的能力,以便维持和调整个人的能力。戴维·沃尔里奇认为,在新经济时代,组织的能力包括硬性能力和软性能力。硬性能力是指技术能力,如能够创造有市场价值的技术,或者是同时对多个市场做出反应的灵活的财务政策;软性能力则是指组织能力,如在市场上更快地转换能力,或者是能吸引、留住优秀的全球性人才的能力。软性的组织能力更难获取和模仿。而要获取软性能力,组织需要在以下四个方面努力。

(1) 建立信心的能力,即组织内外的人相信管理者会按照他们所说的去做,并有能力维持这种声誉。

(2) 无隔阂,让信息和想法能够垂直、水平以及在组织内外畅通地流动。

(3) 应变能力,即在持续变革方面的灵活性和敏感性。

(4) 学习能力,即取得所希望的变化并加以维持。

人力资源管理人员要想使组织能拥有并维持这些组织能力,就必须从培养组织能力的角度和方式来安排人力资源管理的政策和实践,原有的招聘、培训和奖励员工的政策及方式已经远远不能满足今天组织发展的需要。

2. 技术

在知识经济时代,技术创新在以人们无法追赶的速度发展。国际因特网、电视会议、全球寻呼、网络等组成一个商业行为的新世界。通讯基础设施的发展使世界变得更小,人与人之间的距离更近,信息传递的速度更快了。个人对技术的应用同样也改变了信息的流动和使用方式。因此,人力资源管理人员有责任来重新确定组织中员工的工作,要把通讯基础设施变为员工工作环境中的一个不断变革、不断创造生产力来源的组成部分,要走在信息的前面,并不断学会借助信息为组织服务。

3. 吸引和保持有能力的优秀人才

在不断变化的、全球性的、需要技术的经营环境中,获取、保持优秀人才是组织成功的关键,是组织具有竞争力的根本。获取、保持优秀人才是通过保证组织的智力资本来实现的,这就需要通过改善信息流程,创建能够迅速地在每个角落传播革新思想,并能够快速学习的组织。智力资本将改变传统对组织的衡量仅仅集中在经济利益上的做法。

人力资源环境的变迁使人力资源管理面临的挑战,在客观上促使人力资源管理的活动、管理作用和管理职能发生变化。

4.1.3　网络时代人力资源管理的基本特点

因特网通过改变企业与员工个人之间的信息交流方式，使得企业在人力资源管理工作中呈现出新的特点。

1. 广域性

时间、地域的概念，对于因特网络来说不再是限制，企业可跨越时间和空间，在全世界范围内持续地招聘人才、管理员工，使可利用的人力资源更为丰富。

2. 互动性

因特网络以即时通讯为最大特征，使企业不仅可以实现与员工、外聘人员互动双向沟通，收集其反馈的意见、建议，而且还可以使企业的人力资源管理政策更为迅速地为员工所获知，提高管理的效率。

3. 个性化

通过因特网更便于收集员工的信息资料，更能够发现、了解并采取相应措施来满足员工的个性化需求；通过信息提供与交互式沟通，可以实现一对一的个性化服务，挖掘并提升员工价值。

4. 变化性

因特网给企业人力资源带来的不仅仅是便捷，同时也给企业带来了多变的管理环境和激烈的人才竞争，企业原来传统的人力资源管理方式已不能适应形势的变化，需要随时跟踪市场行情，调整自身的人力资源政策。

4.1.4　网络给人力资源管理带来的冲击

在以知识为主宰的经济时代，人力资源与知识资本优势成为企业重要的核心能力，人力资源的价值成为衡量企业整体竞争力的标准。网络技术的发展使人力资源管理面临着前所未有的冲击和挑战。

1. 组织的扁平化

原来科层式的组织结构是权衡管理幅度和管理效率的结果，因层次多、信息传递速度慢而不能适应多变市场的要求。网络技术对企业的组织结构产生了深远的影响，使组织扁平化变得可能并正成为一种趋势。

2. 人员流动性增强

网络的发展使员工的流动性大大增强，一方面企业可以在全球范围内进行招聘，寻找适合于企业业务发展所需要的人才。另一方面人们也可以通过因特网把自己所学的专业、具备的技能、欲寻找的职业和岗位等信息发布出去。

3. 工作方式改变和工作团队虚拟化

通过网络人们可以不再聚集在一个固定的场所处理工作，也不必受固定工作时间的限制，工作安排更为灵活；员工所从事的工作也不一定只是一项工作，可能同时受雇于多家企业，从事多份工作；企业将工作外包、向非本企业员工购买所需的服务成为常事，这可使企业能够有更多的时间和精力专注于自己的核心领域，塑造核心专长；团队工作方式特别是知识型工作团队，其工作模式是跨专业、跨职能、跨部门，有时并没有固定的工作场所，而是通过信息、网络组成虚拟工作团队或项目团队。

网络给人力资源管理带来的上述冲击,将使企业人力资源管理基本思路发生改变。主要表现为以下三个方面。

(1) 员工的激励问题。一方面由于机构的扁平化,职位的减少,员工晋升的机会和空间被压缩。另一方面,在竞争中员工更需要用晋升的激励来树立对职业和前景的信心,企业必须设计好员工的职业晋升途径;在员工为多家企业工作的情况下,薪金将不再单纯是生理上、安全上的需要,而更多地体现员工自身价值,反映企业对员工创造的价值以及所起的作用的评价,是个人价值与社会身份的象征。报酬成为一种成就欲望层次上的需求。因而薪金的高低将替代其他因素被摆在首要位置,企业必须制定好员工特别是知识型员工的薪金福利政策。

(2) 人力资源管理部门的地位问题。日常性人事管理工作职能(如员工培训、工资发放、考勤、档案管理等)的外包或弱化使人力资源管理部门职能大为减少,对部门存在的必要性形成挑战。在网络时代,技术创新不断加速、产品更新换代周期缩短、市场千变万化,企业在人力资源上的优势已成为超越于其他企业最有利的因素。人力资源管理部门的地位不仅不应被削弱,还应提高到管理的核心地位,它是企业保持强大而持续竞争力的有效工具。

(3) 人力资源管理的核心问题。人力资源管理的理念之一,是将企业的员工视为非常重要的资源,其任务就是对这些资源加以有效的开发和利用,使之成为提高企业核心竞争力的重要推动力。其核心工作包括制定人力资源发展规划、协助企业进行改组和业务流程的设计、提供公司合并和收购方面的建议、参与提供业务往来与企业竞争、制定人才保留计划、帮助业务人员提升解决难题的能力等,人力资源管理者应注重履行其战略职能。

4.2　电子化人力资源管理概述

随着因特网的迅猛发展,人类在 21 世纪将全面迎来电子化时代,也就是我们常说的"E"时代。在新的时代背景下,企业间的竞争大大加剧。企业必须适应环境的变化进行变革,包括生产的、内部管理的等等,具体到人力资源部门也是如此。在"E"时代,一种崭新的人力资源管理模式——EHRM 应运而生。

4.2.1　EHRM 概述

EHRM,是"Electronic Human Resource Management"的缩写,即电子化的人力资源管理,是基于先进的软件和高速、大容量的硬件基础上的新的人力资源管理模式。EHRM 通过集中式的信息库、自动处理信息、员工自助服务、外协以及服务共享,达到降低成本、提高效率、改进员工服务模式的目的。它通过与企业现有的网络技术相联系,保证人力资源与日新月异的技术环境同步发展。

EHRM 中的"E"包含两层含义:不仅仅是"Electronic"即电子化的人力资源管理,同时更重要的是"Efficiency"即高效的人力资源管理,提高效率是 EHRM 的根本目的,而电子化则是实现这一目的的手段。

1. EHRM 的"E"体现在以下三个方面

(1) 基于因特网的人力资源管理流程化与自动化。"E"把有关人力资源的分散信息集中化并进行分析,优化人力资源管理的流程,实现人力资源管理全面自动化,与企业内部的其他系统进行匹配。

(2) 实现人力资源管理的B2B。企业的人力资源管理者能够有效利用外界的资源，并与之进行交易。比如获得人才网站、高级人才调查公司、薪酬咨询公司、福利设计公司、劳动事务代理公司、人才评价公司、培训公司等人力资源服务提供商的电子商务服务。

(3)实现人力资源管理的B2C。让员工和部门经理参与企业的人力资源管理，体现人力资源部门视员工为内部顾客的思想，建立员工自助服务平台，开辟全新的沟通渠道，充分达到互动和人文管理。

对于企业管理者来说，能够迅速、准确地获得有关人员管理的信息，这对于进行正确的企业经营决策具有重要的意义，并且这可以使高层管理者和部门经理掌握企业的人员状况、人才需求标准，有利于提高人员管理水平；而对于员工来说，他们可以很方便地获得有关自己的考勤、薪资、培训记录等信息，并可以由自己来维护这些信息，还可以实现在线报销、在线申请休假、在线查询等。它对人力资源工作者的意义是不言而喻的。这样不但大大降低了企业的管理成本，而且实现了组织内部的有效沟通。

2. EHRM如何"E"化全面人力资源管理

人力资源部门通过人力资源管理手段，促进企业不同角色参与到人力资源管理活动中来，并希望借助信息技术手段真正实现"全面人力资源管理"。

与传统人力资源管理系统不同，EHRM是从"全面人力资源管理"的角度出发，利用Internet/Intranet技术为人力资源管理搭建一个标准化、规范化、网络化的工作平台，在满足人力资源管理部门业务管理需求的基础上，还能将人力资源管理生态链上不同的角色联系起来，使得EHRM成为企业实行"全面人力资源管理"的纽带(如图4-2所示)。

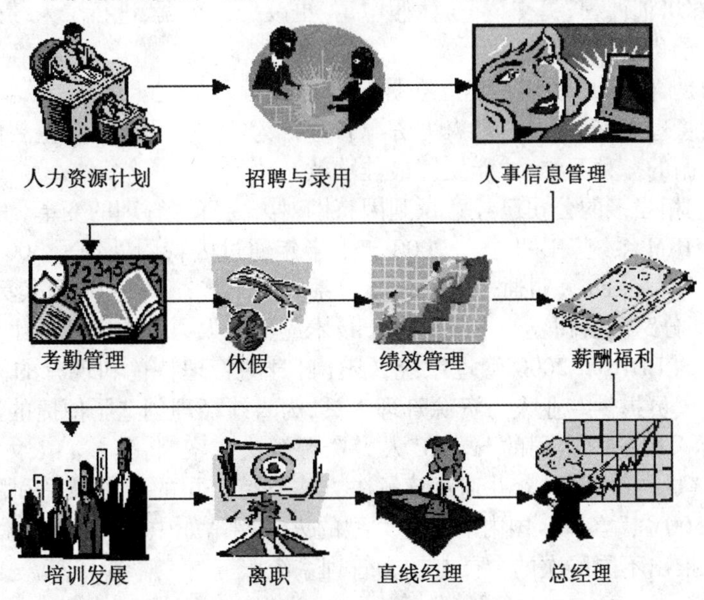

图4-2　EHRM助力"全面人力资源管理"

EHRM面向人力资源管理生态链上的不同角色能提供以下不同的功能。

(1) EHRM之于人力资源管理部门。人力资源管理部门对员工进行的人力资源管理活动，包括了从人力资源计划、招聘、在职管理(人事信息管理、考勤休假管理、培训管理、绩效管理、薪酬管理)一直到员工离职的所有人力资源管理职能。虽然越来越多的人力资源管理活动将委托给直线经理来实施,但人力资源管理体系的建立、人力资源管理活动的计划、管理过程的监控以及管理结果的汇总与分析都需要人力资源部门统一来完成,只是人力资源管理活动的过程将更多地授权给直线经理完成。因此,对人力资源部门而言,除了负责EHRM平台的系统管理之外,更多地是通过EHRM平台来进行人力资源管理活动的计划、监控与分析,而不是进行大量的数据维护,因为数据维护的工作经授权后将逐渐由直线经理与员工分担完成。当然,出于管理的需要,类似于薪酬管理这样的职能,很多企业还将以人力资源部门为主来完成。

(2) EHRM之于CEO。对于CEO而言,EHRM首先是人力资源信息查询与决策支持的平台。CEO不需要通过人力资源部门的帮助,自助式地获取企业人力资源的状态信息,在条件允许的情况下(要求企业业务管理系统、财务系统的基础数据比较完善,并能跟EHRM平台集成起来),CEO还能获得各种辅助其进行决策的人力资源经营指标。其次,利用EHRM平台,当某个人力资源管理活动的流程到达CEO处时,CEO还可以在网上直接进行处理。

(3) EHRM之于直线经理。对于直线经理来讲,是其参与人力资源管理活动的工作平台,通过这个平台,直线经理可在授权范围内在线查看所有下属员工的人事信息,更改员工考勤信息,向人力资源部提交招聘、培训计划,对员工的转正、培训、请假、休假、离职等流程进行审批,并能在线对员工进行绩效管理。

(4) EHRM之于员工。员工利用EHRM平台,可在线查看企业规章制度、组织结构、重要人员信息、内部招聘信息、个人当月薪资及薪资历史情况、个人福利累计情况、个人考勤休假情况,注册内部培训课程、提交请假/休假申请、更改个人数据、进行个人绩效管理、与人力资源部门进行电子化的沟通等。

值得指出的是,由于EHRM是建立在标准业务流程基础之上的,它要求个人的习惯服从于企业统一的管理规范,这对实现人力资源管理行为的一贯化是十分重要的,而管理只有成为大家共同遵循的一种习惯,才能发挥最佳功效。

目前,国际上相当多的公司已经意识到因特网对人力资源管理的变革,纷纷建立了电子人力资源管理EHRM系统。Dell公司2000年上半年通过因特网处理了300万美元的人力资源管理操作业务。Cisco公司通过电子化学习系统一年节省了2 400万美元。

在我国,一部分跨国公司已经率先将电子技术应用于人力资源管理。比如,资生堂选用了万古科技公司的EHRsoft 2000管理系统,结合自身的管理特色和现有的网络条件,为人力资源部的管理人员提供专业人力资源管理工具,为直线经理创造了便捷的流程管理平台。2001年奥美国际采用SAP公司的mySAP人力资源解决方案,将其核心人力资源业务精简成一个全面的、集成的管理环境,并通过该解决方案支持公司的员工维系和协作,从而更好地服务于“财富500强”客户。国内的一些大型的人才网站如中华英才网、无忧工作网等已经向自己的客户推出不同层次的会员制招聘管理系统服务。

4.2.2 国内外EHRM应用的现状和发展趋势

1. EHRM应用的国际现状分析

惠悦公司(Watson Wyatt)2002年对欧洲173家企业的调查报告显示如下内容。

(1) 基于企业内部因特网(Intranet)和电子邮件的沟通方式被广泛采用。在被调查的员工中,有65%反映说内部因特网和电子邮件已经成为日常工作中频繁使用的重要工具。

统计表明,在高科技、金融领域的公司,电子化沟通的普及程度最高,有85%的员工被授权访问内部因特网,而在其他领域,这一比例仅为56%。

(2) 大多数公司计划在最近两年内逐步加强EHRM的能力。从实施EHRM的主要驱动因素来看,"获得商业成功"和"提高员工满意度"是最主要的动力,分别有67%和58%的公司选择,而像"追赶竞争对手"、"领先市场"等因素对EHRM的作用力相对小得多,仅有不到30%的公司将其视作投资EHRM的主要动力。在定义"商业成功"的各项指标中,"使人力资源管理者成为企业的战略伙伴"成为众多企业的共识,"提高人力资源部工作效率"和"提高服务质量"列居其次。但是,被调查的公司普遍反映实施EHRM方案最主要的障碍来自"高昂的资金投入"和"不成熟的技术条件"。

(3) 一部分公司反映说不知如何衡量EHRM带来的好处。从用户反馈来看,只有41%的公司认为他们所实施的EHRM系统是"有效的"或"非常有效的",还有36%的公司认为"毫无效果"或"收效甚微",而高达23%的公司的回答是"无法评论"。笔者认为,造成这一结果主要有以下原因。

- 实施EHRM是一项复杂的系统工程,在项目运行初期常常会出现一些无法预知的问题,调整和不断优化是不可避免的过程,此时对其带来的价值作评论显然为时过早。
- 企业普遍还缺乏有效的工具来对EHRM的投资回报作全面的分析。
- 一部分企业由于种种原因,如总体规划不理想,或前期准备不充分,还有的直接照搬别人的模式而不顾自身条件,出现"出了钱没办好事"的情况。

2. 国际上EHRM的发展趋势

基于前面对EHRM现状的调查分析,惠悦公司的专家组预计,在未来的两到五年中,EHRM将会呈如下趋势。

(1) 人力资源门户和人力资源局域网建设将被强化。因为企业门户已经发展到成为提高员工生产效率的工具,人力资源网络将更多地得益于新的线上解决方案,包括定制健康关怀方案、薪酬系统和绩效管理工具。在由网络为组织和员工提供所需数据的帮助下,其他的人性化的方案将会得到扩展。

(2) 为更多的员工提供更多的利用技术的机会。企业将会继续在系统方面进行创新,以便使更多的员工与网络连接,使他们有更多的机会,无论是在家里或者旅途中,都可以很容易进入企业信息系统和人力资源信息平台。

在信息的使用上,针对员工和信息之间互动关系的密切程度,可以分为:①静态的标准设置,即企业将信息发布在内部因特网上,员工只能访问阅读,而没有修改、维护的权利,如人事制度的发布;②个性化设置,即员工在模块中可以自定义数据,了解不同条件下模块运行的结果,但没有权限修改模块,如输入不同的工资数额以了解其对应的所得税扣缴变化;③互动的设置,即允许员工在线进行维护、修改,而更新的数据在相关模块中得以共享,如员工在线填写休假申请等。调查表明,利用电子化技术进行个性化和互动设置将是大部分公司下一步的发展方向。

(3) 投资回报(Return on Investment,RIO)分析工具将被更广泛地运用。企业的最高管理层将会要求人力资源部通过RIO分析和业务实例开发来证明EHRM投资的正确性和收益。

(4) 对现有的EHRM系统进行优化的关注将会增加。优化的趋势将包括改善旧有的系统,并且使孤立的模块连接起来。

(5) 决策支持工具利用受到重视。人力资源部门将会开始使用分析工具来测量实践的成功，并且用来预测结果。

(6) 对一些可以节省成本的措施的关注增加。人力资源管理者将会关注一些程序的改善和成本节省的创新策略，比如改善数据准确性的技术和使数据更容易访问的技术。

(7) 要求在两个服务商之间的系统有较好的集成性和协同性。人力资源部门将会仔细、认真地挑选技术以便能够满足各种商业需求，并且检查服务商的服务是否可以捆绑。所以，服务商与其他解决方案的绩效测量和集成的容易性成为关键因素。

正如惠悦咨询的资深顾问 Jeff. Novak 所说"人力资源管理技术上的创新和应用仍然是最重要的趋势，但企业会对此持谨慎态度"，同时，"在可以预见的未来，对现有人力资源管理技术投资的优化将优先于购买或使用新技术。"

3. 国内 EHRM 应用的调查分析

信息技术在我国人力资源管理的应用可以用六个字来概括：应用早、发展慢。20 世纪 80 年代后期计算机被大批引入我国，较早的应用就是采用计算机处理人事档案、工资，多是基于数据库的简单管理，往往为企业自行开发。90 年代开始出现产品化的人事、劳资软件，但未得到企业客户的广泛认同，相比财务、物流管理的信息化发展，这一时期我国人力资源管理信息化程度已经明显落后。进入 21 世纪后，伴随信息化的普及及因特网的快速发展，IT 技术被更广泛地应用于企业人力资源管理，同时企业管理中"人"的因素越来越重要，如何提高人力资源部门的工作效率，吸引和培养人才、加强绩效考核、降低人工成本、量化对人的管理，成为企业管理者重点关心的问题，企业原有的计算机软件难以满足人力资源管理的要求，这就需要思想、技术更为先进的人力资源管理信息系统。

当前我国企业人力资源信息化情况可以概括为以下几点。

(1) 大部分企业的人力资源部门拥有计算机硬件设备用于日常管理，但软件情况参差不齐。一部分使用 EXCEL 或本单位人员编写的小软件，一部分购买了通用人事、人力资源软件产品，一部分委托计算机软件公司专门为其定制开发软件，还有一部分企业尚未采用计算机软件进行管理。可以说人力资源信息化的条件已经具备，但仍处于发展阶段。而那些已采用人力资源管理软件产品的企业，大部分只是局限于建立员工档案、发放工资等事务性管理的应用。

(2) 随着社会对人力资源管理重视程度的提高，一批观念领先的企业已经采用或要求采用具备人力资源管理思想的软件，同时与因特网技术相结合，提升管理水平。2002 年，为了以定量的数字说明我国人力资源管理信息化的现状和发展，www. ehr4u. com 网站利用近半年的时间对我国企业人力资源管理信息化的现状进行了调研，这次调研试图从使用率、品牌、技术、功能、实施、规划和培训等多方描述我国企业利用信息技术变革人力资源管理的现实情况，并总结出 EHRM 在我国成功的最佳实践。此次调研利用了中华英才网(www. chinahr. com)的客户数据库，针对我国企业共回收问卷 2 005 份，有效问卷 1 775 份，其中国内企业占 78.37%，外资企业占 21.63%。

通过对这次调研报告的分析，我们可以将我国的 EHRM 现状归纳如下。

(1) EHRM 在我国尚处于起步阶段。本次调研发现，虽然绝大部分中国境内企业对人力资源管理的电子化、网络化、智能化持肯定态度，然而这些企业利用信息技术变革人力资源管理仍处于起步阶段，超过 70% 的企业还没有引入人力资源管理系统。在已实施了 EHRM 的企业中，有 55% 的企业是在最近两年才实施的 EHRM 系统，这表明大多数的中国企业利用电子化技术变革人力资源管理是从最近两年开始的。

(2) 相对 EHRM 在国际上，尤其是在欧洲的应用，我国的人力资源管理者普遍存在信息技术应用能力不高的问题,这在相当程度上会影响到人力资源从业者的观念认知和EHRM 项目管理能力。

通过对人力资源经理在信息技术应用能力上的调查发现,超过一半的被调查者的 IT 应用能力一般,其中未实施 EHRM 的企业信息技术应用能力更差,回答"一般"和"基本水平"的占 68%,即他们只是掌握了办公软件的操作能力和上网获取信息的能力。而已经实施的企业,信息技术应用能力在中等以上的接近一半,占 46%。

(3) 在已实施了 EHRM 的企业里,有 18% 的企业需要更换系统。更换系统的原因有:功能太简单,希望能够使用系统的人力资源解决方案,进行协同工作;改善或改变人力资源业务流程;升级到 B/S 版本;系统缺乏稳定性,速度慢。其中,在这些需要更换系统的企业中,自我开发者超过了 50%。

(4) 目前,我国企业对 EHRM 的功能需求主要集中在"事务处理层面",其次是"业务流程层面"。据统计,目前企业使用最多的功能如图 4-3 所示。

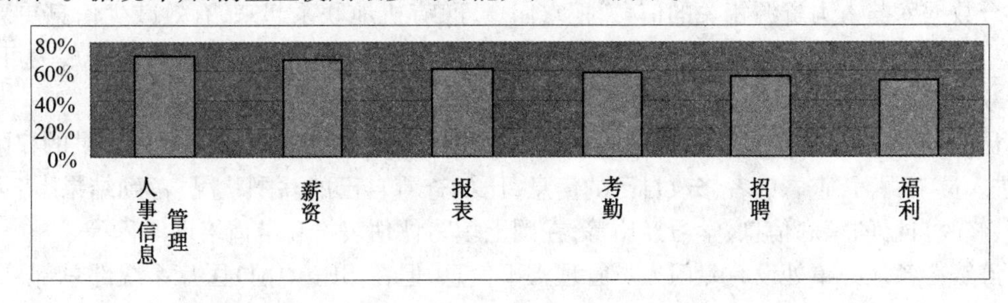

图 4-3　目前企业使用最多的人力资源管理系统的功能

(5) 就系统供应商来看,不难看出,随着以人为本思想的深入贯彻,随着人的作用越来越被重视,随着人力资源管理被普遍接受,人力资源软件产品也在不断升级。

4.2.3　EHRM 的基本形式

目前,EHRM 系统在应用中主要有电子化沟通、电子化人事管理、电子化招聘、电子化培训、电子化自助和电子化绩效管理等几种形式。在这里着重介绍以下四种形式,电子化招聘和电子化培训在第 4.5 节有详细介绍,这里就不再赘述。

1. 电子化沟通

电子化沟通作为因特网在人力资源管理中的重要应用,正在为越来越多的企业所实践,由此而产生的信息快速、直接、广泛、有效的传播和思想、感情的交流、融合,充分显示了电子化沟通在人力资源管理中的重要作用。

电子化沟通的形式很多,可以在企业内部网上建立员工的个人主页,可以开设 BBS 论坛、聊天室、建议区、公告栏以及企业各管理层的邮箱等。为了使电子化沟通更好地在营造优良的企业文化、促进企业经营管理水平的提高、增强企业凝聚力和激发员工进取心、创造力等方面发挥作用,企业领导既要积极支持电子化沟通的开展,更要积极参与,及时回应。

联想集团充分利用企业内部的网络资源,较好地实现了电子化沟通。联想员工可以将电子邮件发到网上总经理的公共邮箱中,总经理会对每一封电子邮件回复;员工可以在内部网的 BBS 上向公司提出意见、建议,以期引起公司上下对一些重要问题的讨论和关注;也可以在网上求助,请求他人对自己在工作、学习、生活中的实际问题给予帮助。联想的"员工信箱”能全方位地接受到不同部门、不同地区联想人的信息和意见，人力资源管理部门将这些邮件转到相应的部门，该部门必须对每一封信作出反馈，否则将会受到处罚。联想的电子化沟通已成为企业完善、畅通的沟通体系的重要组成部分。

2. 电子化人事管理

这相当于借助信息技术来处理人力资源部日常很大一部分行政事务性工作，包括雇员信息管理、薪酬福利管理、出勤/休假管理等。过去，企业主要用自编程序、Foxbase 或Excel 来计算员工的工资，而员工的养老金信息、合同信息、个人信息等往往被存放于多个 Word 或 Excel 文件中或打印出来放在文件柜里。这种分散的信息源在信息采集、整理和更新时会产生许多重复的工作，造成人工浪费，其保存和查找也是一个相当困难的过程。由于这些信息都是分散保留的，因此当上级需要一份报表时，需要将这些分散的数据匹配在一起，工作量较大。同时，要使所有的信息得到及时的更新也比较困难。电子化的人事管理就是通过整合数据库与人力资源相关的信息，把它们全面、有机地联系起来，有效减少信息更新和查找中的劳动，保证信息的相容性，从而大大提高工作效率，还能使提供分析报告成为可能。

3. 员工自助

员工自助服务，即员工可以利用人力资源管理信息系统的功能，根据系统提供的权限密码，进入员工页面，查看或者修改自己的信息，比如查看自己的薪酬状况、考勤结果、培训记录等，修改自己的家庭信息、学习经历等，在网上填写评估表格和申请培训课程等。

虽然在各地办事处设有专门人员管理人事信息，但在 GE(中国)医疗系统部总部，要掌握全体员工的个人资料以便提供给其全球的 Oracle HR 系统还是一件非常困难的事情。人员资料在收集和录入方面不但有相当大的工作量，而且统计起来也很不方便。而后 GE 所采用的 EHRM soft 2000 系统对员工个人的部分资料，采用员工自助服务的方式，通过分配给每个员工不同的用户名和密码，使每个员工只要登录 GE 的内部网页，就可以进入 EHRM soft 2000 系统直接输入和修改个人的资料。这样不但保证了人事部门收集员工个人资料的及时性和准确性，而且可以保证这些资料的安全性。

员工自助另一个典型的应用是，公司管理者可以通过网络发布全年休假计划，员工可以参照整体休假计划制定个人休假计划，并可在网上申请；部门经理参照整体休假计划和部门员工的实际休假状况对申请进行审批，同时提醒员工在最适当的时间休假。这样，由于网络可以提供实时的数据，就给管理者提供了决策的参考，在实际工作中就会避免员工集中休假的情况发生。

4. 电子化绩效管理

电子化绩效管理系统是基于最新的绩效管理理念与技术，采用先进的信息管理技术，对绩效管理的流程进行科学梳理，以推动企业绩效发展为目标，结合人性化的设计理念而开发完成的。不仅能为企事业机构提供全面的高绩效管理整体解决方案，有效实现从公司战略到部门、项目以及个人计划制定，全方位、全过程的工作信息的跟踪与绩效支持，以及运用多种模式进行考核管理，还可以通过对绩效结果的分析与处理，绩效反馈与沟通，形成相应的报酬计划、培训计划以及职业生涯规划等。

在一套完善的电子化人力资源管理系统中往往包含绩效管理模块。以用友的 EHRM 系统为例，其中的绩效管理模块，按部门职责及目标、岗位说明书中注明的岗位职责为主要考核要素，同时结合自定义指标库中的通用绩效指标，准确灵活地设计及调整不同部门与岗位的考核方案,合理选择考评指标,形成考核表,做到考核表的个性化。能形成不同类别考核人对同一考核对象的多张考核量表。利用考核结果对应表,从各种不同角度对考核结果进行统计分析。

IBM公司所使用的电子化人力资源管理中的绩效管理模块,即是利用在线系统处理个人年度计划及评估,通过最有效地利用系统资源来简化流程和减少协调工作人员的工作量。对于员工和直线经理而言,该模块主要提供的功能包括:在线提交计划;评估、参看主管的计划;主管在线审批;员工与主管通过系统对评估达成一致,如果需要,可向二级主管提交意见;在线查询状态;当员工业务目标变化时,通过版本控制允许制定新的计划。对于人力资源管理者而言,该模块所提供的功能包括:根据员工数据管理,更新员工的主管资料;产生统计报表,例如按状态划分,按地区划分等;系统保留三年的历史记录,对记录进行跟踪、统计,对未完成的评估或计划发出提示邮件;向员工提供公司政策指导等。

4.2.4　电子化人力资源管理的优势

1. 畅通信息传递

EHRM通过网络使人力资源管理的触角成功延伸到每一位员工的身边,使人力资源管理信息传递更为畅通有效。传统的人事管理是层级推进式的管理,所有人力资源政策与信息要从上到下逐级传递贯彻到基层,信息传递速度较慢,而且在传递过程中,信息容易发生变形和衰减,最终会导致政策在贯彻执行中的走样、变形甚至难以实现。通过实施EHRM,如图4-4所示,高级主管的有关信息和资料可以直接传递到基层员工,同时保证了及时的反馈,有利于组织管理和政策的实施。另外,EHRM可以迅速、有效的收集各种信息,加强内部信息沟通,员工可以直接从系统中获得自己所需的各种信息,并根据相关的信息做出决策和相应的行动方案,实现自助式的人力资源信息服务。

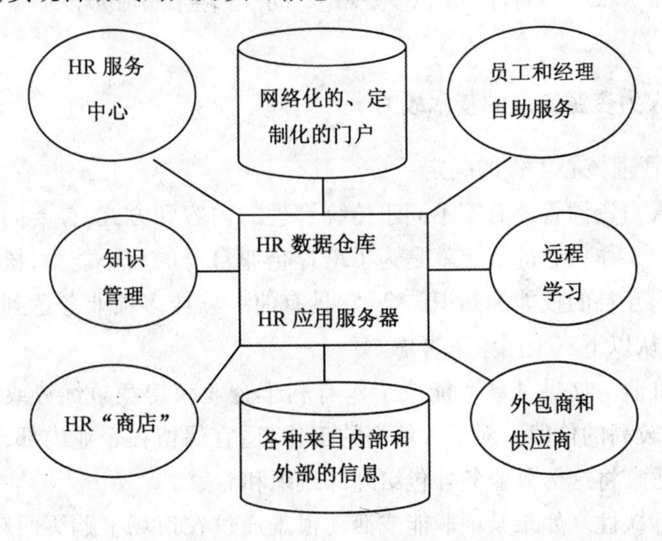

图4-4　电子化人力管理结构简图

2. 技术促进变革

在传统的人力资源管理中,人力资源部门往往必须花费大量的时间和精力在日常的行政事务性操作上,由于被烦琐的日常工作束缚,因此无暇顾及更为重要的战略性工作。技术的进步最终解放了人的“双手和大脑”,促进了人力资源管理的变革。在电子化人力资源管理系统中,大部分行政性事务可以由电子化系统自动生成处理,只需占用员工极少的时间和精力进行各自原始信息资料的在线输入。工作流程也无需跨越不同部门逐级审批,人力资源部门与各层主管可以在线及时处理很多问题。根据惠悦公司的调查,大约 80% 的员工问题可以通过网络、互动式语音反馈系统或者一线工作站得到答复,不需要人力资源部门员工介入,而且员工更喜欢这样,因为他们可以更好地控制自己的培训、福利等其他事宜。这样,人力资源部门可以把绝大部分精力放在为管理层提供咨询、建议上,把工作重心转移到服务员工、支持公司管理层的战略决策上,放在组织最重要的资产——员工和员工的集体智慧——的管理上。电子化人力资源管理的最终目的是实现革新组织的管理理念而不仅仅是改进管理方式。

3. 降低管理成本

EHRM 降低管理成本是显而易见的。EHRM 可以通过减少人力资源管理工作的操作成本、减少行政管理人员、减少通讯费用等方式实现降低组织运作成本的目的。首先,EHRM 是组织信息化的组成部分,能实现无纸化办公,在办公用品等方面的开支可以明显减少。其次,EHRM 可以成功地通过软件和网络来完成一些原本需要大量人手来做的行政性工作,减少行政管理人员的费用开支。再次,对于一些网络及分支机构分布较广的组织、尤其是对国际组织和跨国公司来讲,EHRM 通过网络实现人力资源管理,可以大大减少通讯费用。统计数字表明,在美国实施电子化人力资源管理系统,对每位员工平均投入的成本是 35 美元,但在第一年就可以收到可观的回报,人力资源部门接到员工的电话咨询也减少了 75%。

4.3 网络时代人力资源管理战略规划

4.3.1 网络时代人力资源管理的基本战略

1. 人力资源管理核心工作的确定

网络时代的人力资源管理有着不同于传统管理的内容和方式,首要问题是对其工作核心进行重新确定。工作核心的确定就是为了培育企业自身的核心能力,核心能力是指某一个组织内部一系列互补的技能和知识结合,它具有使一项或多项业务达到竞争领域一流水平的能力,这可以从以下三个因素来考虑。

(1) 工作的价值。如果某项职能或工作有利于企业获得竞争优势或增强核心竞争能力,那么它就具有较高的价值。对于价值高的工作,适宜保留在企业内部,由人力资源管理部门实施;反之,适宜将这部分业务外包给外部组织和专家。

(2) 工作的稀缺性。如果某项职能或活动很难通过在市场上购买而获得,则此项工作就具有较高的稀缺性,适宜保留在企业内部,由自己的人力资源管理部门施行,并可考虑向企业外部提供此项服务;反之,适宜将这部分业务外包。

(3) 工作的独特性。如果某项职能或活动为企业所特有,则此项工作就具有较高的独特性,适宜保留在企业内部;反之,适宜将这项业务外包出去。

对于工作的价值、稀缺性、独特性，可以分别划分为高、中、低三个档次，组合成九个管理方格，据此对人力资源管理部门的工作或职能进行分类并确定核心工作，决定哪些职能留在企业内部，哪些职能外包出去。

2. 职能或工作的外购

外购是指企业向外采购原来应由自己制造或提供的原材料和服务。在网络时代，企业人力资源的政策与决策愈来愈需要借助于“外脑”和外部力量。没有外力的推动，企业新的人力资源政策、组织变革方案很难提出并被员工认同。

人力资源职能外购主要有以下两种方式：一是人才联盟。在激烈的人才竞争中，企业往往可与其他企业，甚至与竞争对手合作建立起人才联盟，相互推荐自己熟悉的合格员工。二是购买。企业可以利用人才交流中心、咨询公司等服务机构的专业能力，向他们购买政策制定、培训开发、人才评估、招聘等服务。外购使得企业可以把精力集中于核心专长，这样企业就可以降低成本创造竞争优势。现在许多企业已认识到人力资源管理职能外购的重要性，并向企业外部购买价值较低的职能，这一趋势将得到加强。

3. 人力资源的过程管理

随着企业外购、员工流动性的加强、工作方式的改变，对人力资源过程管理变得越来越困难。然而基于效果、效率的考虑，对过程进行管理变得更为重要。借助网络可以解决此矛盾。在线招聘：网络可以帮企业寻找符合条件的求职者，可以在线测评应征者，专业的人才网站还提供人才测评、专业测试等在线招聘管理服务。在线绩效评估：网络可使各级管理者很快看到下属定期递交的工作述职报告，并进行评估、指导及监督，评估的成本大大降低。在线培训：公司将培训计划发布在网上，员工可自由选择课程。在线培训使学习成为实时、个性化的过程，培训成本将大大降低，人力资源部更重要的工作将是强调员工要协作学习，自我管理，自我激励，并设计好及时有效的培训评估体系以保证培训的效果。

4.3.2　网络时代企业人力资源管理战略规划

1. EHRM 系统规划和执行的程序

(1) 确认企业人力资源管理的发展方向和优先次序。它需要通盘考虑，最后确认系统的目标和可能会涉及的一些变量，决定 HR 信息系统计划的范围和重点，接着应该建立设计小组。

(2) 建立 EHRM 系统运行模型，要获得管理层的支持。同时确认资金和其他资源的保障。

(3) 设计解决方案，这包括优化 HR 管理的流程，明确 EHRM 的功能和技术需求，设计、购买或租赁功能模块，了解用户的使用体验，改进用户友好度。

(4) 实施解决方案，设计和安装系统，建立 EHRM 工作流程、用户角色、界面等内容。

(5) 实施推广和效果评估，这包括开发新的功能和流程，应用、技术支持和维护，以及系统的整体效果评估。

这五个步骤构成一个循环的系统，不断优化企业的人力资源管理信息系统流程。

2. 如何选择 EHRM 系统

企业在选择 EHRM 系统时，在技术服务、产品价格、产品知名度等方面容易根据经验判断得出结论；而对于产品的性能特色、二次开发功能等，若没有适当的标准作指导，就不太好把握。好的 EHRM 系统应该是一套高效率、多功能及易学易用的解决方案，用户在选择系统时可以从以下一些特征评判其功能。

（1）完整性与集成性。主要包括：

- 全面涵盖人力资源管理的所有业务功能，且每个业务功能都是基于完整而标准的业务流程与大量配套表格来设计的，是用户日常工作的信息化管理平台；
- 对员工数据的输入工作只需要进行一次，其他模块即可共享，减少大量的重复录入工作；
- 既可作为一个完整的系统使用，也可以将模块拆分单独使用，在必要时还能扩展集成。

（2）易用性。主要包括：

- 采用导航器界面，友好简洁，直观体现人力资源管理者的主要工作内容，且能引导用户按照优化的 HR 管理流程进行操作；
- 基本没有弹出对话框，一个界面就能显示所有相关信息，并操作所有功能，信息集成度高。

（3）网络功能与自助服务。主要包括：

- 支持集团型企业用户，提供异地、多级、分层的数据库管理功能；
- 日常管理不受物理位置限制，可在任何联网计算机上经身份验证后进行操作；
- 为非 HR 部门人员提供基于 Web 的企业内部网络应用；
- 员工在允许权限内可在线查看企业及个人信息，注册内部培训课程、提交请假/休假申请，更改个人数据，与 HR 部门进行电子化沟通；允许直线经理在授权范围内在线查看下属员工的人事信息，审批员工的培训、请假、休假等申请，在线对员工进行绩效评估；
- 总经理可在线查看公司人力资源配置及成本变动情况，薪资平衡表、组织绩效/员工绩效等各种与人力资源相关的重要信息。

（4）开放性。主要包括：

- 提供功能强大的数据接口，轻松实现各种数据的导入导出以及与外部系统的无缝连接；
- 可方便引入各类 Office 文档，并规范的、安全的存储到数据库中；
- 同时支持所有主流关系型数据库管理系统及各种类型的文档处理系统。

（5）灵活性。主要包括：

- 可根据用户需求进行客户化功能改造及更改界面数据项显示；
- 强大的查询功能可灵活设置任意条件进行组合查询；
- 支持中英文（或其他语种）实时动态切换。

（6）智能化。主要包括：

- 系统的自动邮件功能可直接批量通过 E-mail 发送信息给相关人员,极大地降低管理人员的行政事务工作强度;
- 系统设置了提醒功能,以便用户定时操作,使得 HR 管理者变被动为主动,有效提高员工对 HR 部门工作的满意度。

(7) 强大的报表/图形输出功能。主要包括:

- 提供强大的报表制作与管理工具,用户可直接设计各种所需报表;
- 提供了灵活报表生成器,可快速完成各种条件报表的设计,能随时进行设计更改;
- 报表可通过打印机输出 Excel 电子表格及 ASCLL 文本文件(如提交给银行的文件);
- 提供完善的图形统计分析功能,输出的统计图形可直接导入 MS Office 文档中,快速形成 HR 工作报告。

(8) 系统安全。主要表现在以下几方面:

- 对关键数据进行加密存储,即使系统管理员也无法直接读取数据;
- 设定用户对系统不同模块的不同级别操作权限;
- 建立日志文件,跟踪记录用户对系统每一次操作的详细情况;
- 建立数据定期备份机制并提供数据灾难恢复功能。

3. EHRM 对企业内部资源的要求

EHRM 在企业内部实施,因此,EHRM 的核心是企业内部资源的整合,最大限度地发挥企业内部各种资源的效率。对于企业内部来讲,实施 EHRM 一般由以下几方面组成。

(1) EHRM 准备

① EHRM 实施计划。这是实施 EHRM 的最基本也是起着指导作用的内容,企业必须首先确定自身实施 EHRM 的计划,它决定着 EHRM 能否适合企业的实际需要。在做 EHRM 实施计划时,要根据企业的情况决定企业通过实施 EHRM 要达到什么样的目标,比如说仅仅是减少 HR 部门的日常行政事务工作,还是要建立真正电子化的员工关系管理模型或者是 HR 服务模型;确定实施的广度和深度;拟定 EHRM 实施的步骤;分析企业现有的硬件和软件是否符合需要,如何改进等。

② 硬件支持。要保证 EHRM 的顺利实施并发挥高效的功能,企业必须具备完整的系统运行环境,比如服务器、硬件设备、IT 支持、数据库管理等。企业要根据现存硬件条件与实施 EHRM 所需硬件的差距,调整硬件的配置。

③ 网络支持。EHRM 是电子化的人力资源管理,是基于 Internet 或者是 Intranet 基础上的 HR 业务管理,通过网络企业内部的各个部门,管理者、经理、员工能充分、及时地进行信息沟通和交流,提高企业内部信息的利用效率和反应速度。

因此,理想的情况是员工都拥有实现联网支持的电脑和相应的软件。如果不是每一个员工都具备这种条件,则要考虑如何创造条件使员工享受到 HR 服务,比如在企业的公共场所设置多媒体终端。

(2) 选择企业需要实现的 HR 功能服务

这是 EHRM 的核心内容。企业实施 EHRM 的目的本身就是为了处理 HR 的业务,因此,企业可以根据自身实际选择 EHRM 需要实现的 HR 功能服务,比如全面薪酬与福利管理、绩效与评估管理、雇员招聘管理、培训管理和用户的 HR 自助服务。EHRM 的核心理念就是员工自助,通过系统,员工可以自己完成一系列的 HR 业务,比如说个人资料修改、申请培训、评估打分、请假及主管的批准等,Internet/Intranet 员工自助服务系统、语音服务系统、客户服务系统等将对此提供相应的支持。

(3) 不同员工的服务界面

EHRM 为企业内部不同性质的员工提供不同的服务界面和工具,部门主管的界面一般包含本部门和本部门员工的信息,而基层员工则只能在自己的界面上了解有关自己个人的信息,HR 的界面显示的则是企业全体员工的信息,并可以进行大量的 HR 业务操作。同时,员工、主管和 HR 人员分别拥有各自需要使用的各种工具,可以进行相应的业务操作。

4. 外部服务机构对企业 EHRM 的支持

优化人力资源管理信息系统不仅仅要考虑企业内部的资源,同时还必须充分利用、整合企业外部的各种资源。

现代社会的一个明显的特征就是专业化的分工合作,一个企业不可能也没有必要具备所有的资源,尤其是对于众多规模不是很大的企业来讲,更是如此。因此,实施 EHRM 需要获得外部机构的支持,比如从事 HR 咨询(组织结构设计、HR 业务流程设计等)的人力资源顾问公司、为企业提供各种外包服务(如薪酬福利外包服务)的社会机构和企业实施 EHRM 的核心软件的供应商(信息技术供应商)等。对于没有实力独自进行 EHRM 建设的中小企业来讲,依托于外部机构提供的 ASP 服务是一个现实的选择。

一个典型的例子就是招聘管理,真正的 EHRM 一般会实现与主流招聘网站的连接(如 51job、chinaHR 等),通过在招聘网站发布招聘信息,应聘者投递简历,这些简历就会自动发送到企业的 EHRM 系统,然后通过过滤、选择找出企业需要的候选人进行面试,大大提高招聘的效率。候选人成为正式员工后,简历中相关的数据就会自动进入 EHRM 系统中的相关模块。

5. EHRM 管理系统模型的实施

企业在实施 EHRM 管理系统模型之前,首先要对自身做一个客观而充分的评估,然后确定将要实施的 EHRM 管理系统模型的范围与边界,从自身实际情况出发,尽可能做到量体裁衣。在了解自己的需求之后,就要选择一家合适的解决方案供应商。EHRM 管理系统模型解决方案的实施过程绝不是简单产品买卖过程,应该视其为一个完整的项目。

项目的实施过程将分为三个阶段。

(1) 实施前与供应商配合进行需求分析与流程设计阶段。这个阶段往往会占据整个项目实施周期一半以上的时间,对 HR 管理者来讲,这是一个难得的整理与完善 HR 管理运作体系的过程,有利于将以往离散的工作规范化、系统化。对供应商来讲,事先将客户的需求理顺,对整个项目的顺利实施起着决定性作用。因此,用户与供应商都应认真对待这一阶段的工作,而不应急于马上就想看到系统运行的效果。

(2) 系统实施与客户化改造阶段。需求分析与设计阶段完成后,供应商将会根据用户的特殊需求对系统进行定制化改造。在这期间,用户应与供应商保持频繁的沟通,避免用户需求在定制化过程中走样。供应商在完成所有功能的开发后,提交给用户的还只是一个系统框架,并不能马上运行,用户还需要在供应商的帮助下进行系统初始化与数据转换工作,使企业基础数据与员工基础数据在尽可能短的时间内迁移到系统中来。此外,企业在系统正式运行前应接受供应商关于使用系统的相关技能培训。

（3）系统应用培训阶段。在实施过程中，企业应根据自己业务的具体特点，向软件供应商提出改进及增设相应模块的要求，软件供应商应积极进行跟进，做二次开发的工作，以确保满足企业不断变化的管理要求。

6. EHRM管理系统带来的效益评估

企业在实施了EHRM之后，到底效果如何，有没有达到企业预期的目标，可以通过表4-1的相关指标来进行效益评估。

表4-1　EHRM效益分析表

EHRM功能	EHRM效益分析
所有人力资源管理功能都紧密集成在一起	自动化和优化人力资源业务流程 信息流得到加速且更顺畅 为更重要的服务释放资源 人力资源的作业流程跟业务流程以及直线功能结合更紧密 标准薪资解决方案 降低成本 更高的工作质量
激励员工 支持员工的发展	全方位的薪酬策略与企业的战略保持一致 灵活的薪酬计划与长期激励方案紧密结合 战略性的员工发展计划与个性化的学习项目相结合，确保企业人才从容面对各种挑战 强化整体业务绩效 提高员工的"服务周期"
劳动力分析工具	加强对现有劳动力的分析 提高速度和准确率 实时的信息，使您更快决策 提升生产力 所有层次的员工都能跟企业战略目标保持一致 战略计划"流水线"化
基于角色的门户	协同商务：如集成了联合薪酬调查、基准比较等功能 协同式的管理沟通，以高效递送人力资源服务 获得基于角色的工作知识、工作职责和内容
支持员工工作、生活事务	员工得到充分授权 降低管理成本 提升"工作满意度" 降低"员工流失率" 更强大的功能来主动管理工作和生活

4.3.3　EHRM 实现人力资源管理职能的转变

为迎接挑战,企业人力资源管理者必须逐步从过去的行政、总务、福利委员会转变为企业学习、教育的推动者,高层主管的资讯顾问,战略业务伙伴,管理职能专家和变革的倡导者等。如图 4-5 所示。

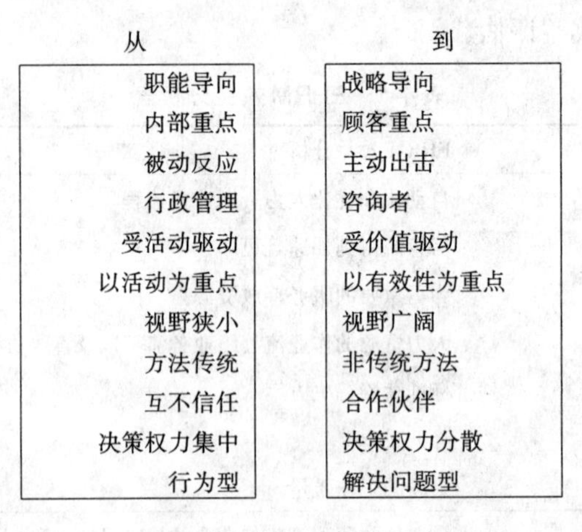

图 4-5　网络时代人力资源管理职能的转变

4.4　EHRM 在企业中的应用分析

在本节中,将以西门子(中国)公司和思科公司为例,对 EHRM 在企业中的应用进行分析。

【例 4.1】　EHRM 在西门子(中国)公司的实施,可以归纳为总体规划、系统分析、系统设计、解决方案的选择、成立项目小组和正式运行六个阶段。

4.4.1　总体规划

有效地进行 EHRM 的总体规划可以增进系统和用户的关系,做到信息资源的合理分配和利用,节省系统的投资;可以促进系统应用的深化,为企业创造更多的利润;帮助企业回顾过去的工作,从而发现可以改进的地方。

1. 对现行系统的初步调查

这一部分的内容主要包括企业概况、企业发展目标与任务、组织结构、人力资源部组织结构、人力资源部职能、传统模式下人力资源管理主要问题等方面。这里就不再一一说明。

2. 系统开发条件分析

对系统开发条件的分析主要是针对企业的计算机应用水平及可利用的资源。

(1) 成熟的现代化办公配置。在西门子(中国)公司,每位员工都有专门的个人电脑和个人邮箱,同时都被赋予访问公司内部网站的权限。作为一家知识密集型和技术密集型的企业,员工总体上在现代办公设备使用和操作方面不存在障碍。并且,公司创建了内部因特网作为各地区、各部门之间信息共享的平台。

(2) 专业的技术支持。在西门子(中国)公司,有来自行业系统服务部的工程师负责服务器维护、资料备份、Intranet后台设置及网络畅通等工作,以确保在信息共享的同时兼顾网络的安全。另外,内部因特网上涉及的信息量相当大,各部门、各地区都设有专人负责对相应内容进行维护和更新,以保证信息的准确性和时效性。

(3) 对信息安全的高度重视。值得一提的是,在网络上的不确定因素日益增多,服务器受到的威胁越来越难以预料的今天,信息安全在西门子(中国)公司得到了相当的重视,公司专门任命了CIO(Chief Information Officer),领导着组织信息部的工程师们实施了一系列以维护、确保信息安全的举措。审计部则承担了定期对各个业务部门、各地区的信息安全工作进行核查的工作。

3. 分析与确定用户需求和系统目标

对西门子(中国)公司的人力资源部门而言,有三类用户:高层管理者、直线经理和员工。

对于企业高层来说,他们已经逐渐从过去那种仅仅习惯于看销售额、利润、利润率、增长率等经营指标,却很少去分析人力资源状态指标与经营指标的内在联系的状态走出,他们迫切地想从根本上找到提升企业经营绩效的办法。如果能够建立起不同部门、不同岗位的经营指标与关键的人力资源状态指标(如总人数、学历结构、年龄结构、服务年限、离职率、人力成本等)之间的关系,就能使高层比较直观地掌握企业经营指标受人力资源状态指标影响的规律,从而有针对性地制订相应策略,通过人力资源管理、开发、经营手段等来提升组织绩效。

对于直线经理而言,由于过去人们普遍认为人力资源管理只是人力资源部门的事,人力资源管的好与坏也只是与人力资源部门有关系,所以他们往往是业务能力强于管理能力,而其中最为薄弱的恐怕就是对人力资源的管理了。但现代人力资源管理的发展趋势是:多数人力资源活动(如员工招聘与录用、绩效管理、培训与发展、薪酬管理、企业文化等)的实施将由直线经理与人力资源部门共同完成,甚至委托/授权给中层经理独立完成。事实上,人力资源部门是无法了解到每一个员工的详细情况的,只有一线中层经理才对自己下属的状况与需求最为熟悉。在角色定位上,人力资源部门是顾问,直线经理是员工发展的教练。因此,面对直线经理新的角色定位,人力资源部门要做的,是制定人力资源管理的计划、流程以及策略,即设计制造人力资源管理工作、并提供顾问咨询和服务平台,通过培训帮助直线经理熟悉并善于在日常管理中贯彻这些计划、流程与策略。

对于一般员工而言,一套完善的人力资源管理体系以及对管理体系的执行力度是他们最为关注的。因为大多数人都会倾向于选择一个有序、透明的工作环境。人力资源管理体系的建立与对管理体系的宣传指导应该由人力资源部门来统一实施,而作为人力资源管理产品和服务代言人的直线经理将负责在管理体系上的执行。让员工共享更多的信息,是增进员工与人力资源部门之间信任度的重要因素。

当然,在让员工了解人力资源部门工作的基础上,人力资源部门还应该做到能满足员工的个性化需求,给予员工更多的关注,提高员工满意度。比如,使员工能够方便地自主更新并获得与个人相关的人事信息;能够得到及时的转正;生日能够得到公司的祝福;培训能够得到及时的安排;能够及时了解内部职位的空缺信息等。这就需要利用技术手段来支持员工与人力资源部门之间建立更多的互动。

针对用户需求,公司进一步明确了系统目标:第一个层面是组织需要寻求更加有效的途径来向员工和经理传达信息,实现电子化沟通;第二个层面要解决的是向员工和经理提供工具,帮助他们能够运用信息来独立执行相关操作和指定决策;第三个层面要求用流程自动化和便利的数据交换,在整个工作过程中与内、外部人员紧密合作。

4. 拟定预算

参照西门子总公司在IT系统上的整体投资策略以及在德国和美国实施EHRM的实践经验的基础上,预算中特别考虑了三部分费用:软件系统费用、实施费用和相应的运行环境建设费用。软件费用包括软件许可费及每年的升级维护费用;实施费用包括软件配置、数据转换、培训以及定制开发等方面的费用,以及可能引入的第三方咨询商的费用;运行环境建设费用则包括了与系统相配套的其他软件系统投入(如操作系统、数据库等)以及相应的硬件投入(如服务器、PC以及网络环境的升级等)。

4.4.2 系统分析

系统分析是在调查研究的基础上,对新系统的各种方案和设想进行分析、研究、比较和判断的过程,目的是获得有关合理的新系统的逻辑模型。

1. 详细调查

深入弄清组织中信息的处理及流程,涉及的主要内容是企业内外各部门与人力资源信息联系状况,包括人力资源部与各部门之间的联系、人力资源部与财务部之间的联系、人力资源部与外部的联系。

2. 提出新系统的逻辑模型

在图4-6中体现了EHRM的整体框架,即在电子化沟通的基础上,实现电子化人事管理、电子化组织管理、电子化招聘、电子化培训及电子化绩效管理、员工自助。

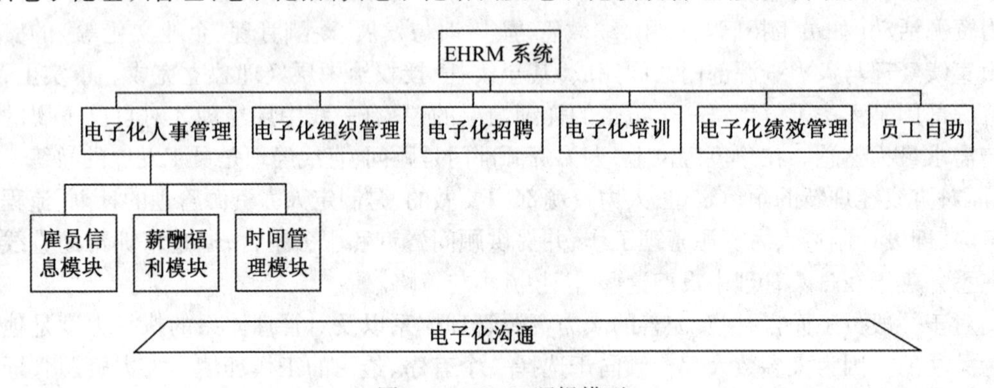

图4-6　EHRM逻辑模型

4.4.3 系统设计

1. 总体设计

即模块设计,其任务是确定整个EHRM的模块结构,也就是如何将一个系统划分为多个模块。根据结构化设计方法,西门子(中国)公司的EHRM模块设计如图4-7所示。

其中,从一个模块指向另一个模块的箭头表示前一个模块调用后一个模块。从图中可以看到，有些模块间存在双向关系，而不是单一的从属关系，这样的网状结构对与 EHRM 配套的软硬件提出了相当高的要求。

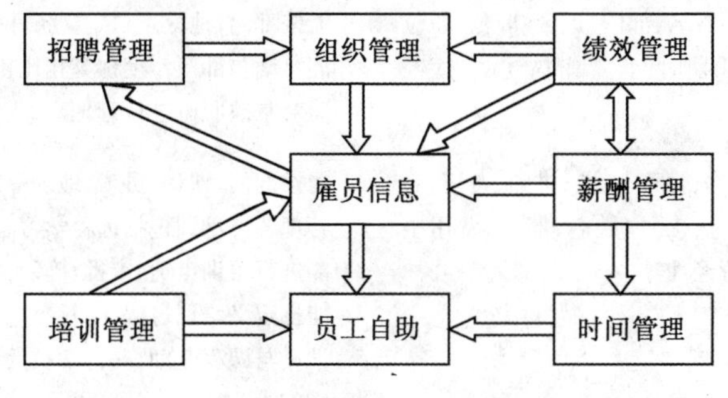

图 4-7　EHRM 的模块设计

2. 子系统设计

这一阶段完成的主要工作是设计各模块业务流程图以及分析各模块的功能需求。在表 4-2 中归纳了各个模块对应的数据和功能需求。

表 4-2　EHRM 各个模块对应的数据和功能需求

模块名称	数　据	功　能
雇员信息管理	姓名、性别、生日、婚姻状况、联系方式、历史处理情况（如雇佣、升职、调动、离职）、所属部门、职位、合同信息、家庭/亲属信息、教育背景、员工级别、联系方式、身份证号等	1. 能提供大量的统计信息和报表，如企业中员工的年龄分布、学历分布、职称分布、性别分布等。 2. 能自定义报告内容，便于查询。 3. 能自动提醒，如合同到期、员工生日等。
薪酬管理	基本工资、银行数据、需重复支付款项（如交通补助）、特殊款项（如奖金）、住房公积金、所得税、社会保险金、加班工资等	1. 能录入各种原始数据，据此进行应发工资、代扣款项、实发工资的计算。 2. 能按部门、人员级别、费用科目进行分类汇总，并输出各种分类汇总表。 3. 能产生相应的转账凭证，经核实后自动转入财务系统。
时间管理	工作时间、年假记录、病假记录、事假记录、女员工"三期记录"、加班记录等	1. 能自动将工作时间、休假记录与政策法规和公司制度作比较。 2. 能指定某一类数据（如病假）的汇总报告。 3. 能创建工作日程表、工作计划。 4. 能与薪酬模块衔接。
招聘管理	应聘者姓名、性别、年龄、联系方式、教育背景、工作经历、职位编码、职位描述、核心能力、主管经理、申请渠道、面试官信息、面试记录等。	1. 全面覆盖招聘工作所有环节。 2. 提供灵活的申请渠道。 3. 能建立应聘人员档案库，便于检索查询和信息及时更新。 4. 能自定义招聘过程。 5. 能对招聘活动中与结束后的情况进行统计分析，生成汇总报告。

续表

模块名称	数　据	功　能
组织管理	员工号、姓名、部门、地区、职位、职位编码、任期时间、工作描述、主管经理等	1. 能按部门、地区及自定义条件生成报告。 2. 能自动与部门年度预算相比较。 3. 能对空缺职位进行管理。
培训管理	课程名称、时间、地点、讲师、费用、获得成绩、员工号、姓名、部门、费用中心、主管经理等。	1. 能按部门、课程、员工、地区等条件生成汇总报告。 2. 管理各类培训包括远程学习、集中授课、研讨会等。 3. 能进行培训申请、审批、确认,并保存培训记录。 4. 能自定义培训过程。 5. 学员与课程互动,获得学员反馈。能安排和跟踪培训,检查培训效果。 6. 能与绩效管理模块衔接,以检查所申请培训是否在计划、预算范围内。
员工自助	员工号、密码、公司信息、个人信息、休假记录、差旅记录、报销记录等。	1. 接受电子邮件,查看公司政策。 2. 权限范围内自主修改、维护个人信息。 3. 在线申请休假、培训、进行差旅管理、报销费用。 4. 与时间管理、信息管理等模块共享数据,实现同步更新,避免重复性工作。
绩效管理	实施进度、员工号、姓名、部门、职位、入职时间、薪资调整记录、考评结果、目标协议、潜力评估、发展措施等。	1. 为员工培训、晋升、降职、调动和离职提供依据。 2. 对员工的薪酬决策提供依据。 3. 了解培训和教育的需要。 4. 能跨部门、跨地区共享信息。 5. 能生成分类报表。

4.4.4　选择供应商和合作伙伴

选择正确的 EHRM 供应商和合作伙伴,是 EHRM 项目能否成功的重要保障。要找到合适的 EHRM 解决方案,就需要企业制定正确的选型策略、遵循规范的选型流程以及设计完善的评价指标体系。这不仅能避免各种选型陷阱,有效规避投资风险,还能缩短选型周期,降低选型成本。在这一点上,西门子(中国)公司通过权衡自行开发和选择外部供应商之间的利弊,以及进行必要的市场考察,对系统的模块作了相应的分配。

1. 自行开发与选择外部供应商的利弊分析

自行开发往往出于这样的考虑:

(1) 选择外部供应商的成本较高;

(2) 对供应商的实力缺乏信息,担心后续的维护升级服务得不到保障,因而希望能掌握源代码以备不时之需。

而对于人力资源部来说,IT 部门自行开发 EHRM 系统将面临诸多问题。

(1) IT 部门对人力资源业务的陌生,使得人力资源管理者必须花很多精力帮助 IT 人员去理解业务,项目涉及到的主要人力资源管理者将因此成为不可或缺的需求分析人员,极大地影响他们个人乃至人力资源部门的正常工作。

（2）作为专业人力资源管理人员，虽然能够比较容易地描述当前的业务需求，但要对企业未来人力资源管理的变化做出预测也是比较困难的，但 EHRM 系统对未来需求的满足程度决定了其生命周期的长短。

（3）由于缺乏积累的经验，IT 部门从系统分析、设计、开发、实施到应用推广完成并稳定运行的整个项目周期，可能会远远超出想象，而且实际投入的成本恐怕比外包还要高很多。

2. 对 EHRM 系统的考察

西门子（中国）公司主要根据表 4-3 所列出的几个系统特征和功能要求，对市场上的多家系统供应商进行了考察。

表 4-3　系统特征和功能要求

系统特征	功能要求
完整性与集成性	1. 全面涵盖人力资源管理的业务功能，对每个业务功能都是基于完整而标准的业务流程设计，是用户日常工作的信息化管理平台。 2. 对员工数据的输入工作只需要进行一次，其他模块即可共享，减少大量的重复录入工作。
易用性	1. 界面友好简洁、直观 2. 采用导航器界面，引导用户按照优化的管理流程进行操作 3. 基本没有弹出式对话框，在一个界面就能显示所有相关信息，并操作所有功能
网络功能与自助服务	1. 能提供异地、多级、分层的数据管理功能 2. 日常管理不受物理位置限制，可在任何联网计算机上经过身份验证后进行操作
开放性	1. 提供功能强大的数据接口，实现各种数据的导入导出以及与外部系统的无缝连接 2. 可方便引入各种 Office 文档，并存储到数据库中 3. 同时支持所有主流关系型数据库管理系统以及各种类型的文档处理系统
灵活性	1. 可方便地根据用户需求进行客户功能改造 2. 可方便地根据客户需求更改界面数据项的显示 3. 强大的查询功能，可灵活设置任意多条件进行组合查询 4. 支持中英文实时动态切换
智能化	1. 系统的自动邮件功能可直接批量化发送信息给相关人员（如通知被录用人员、给员工的加密工资单等），降低管理人员的行政事务工作强度。 2. 设置提醒功能，以便用户定时操作（如员工合同到期、员工生日等），使得人力资源管理变被动为主动。
强大的报表/图形输出功能	1. 提供报表制作与管理工具，用户可直接设计各种所需报表 2. 提供报表生成器，用户可快速完成各种条件报表的设计，并能随时进行设计更改。 3. 报表可输出到打印机、Excel 文件或 TXT 文本文件。 4. 提供完善的图形统计分析功能，输出的统计图形可直接导入 MS Office 文档中。
系统安全	1. 对数据库进行加密 2. 严格的权限管理，设定用户对系统不同模块、子模块乃至数据项的不同级别操作权限 3. 建立日志文件，跟踪记录用户对系统每一次操作的详细情况 4. 建立数据定期备份机制并提供数据灾难恢复功能

基于对外包和自行开发的利弊分析和对系统的总体要求，结合来自德国总部的实践经

验,西门子总公司最后决定由自己的 IT 部门——行业应用服务集团,协同 SAP 和 MrTed 两家外部供应商联合打造西门子(中国)公司的 EHRM 系统。

3. 模块分配

在具体模块分配上,西门子(中国)公司遵循了自主开发和引进外部供应商相结合的原则,在表 4-4 中描述了不同模块对应的供应商/合作伙伴情况及其实现方式。

表 4-4　系统模块分配状况

合作伙伴、供应商	实现方式	负责模块
西门子总公司行业服务集团	内部因特网	沟通、培训管理、员工自助、绩效管理
SAP 公司	SAP R/3 系统	雇员信息管理、薪酬管理、时间管理、组织管理
MrTed 公司	ATS 系统	招聘管理

4.4.5　成立项目小组并确定优先秩序

1. 成立项目小组

为保障项目的顺利实施,在这一阶段,西门子(中国)公司成立了内部项目小组并明确界定了工作职责。其结构如图 4-8 所示。

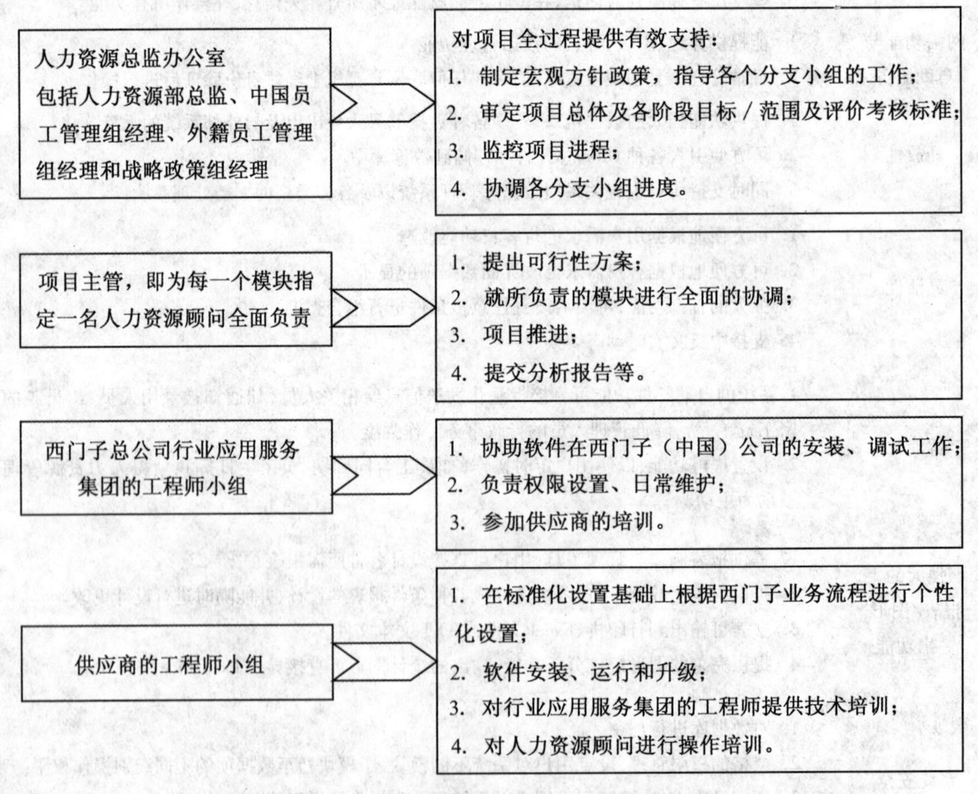

图 4-8　项目小组成员及职责描述

2. 确定发展的优先秩序

一个好的系统并不是一蹴而就的,如果对所有模块的建设同时全面铺开,各方的资源难以一步到位,还会出现力量分散、有效性降低的问题。因此,在总体规划的基础上,对各个模块的优先秩序进行分析,有步骤地推进整个进程就显得尤为重要。在这一点上,总公司做了如下考虑。

(1) 畅通的交流渠道和有效的沟通是整个系统的基础,即组织需要寻求更加有效的途径来向员工和经理传达信息。以此作为出发点,利用内部因特网和办公软件实现电子化沟通成为首要选择。

(2) 人力资源部常规事务性工作的流程自动化和便利的数据交换能大大改进人力资源部门的工作流程,提高工作效率,提高服务质量。从这一点来讲,对雇员信息、薪酬福利、组织结构、时间管理以及招聘工作的优化被纳入了整个 EHRM 系统实施的第二步。

(3) EHRM 与一般的数据库或信息管理最大的区别在于其用户的延伸。也就是说,除了帮助人力资源顾问完成工作以及与现代人力资源管理的发展趋势相适应以外,EHRM 还强调向最高管理层、员工和直线经理提供工具,帮助其能够用信息来独立执行相关操作和指定决策。这也是 EHRM 的核心力量所在。因此,在前两步的集成上,电子化培训、绩效管理和员工自助等互动的管理方式被作为实施 EHRM 的重点,将从根本上使人力资源管理成为全员参与的工作,同时促进人力资源顾问成为企业真正意义上的战略伙伴。

图 4-9 描述了 EHRM 系统各个模块在西门子(中国)公司的发展日常安排。

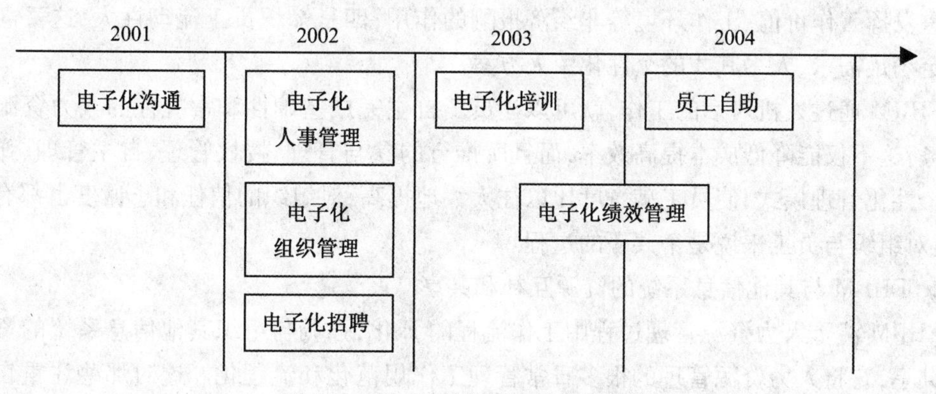

图 4-9 EHRM 各个模块的发展日常

4.4.6 实施状况与效果评估

EHRM 在西门子(中国)公司正式运行以来,迄今已有近五年的时间。EHRM 系统在电子化沟通、电子化人事管理、电子化组织管理、电子化招聘、电子化培训、电子化绩效管理以及员工自助方面起到了重要的变革作用,为企业人力资源管理带来了很高的效率。

【例 4.2】 思科公司在实施 EHRM 的过程中注入了大量资金,但人力资源管理的网络化、电子化也为思科公司创造了可观的财富。

4.4.7 思科 EHRM 的启示

思科公司投入了 1 500 万美元来实现基于网络的人力资源管理的变革,其结果是每年能节省5 000万美元的费用。美国商业周刊认为“很少有公司能比思科更好地抓住新技术与人力资源管理变革的结合点”。该篇评论的作者约翰·白瑞尼(John Byrne)认为,“思科能够提供通向一种新管理模式的最好的路标。一方面是由于它提供了一个强有力的连接顾客和供应商的网络工具,另一方面,思科率先运用这些最先进的技术及工具进行人力资源管理实践。”

思科EHRM的成功经验充分证明:现代网络高科技术的发展,为组织管理E化提供了先进的传播载体和网络工具,还能使组织内的人力资源管理和原有的财务等其他信息系统进行有效的链接,从而进一步推动组织管理E化的进程;同时,人力资源管理部门已不单单是人事政策的制定者和执行人,更应成为一个组织配置战略资源的核心力量。

1. EHRM有助于对知识员工的管理

21世纪人力资源管理的主体对象是知识员工。知识员工不同于体力员工的特点,将导致管理模式的变化。一是知识员工个性强,有较强的自主性、独立性和自尊心期望度,这些特征要求在组织管理中体现人本主义,实行关怀管理、尊重管理、赞扬管理、参与管理、授权管理、自主管理、弹性管理及个性化管理等模式;二是知识员工具有职业发展目标,这要求组织实施员工职业生涯规划,使组织目标与员工个人发展目标兼容,实行组织与员工的“双赢管理”;三是知识员工追求高层次需求,这需要组织在实施多元化激励和全面报酬的同时,更注重发挥工作价值、工作环境等非经济报酬的作用;四是知识员工流动性大,这又需要组织制定满足需求、人尽其才的个性化留人方案。

EHRM通过人机对话的工作,就可以让员工自主完成基础性和常规性的人力资源管理和服务,这不仅能降低成本提高效率,而且所推行的参与管理、授权管理、自主管理、弹性管理及个性化管理模式,使员工满意度比以往大大地提高,对组织的信任和忠诚度也都有所提高,这对组织与员工来说是个共赢的过程。

2. EHRM与其他信息系统的资源互补和共享

EHRM注重人力资源管理过程中工作流程的E化,强调与组织其他信息系统的资源互补和共享,它将人力资源管理的很多日常管理工作规范化和流程化。这对那些注重自身人力资源管理、员工素质普遍较高的组织,可以大大提高其人力资源部门的工作效率和员工满意度。同时也为今后完成全面实施信息化管理奠定了坚实的基础。

基于EHRM的数据库,实现了内部OA系统,如设备申领、财务报销等信息化管理,也为财务系统所需要的薪资、福利、税务等信息提供了准确的数据和报表。员工开始尝试到EHRM给他们带来的便利,不经过人力资源部就可以通过公司内部网查到所需要的信息并得到系统自动的反馈。比如他们可以在自己的电脑上查阅自己的考勤记录,直接向上级请假,发送备注信息,查阅工资单也变得十分便捷。因此员工逐渐体验到E化管理带来的方便快捷,增强了员工之间、上下级之间、与人力资源部之间的沟通和反馈,提高了员工的满意度,增强了企业凝聚力,同时也大大降低了管理成本。从前实施常规性人力资源管理功能需要大量的人力、物力和资源储备,而如今只需使用办公室常有设备——电脑,通过网络就能完成,而且从思科的案例来看,这种方式产生的效果更加令人满意。

3. 促使人力资源管理部门角色的转换,形成新的管理文化

思科的 EHRM 系统提高了员工生产力,降低了管理成本、人工和设备开销,并通过改变员工在一起工作的方式理顺了业务流程。它能够使人力资源管理从低价值的事务性工作中解脱出来,投入更多的时间和精力从事高价值的战略性管理活动。表 4-5 显示了思科改变信息沟通方式的 EHRM 解决方案与取得的成效。

表 4-5　思科改变信息沟通方式的 EHRM 解决方案与成效

EHRM 解决方案	具体方法	取得的成效
信息发布	运用多层方法构造系统,向全球员工发布内部信息及外部新闻。包括自动内容传递,使每一个员工都可以随时随地传递新闻、建议、意见和问题;自动行政公告,包括一张公告决策人的照片和组织结构图;自动存档系统;每周两次 Email 发送重要新闻的题头、摘要和信息定位;专门的"冲浪板"社区,基于不同的级别、地区、功能、工程师和管理层设置不同的社区,聚焦公司的一些重大事题。	1. 信息传递效率和员工满意度提高,通过转型使用基于 Web 的沟通模式,公司每年在提升员工效率方面获得 1 600 万美元的收益,同时信息传播和利用的效率提高了 100%。 2. 在线员工手册及公司查询目录使公司通过提高信息发布的准确性和效率,每年减少 300 万美元的开支。 3. 合理配置现有人力资源,由于自动化程度的提高,人力资源部避免了增加 27 名雇员,每年为公司节省开支 270 万美元。 4. 提供基于 Web 的员工福利登记,该系统 98% 的使用率使公司不必再使用原来基于电话的 IVR 系统。
创建员工网站 Cisco My Yahoo	与 Yahoo 公司合作,建立了思科版的 Yahoo,向员工提供个性化的新闻、股票、运动、天气预报等信息服务,即员工可以在 Cisco My Yahoo 上创建自己想浏览的信息和内容。	
专用仪表板	通过 Web 链接,提供一系列与全球员工相关的信息和应用工具站点。	
网上招聘雇佣系统	公司的目标是聘用、发展及保留业界最优秀的 10% 的人才,为达到这一目标,思科实施了一个综合的、基于网络的招聘系统,以便使潜在雇员能够了解公司的文化和福利,查找职位空缺,申请职位。	1. 招聘费用降低。这一系统的实施,提高了公司筛选应聘者和合格候选人的效率,使公司能够找到更多的适合工作需求的候选人,除了完成公司聘用业界最优秀的 10% 的目标,高效的网络简历系统为公司在每个职位的招聘流程中节省了 4 000 美元的费用,每年为公司节省 300 万美元开支。 2. 员工流失减少,员工流失率从 11.5% 降至 8.6%,部分原因是公司改进了招聘办法,员工沟通方式和员工满意度都提高了。
网络报销系统	报销可以通过网络随时进行	报销流程优化,把每一个报销流程的费用从 25 美元降低到 3 美元,每年节约开支 250 万美元。该系统只需两个人操作,并且避免了原来需要增加的 10 个全职雇员;每月处理 11 000 份报销单据,报销流程缩短了 80%,只有 4 天;在其他方面节省的每年可计算开支为 340 万美元。

续表

EHRM 解决方案	具体方法	取得的成效
IP/TV 软件	通过该软件播放公司所有的会议和特殊事件,使有权限参与的员工能够在电脑桌面上就能参加或了解会议内容并提出意见。	通过连接所有办公室的现有网络直播公司的录像及经理会议,每家分公司每年节约 30 万美元,而参与的员工是原来的五倍。

注:资料来源于 http://www.cisco.com

4.5　因特网与员工招聘和培训

随着现代科学技术的发展,信息时代的到来,计算机技术和因特网得到了迅速发展,网络招聘的应用日益普及。一方面,求职者不再满足于传统的招聘渠道,转而大量的使用网络这种新的、更为广泛的求职渠道,发布求职信息和提出求职申请。另一方面,越来越多的企业利用网络进行招聘人才活动。企业认为,网络作为一种现代沟通方式,对现代人有很强的吸引力,在网络上可以找到适合自己企业发展的大量优秀人才。一项调查显示,60% 的人事经理认为网络招聘是一种有效的招募手段。有些企业甚至认为,应聘者能否从网上看到公司的招聘信息,并找到公司主页,就是考察应聘者能力的一个隐形标准。可见,网络招聘已经成为人才招聘的一种重要途径。

不可否认,因特网由于其所独具的"全球性、交互性和实时性"的特点,已成为迄今为止最有效的广泛传播人力资源信息的途径。电子化招聘是网络技术在人力资源管理中普及最快的领域。

4.5.1　网上员工招聘的优势

网上招聘是利用公司网站完成与招聘相关的一系列活动,它是网络技术在人力资源管理中应用最快的领域。网上招聘可分为高级和初级两种形式。高级网上招聘的实质是公司在网站上发布招聘信息,并通过电子邮件或简历库收集应聘信息,利用软件测试考察应聘者。初级网上招聘是指公司在网上发布招聘信息,但鼓励应聘者通过传统渠道应聘。和其他招聘方式相比,网络招聘的优势显而易见,主要表现在下列方面。

(1) 网络招聘可以极大地拓展求职者的来源。求职者不受地域限制,在全球范围内都可以通过网络渠道获得招聘信息和发出求职申请,这样,人才选择面广。

(2) 网络招聘能节省经费。传统招聘活动的费用包括招聘信息发布费用、招募费用、选拔费用、安置费、招聘人员差旅费、交通费、招待费等。网络招聘可以节省和减少不必要的开支。如节省了招聘人员差旅费、交通费和招待费,降低信息发布和招募的费用,实现了网络招聘的经济性。例如,在北京一个为期 2 天的招聘会上租用一个摊位约花费 4100 元人民币,而购买中华英才网的服务,一年当中随时进入拥有 30 万分简历的数据库搜寻合格的候选人也只需同样的花费。

(3) 网络招聘简化了招聘管理的流程,具有快捷性。在采用网络技术后,工作职位发布、简历传送和初选等变得更加简单方便,同时网络技术应用提高了反馈、处理和录用的速度。

(4) 网上招聘过程具有隐蔽性。网上人力资源争夺战是一种没有硝烟的战争,因其隐蔽而具有更大的杀伤力,公司可以收集到成千上万份个人简历,作为公司的人力资源储备。

(5) 网上招聘具有灵活性。招聘者不受工作日和时间的限制,可以每天24小时不间断发布招聘信息,应聘者也可以随时随地与招聘企业联络,双方的交流与沟通不会因时间和空间的阻隔而受影响。

4.5.2 网上人才市场与网上招聘现状

近两年来,网上人才市场以强劲的势头冲击了传统的人才市场,人才网络迅速增加,服务方式丰富多彩,市场占有量不断扩大,这些特点大大优于有形的人才市场。从发展的趋势来看,网上人才市场的发展主要经历三个阶段:一是以有形人才市场为主,网上人才市场为辅的阶段;二是有形人才市场和网上人才市场并列的阶段;三是以网上人才市场为主,有形人才市场为辅的阶段。从现有的情况看,我国正处于第一阶段向第二阶段过渡的时期。人才招聘渠道呈现多元化的发展,委托中介机构招聘、人才交流会、招聘会、校园招聘、熟人介绍和网络招聘等方式共存。随着网上人才市场的兴起,网上招聘呈上升的趋势。根据有关资料显示,网上无忧工作站(www.51job.com)每月新增职位为3万个,有效职位7万个,空缺职位总数30万个。中华英才网(www.china-hr.com)每周新增职位2 000多个,现有职位近19万个,每月新增个人求职简历3 000余份,人才库总数10万余人,网上人才市场迅速发展,网络成为人才招聘的重要渠道。2002年5月网络调查显示,网络招聘方式以28%排名第一,亲友介绍排名第二(27%),随后是招聘会(24%),报纸和杂志广告(13%),猎头公司和中介机构(7%)。与2001年相比,网络招聘上升了5%。仅2003年一季度人才市场登记月需求2 458万个职位,登记求职6 418万人。网络招聘已显示出日益强大的威力。一些公司开始调整他们的招聘策略,大量采用网上招聘,IBM公司1999年底宣布,今后将只进行网上招聘,国内很多高科技企业纷纷与专业的人力资源网站合作,网上人才招聘有了广阔的发展空间。根据《财富》杂志的调查,世界500强企业中实现网上招聘的公司,1998年为29%,1999年为60%,2000年为79%,2002年这一比例已经上升到90%。2003年春季以来,由于"非典"疫情的影响,各地人才交流中心纷纷取消了招聘会,开辟网上大厅、招聘室等实施网上招聘。这一时期,网上招聘已成为企业招聘的主渠道,同时,网上求职也成为求职者的首选途径。

据估计,2005年全球在线职位招聘广告收入会达到71亿美元,其中55%属于专业人才网站。但最终的赢家却只有少数几家,70%~80%的收入将落入领先的一两家网站的口袋。中国目前人才网站有500多家,在招聘市场中有37%的招聘职位是通过因特网发布的。2004年,企业花在网上招聘及人力资源管理的费用比2003年高52%,这就是中国人才网站为什么要激烈争夺,争取成为最终少数几个赢家的原因。

根据iResesrch公司的调查发现,2003年中国网上招聘的市场规模为3.1亿元人民币左右,到2006年将增长为16.5亿元人民币,平均增长率为75.35%,如图4-10所示。

这次主要是针对前程无忧网、中国人才热线网、中华英才网、智联招聘四大网站的用户进行调查,通过用户对网站求职信息是否全面的满意度分析,前程无忧网的满意度要高于其他网站(如图4-11所示),而在猎头服务中,中国人才热线的满意度较高(如图4-12所示)。前程无忧网的老网民比例最高,求职用户个人平均月收入也最高。

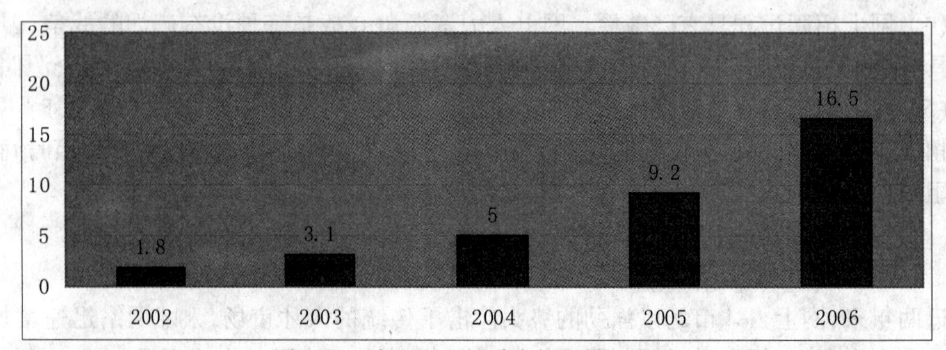

图 4-10　中国网上招聘市场规模及预测

注:1. 规模:亿元人民币

2. 其中 2004 年以后的数据为预测值。

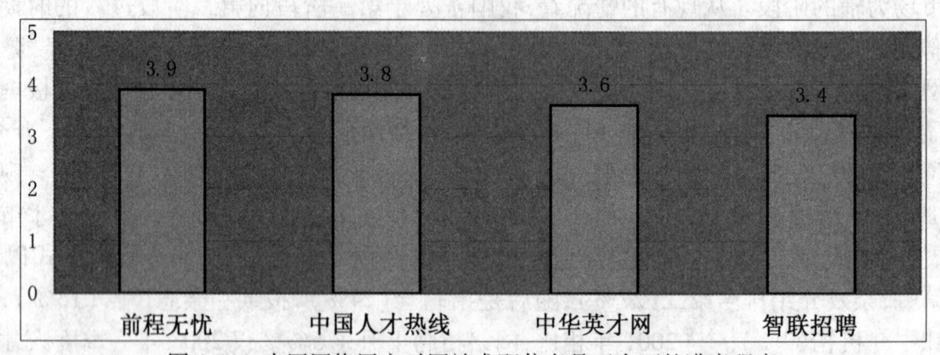

图 4-11　中国网络用户对网站求职信息是否全面的满意程度

注:1. 满意程度:5 分为非常满意,1 分为非常不满意。

2. 样本描述:N = 3 000 于 2003 年 12 月通过网站联机和 Email 问卷。

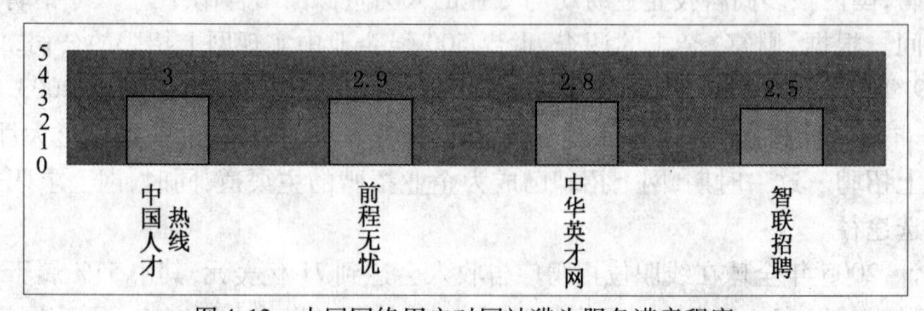

图 4-12　中国网络用户对网站猎头服务满意程度

因特网的飞速发展及网民整体素质提高的原因使得网上招聘市场在不久的将来会成为中高级人才求职以及企业寻找中高级人才的主要方式。与其他传统的人才中介相比较,网上招聘具有成本低、容量大、速度快和强调个性化服务的优势,在国外已成为颇为流行的求职招聘方式,在国内也不断受到外企、私企和一些大型国企的青睐,很快就会成了人才市场上的一匹黑马。

事实上,国内的大型网站还存在众多的发展瓶颈。有业内人士指出,目前大多数招聘网站仍停留在只发布招聘职位和求职简历的"网上公共栏"这个定位上,缺乏与用户的互动式交流,尤其在提供不同用户需求的个性化服务方面力度不够。大部分企业在通过网上招聘人才的时候也没有太大的把握。同时,网上求职者资料的真实度与可信度也无法保证,沟通的不足使得企业或是个人都无法对网上招聘(或求职)抱太大的希望。

在未来的发展趋势上,招聘网站主要表现在以下两个方面。

(1)大型招聘网站仍将引领潮流,成为网上招聘的主力军,而小型的非地方性网站由于没有盈利情况的出现,将面临新的危机,但是地方性招聘网站会受到更多的求职用户关注。地方人才市场部分将转向网上招聘市场。

(2)网站在以后除了对招聘单位进行收费外,可能还会转向对用户收取一定的费用。在美国已经有 Monster Worldwide 于 2004 年 2 月向广大网络用户推出收费性质的在线社区。

总之,中国互联网的发展给了人才招聘网站一个非同寻常的发展机遇。当其他网站忙着吸纳国外风险投资并可能需要奋斗数年才能盈利时,人才网站已建立了切实可行的收入模式并开始得到回报。虽然这种模式离成熟稳定还有一定的距离,但是我们有理由相信,随着国内人才市场的不断开放,相关网站的经营模式的不断成熟,人才招聘网站将在日后的人才市场上发挥越来越重要的作用。

4.5.3　网上招聘实施的关键环节

网上招聘的实施因行业、地区不同,招聘方式也有差异。IT 业、金融业、高科技产业及欧美国家的企业多采用高级网上招聘,传统产业及亚洲的企业多采用初级网上招聘。笔者认为,实施网上招聘,确保网上招聘顺利实施的关键之处,主要有以下三个环节。

1. 建设网站,吸引人才。实施网上招聘,也必须建立一个不断更新的、一流的公司网站,网站应该成为一个企业与人才之间交流的窗口,一个互动的平台,要在网站上发布具有吸引力的详细的公司招聘广告,并鼓励员工将招聘广告以电子邮件的形式发给自己的朋友,借此吸引求职者。在网站设立专门的招聘网页,用于公布职位的空缺信息,提供企业的联系方式,或是在网上设有应聘登记表,求职者可以在网上直接应聘。还可以在网页上介绍企业的人力资源政策,例如,惠普公司的招聘页上就提供了公司详细的福利政策,包括提供哪些福利项目,生效时间,具体实施方法,员工有哪些选择权等,便于更广泛的吸引求职者。

2. 进行人才筛选。当网上发布招聘信息后,公司网站可能收到大量的应聘材料,公司需要选用合适的能自动分析、处理应聘者初步信息的软件,并对应聘者进行网上测试和筛选。企业可以利用电脑软件直接询问应聘者的工作经历和工作习惯,对应聘者进行心理测试,即时计分评估,申请者可以立即知道自己是否达到公司要求,避免不符合条件人员进入面试环节。

3. 联系人才,达成协议。一旦确认了合适的申请人,必须安排一位具有亲和力的管理人员尽快与其取得联系。有专家认为,如果不能在 24 小时内得到优秀人才,就将失去他。也就是说在网上初选后,必须重视网下的人性化的服务,进行面对面的交流,争取尽快达成协议。

思科公司的网站已成为强有力的招聘工具。应聘者可以通过关键词,检索与自己的才能相匹配的空缺职位,也可以发送简历或利用思科公司的简历创建器在网上制作一份简历。最重要的是,该网站会让应聘者和其公司内部的一位志愿者结成"朋友"。这位朋友会告诉应聘者有关思科公司的情况,把应聘者介绍给适当的人,带应聘者完成应聘程序。但是,思科公司网站真正的威力,不在于它让积极求职者行事更快捷,而在于它把公司推介给那些满足于现职、从未想过在思科工作的人。因此,该公司在这种人才经常光顾的地方宣传其网站。比如说,思科公司已和 Dilbert 公司(www. dilbert. com)网页链接,这是摆脱工作桎梏的程序设计人员最钟爱的网页。思科公司不断提出该网站访问者的报告,并据此调整其战略。比如说,公司了解到大多数访问者来自太平洋时区,时间在上午 10 点到下午 2 点之间。他们得到的结论是许多人在该公司办公时间寻觅工作机会。为此,思科公司正在开发一种软件,以方便这些偷偷摸摸找工作的人。这种软件让用户点击下拉菜单,回答问题,并在 10 分钟内介绍个人概况。它甚至还能替他们打掩护。如果上司正好走过,用户只需点击一下按键就能激活伪装屏幕,把屏幕内容转换成“送给上司和同事的礼品单”或“杰出员工的 7 种好习惯”等。

4.5.4 企业采用网络招聘的方式

企业利用网络招聘主要有几种方式;利用公司主页发布招聘信息,或与人才网站合作,将部分招聘工作外包出去,包括中华英才网,招聘网以及 51job 在内的多家招聘网站,都提供这种服务。对于在中国的产品和职业市场上已经树立了品牌形象的企业而言,他们有条件在自己的网页上开展人才招聘。调查显示,63.9% 的大学生将在毕业后去外企公司工作,最受他们青睐的雇主有宝洁、微软、IBM、摩托罗拉和可口可乐等。但对于一些中小型企业,特别是公司品牌的知名度不高,主页的浏览量不够大的情况下,首选与知名网站合作。合作的方式主要有租用简历库和招聘外包。

(1)租用简历库。这是知名度不高的中小型企业与招聘网站合作的最普遍、最经济实用的网上招聘方式。对于一些 IT 行业的企业来说,更适合在网上招聘员工,作为这类企业的招聘候选人,对网络比较熟悉,容易接受这种招聘方式,同时大多数企业利用网络招聘建立自己的简历库,通过数据库,对企业的中期或长期的人员替代做出规划,以及进行人员后备力量的储备和补充,并随时发现企业急需的人才。企业与知名的招聘网站合作完全可以承担企业一般的人员流动,对于企业发展所需要的人员补充也应付自如,如果从成本方面考虑,企业不进行大规模的员工招聘,而仅仅为两三个职位空缺去参加一个招聘会,极不划算。一般说来,参加招聘会的平均费用 3 000 元左右,还不包括员工的加班费,以及印刷品的费用,而租用诸如中华英才网简历库的招聘网站一年只需付 4 500 元,且方便快捷。因此,租用简历库是中小型 IT 企业有效的网上招聘方式。

(2)校园招聘外包。校园招聘在企业一年的人事活动中占有重要的地位。即使像 IBM 这样的大型跨国企业也不例外,IBM 北京公司的人力资源部只有 3 名员工,要在短短三四个月间走访北京 5 所大学,从应届毕业生中为 IBM 北京公司挑选 100 人,工作量实在太大,因此他们选择了与招聘网站合作,将校园招聘外包出去,招聘网站负责招聘前的宣传以及 IBM 公司最终面试前的所有工作。IBM 北京公司的人力资源部只是两、三个人负责协调,缓解了人力资源部门的工作压力。首先,招聘网站进行所有前期的宣传工作,包括在网上发布广告,以及在校内张贴海报等,同时,应聘者要根据 IBM 公司专门的形式在网上填写简历,然后发送到 IBM 公司的专用简历库中,这种方式使得公司将宣传与简历收集分开进行,可以让应聘者更清晰的接受 IBM 公司的招聘信息,避免混乱情况的发生。通过电脑对收集到的简历按数据库字段进行第一轮的筛选,再由招聘网站负责这次招聘的人员进行第二次筛选,接下来,由招聘网站出面组织笔试,题目由 IBM 公司负责制定,笔试后的第一轮面试由招聘网站负责,之后 IBM 公司再做最终的面试。

4.5.5　网上招聘应注意的问题

(1) 网上招聘信息的真实度较低,成效不大。一方面,由于网上发送材料简单、快捷,会造成网站虚假繁荣,影响人力资源管理部门的判断,一些应聘者没有诚意,会干扰招聘工作。另一方面,网站提供的职位较单一,对招聘单位缺乏审核,一些企业为了储备人才简历,对于过时的信息不进行及时更换,网络存在的虚假招聘打击了求职者利用网络的积极性。因此,应及时更换新的信息,提供准确的空缺职位情况,同时要求应聘者提供较为详细的个人资料。

(2) 网络的普及率不高,应聘者受到限制。尽管网络技术发展很快,但并未完全普及,在一些小的城镇或经济欠发达地区,网络技术系统建设仍不完善,使得网络技术的使用受到限制。在现有的人群中,使用网络较多的是年轻一族,或者是从事高新技术产业的人,这样,就使得应聘人群受到限制。

(3) 对于不上网或因年龄较大使用网络较少、而经验丰富的人,网络招聘的作用不明显。笔者认为,对这一群体人员的招聘,可以采取初级网上招聘与传统招聘渠道相结合,使企业获得更合适的人选。

4.5.6　因特网与员工培训

因特网让知识的更新速度越来越快,越是先进、流行、新颖的知识,生命周期就越短。作为网络经济时代的企业必须成为“学习型组织”,通过持续不断的培训,提高员工整体素质,增强企业竞争实力。电子化培训与电子商务相伴而生,这无疑将成为未来企业开展培训活动的主要方式。电子化培训,顾名思义,就是通过网络这一交互式的信息传播媒体实现培训过程。与让员工在某一时间集中参加在某一地点统一受训的传统方式不同的是,电子化培训是把信息送到员工面前,而传统的培训方式则把员工送到信息面前。两者的差别是显而易见的。

思科公司在电子化培训方面积累了丰富的经验。从 1998 年 8 月起,思科就把 80% 的培训内容用网上培训的方式实现,结果节省了 60% 的培训开销。在 2000 年 3 月,思科又把这一成功的培训经验推广到合作伙伴,推出了“合作伙伴在线学习”计划,登录人数由 1 万人增加到 2 万人,电子化培训的受欢迎程度充分证明了它的有效性。思科通过实施以学习能力和创新能力为基础的培训战略,大大提高了员工的综合素质,促进人力资源资本效益的持续发展,在网络经济竞争的大舞台上长期立于不败之地。

与电子化信息培训相比,传统的培训过程投入大、周期长、收效慢、效果并不理想,具体表现在:

(1) 培训课程的安排和培训内容等资料的复印成本高,淘汰率快,而且发布不同版本的培训信息容易产生混淆;

(2) 有限的培训系统要求更多的人力资源专业人员参与进来,每到培训期间,人力资源部的工作人员不得不放下手头的一切工作专注培训，影响正常职能的发挥；

(3) 有些部门的员工私自参加了培训，而部门主管不知情或未批准，该部门却要为此支付费用，常常引起部门主管与员工关系紧张，不利于部门的内部管理；

(4)参加培训课程的人员是否出席没有准确的考勤记录，培训投入的收效无法估量，绩效评估的过程既缓慢又烦琐。

思科 EHRM 提供的网络培训(e-learning)方案用以改变并扩张全球专业人员的素质和技能，并且教育训练重建计划拟定了两个基本目标：一是设计最佳学习效果，避免不必要的课程重复；二是找出个人和组织之间的学习差距。思科的网络培训方案便是在此前提下产生的。表 4-6 详尽地反映了思科网络培训的模式和效果。

表 4-6　思科员工培训的 EHRM 解决方案及效应

EHRM 解决方案	具体方法	取得的成效
平均每人每年参加 6 个培训班	不管是经济景气还是低迷，思科的每名员工平均每年参加 6 个培训班，所有的培训都是通过因特网进行的。思科的培训总体上分为管理培训、因特网学习、销售培训、常用技能培训等。	公司页面上有详细的培训步骤，平常任何时候，思科的员工都可以通过因特网浏览公司培训网页，自我培训可以随时随地进行。
经理和员工同时掌握员工本人的培训情况	员工可以在网上查看关于培训课程的最新信息。这些课程可以通过名称、日期、地区等路径取得。当员工选中了一个课程，他们能够查看到关于该课程的另外一些信息，如培训人数要求、课程大纲、地点、条件、日常安排和费用等，员工也可以查看自己培训的历史记录，需要的时候可以删除。当一个员工报名参加培训后，有关该课程的信息和费用情况会通过邮件自动传送到他的部门经理手中，经理有权否决，如经理无反馈则视为同意。当培训日期临近的时候，该系统自动提醒部门经理和参加培训人员培训的日期、时间和地点。	1. 员工可以选择符合本身职位要求的课程学习，也可以选择与业务相关的其他课程，还可以通过不断的培训发展最适合自己的工作岗位； 2. 部门经理可以随时掌握本部门员工学习的时间、进度和成绩，以此作为测评的一个方面考虑，还可以根据员工参加过培训的经历和成绩，对部门员工进行工作岗位的轮换，到达人适其职的目的，使部门内每名员工都发挥出最大的潜力。
专业数据库	思科学习数据库储存了最符合员工专业需求的信息，并且能藉由这些学习对象来确保学员获得一致且高品质的训练，藉由网站多点广播的方式传输至各地使用者，例如，使用 Cisco IP/TV 多点传输软件产品，能有效地使用网络频宽，将具有电视品质的影视内容上传到个人计算机上，并且可以视需要以随选的方式在预定的时间内再次播放。	网上培训系统为员工提供一个单一界面，提供他们管理个人权限、知识与技能发展，让学员随时随地都能取得训练资源，而此方式亦将提供员工不限时间、地点和形式的学习方式。此网络还允许一个共同合作与高度互动学习的环境(不同员工可以在线组合成临时的团队，共同完成一个虚拟任务)，以最快速有效的方式发展和部署训练和教育计划，同时结合评鉴功能以确保受训者和教授者能够随时追踪学习成果。

续表

EHRM 解决方案	具体方法	取得的成效
在线研讨会	思科亦透过推行在线研讨会方式推行 e-Learning,其结合网页设计一系列整合影像、语音及 PowerPoint 投影片等方式,提供品质一致、完整的教育与训练,并根据实际需求实时更新内容及回复学员问题。	与传统研讨会相比,在线研讨会明显节省差旅费和无形的时间成本,同时学员可以根据个人需求透过直接邮寄、Email 或广播的方式来选择播放时间,如此一来,将有效提升学员学习的便利性及参与感。此外,在线培训使销售及技术人员能够更快适应市场变化速度,通过自我测试、训练员工技能并产生测试分析报告的在线评量工具,能有效测评学员的学习成果。

注:资料来源于 http://www.cisco.com.

小　结

(1) 网络时代人力资源管理的基本特点:①广域性;②互动性;③个性性;④变化性。

(2) EHRM,是“Electronic Human Resource Management”的缩写,即电子化的人力资源管理,是建立在先进的软件和高速、大容量的硬件基础上的新的人力资源管理模式。

(3) 目前,EHRM 系统在应用中主要有电子化沟通、电子化人事管理、电子化招聘、电子化培训、电子化自助和电子化绩效管理等几种形式。

(4) 电子化人力资源管理的优势:①畅通信息传递;②技术促进变革;③降低管理成本。

(5) 好的 EHRM 管理系统应该是一套高效率、多功能及易学易用的解决方案,用户在选择系统时可以从以下一些特征评判其功能:①完整性与集成性;②易用性;③网络功能与自助服务;④开放性;⑤灵活性;⑥智能化;⑦强大的报表/图形输出功能;⑧系统安全。

(6) 网上招聘是利用公司网站完成与招聘相关的一系列活动,它是网络技术在人力资源管理中应用最快的领域。

(7) 实施网上招聘,确保网上招聘顺利实施的关键之处,主要有三个环节:①建设网站,吸引人才;②进行人才筛选;③联系人才,达成协议。

思考题4

4-1 网络时代人力资源管理的基本特点有哪些?

4-2 简述 EHRM 的含义。

4-3 简述 EHRM 的优势。

4-4 简述 EHRM 在国外的现状及其发展前景。

4-5 论述 EHRM 在我国发展的现状及其存在的问题。

4-6 从西门子(中国)公司和思科公司的例子中我们能够得到什么启示?

第5章　企业文化与人力资源管理

导读：在管理哲学中，企业文化被誉为是企业的精神支柱，是企业一种赖以生存的战略性的资源。在企业社会化的进程中，企业文化越来越显现出重要的价值，企业的价值观念、道德观念无形中推动着社会的进步。企业文化与人力资源管理有着内在的联系性，企业文化的树立对于企业加强人力资源管理、促进人力资源管理的信息化起着积极的推进作用。通过对本章的学习，可以使读者更好地了解企业文化的内涵，熟悉企业文化对人力资源管理的作用，以及网络条件下企业文化的建设和发展。

5.1　企业文化

企业文化的作用是塑造企业员工在对企业的情感、理想和价值上形成一致的意志力。它的建立是在人力资源管理工作中经过长期的潜移默化培养起来的。

良好的企业文化是一种积极向上的精神，有共同的道德理念，这是每个员工要共同遵守的、不同于生硬的规章制度的管理理念。

5.1.1　企业文化的起源

对于企业文化起源地的说法一直以来莫衷一是，有人认为这一思想来源于美国，有人认为来自日本。为什么会出现这种情况，这就要从企业文化理论的形成过程来看了。

近代管理思想起源于西方社会，从F. W. 泰勒的“科学管理”理论，到马斯洛的“需求层次理论”，再到麦格雷戈的“X－Y理论”以及后来的“超Y理论”，西方社会对于企业员工的性质也经历了“经济人—社会人—自我实现人—复杂人”的认识过程。从“经济人”到“复杂人”的演变过程，反映出人们对企业行为的主体——人的认识的深化，也反映了人们在企业管理思想中人力价值观念的变化。尽管每个理论都有所创新，解决了以往理论中存在的部分问题，但是它们都没有改变一个现实，就是企业与员工之间的对立关系，或者是说管理者与被管理者之间的对立关系。这种对立关系的存在从根本上不利于企业和员工自身的发展。但是很长一段时间，西方学者还是没有能够就此问题给出一个合理的解决方法。直到日本经济崛起后，美国人才从日本何以能迅速发展的研究中找到了问题的答案。

日本的先天条件在世界上并不突出，国土面积只占世界陆地面积的0.25%，而人口也只占世界人口总数的2.7%，自然资源也不丰富，是一个名副其实的弹丸小国。而且在二战结束后，日本的经济遭受了严重打击，国家经济濒临破产。据1949年日本官方统计，日本在战争中物质财富损失率达36%，全国有119座城市被美国飞机炸为废墟，236万户住房被烧毁，同时大量的精壮劳动力都在战争中折损了。然而就是这么一个小国，却创造出了“经济神话”。据统计，1960—1970年间，日本的工业生产水平年平均增长率高达16%，国民生产总值年平均增长率为11.3%；1968年，日本的国民生产总值超过当时的联邦德国，成为仅次于美国的资本主义世界第二经济大国；1980年国民生产总值高达10 300万亿美元，占世界生产总值的8.6%;1986年,日本黄金储备达到421亿美元,位居世界第二;1987年,日本的外汇储备超过联邦德国居世界首位;1988年,日本的人均收入高达1.9万美元,超过同期美国的1.8万美元。1988年,根据权威的美国《商业周报》统计,世界排名前30位的大公司中,日本占了22家。日本经济的迅速崛起对美国造成了巨大威胁。在美国的本土市场,1980年日本出口到美国的集成电路从1973年的6.27亿日元狂增到723.61亿日元,而且,日本的家电产品也在美国拥有较大的市场占有率。1981年,美国对日本的贸易逆差高达180亿美元,达到历史最高水平,占美国贸易赤字总额的一半左右。到后来,日本采取了更为强大的竞争手段,用资本输出代替产品输出,直接在欧美地区投资办厂,给一向认为只有他们才能对外投资的欧美企业当头棒喝。

可以说,20年的时间不过就是弹指一挥间的事情,对于日本的经济崛起,美国人百思不得其解。他们不清楚为什么一个战败国,一个在政治、经济、文化都受到致命的打击,经济基础几乎为零的弹丸小国何以从20世纪60年代开始起飞,在70年代又安然地度过世界石油危机,在80年代一举而成为世界经济强国。正是在这样的背景下,许多美国学者纷纷到日本展开调查,希望能寻找到问题的答案。在考察的过程中,这些学者们发现日本迅速发展的原因不在于他们在科技上、财力上以及物力上占优势(或者说是比美国占更多的优势)。日本的优势在于他们的管理理念较之于当时美国的管理思想要先进。在管理中,美国倾向于组织结构、战略计划、规章制度等硬件方面的管理,而忽视了对人的重视,因而管理比较僵化,这阻碍了企业活力的发挥。进一步地,他们发现在日本企业中有着一种无形的、而又非常强大的精神因素,这种因素让日本企业的员工热爱自己的工作、热爱自己的企业,甚至为了维护企业的利益他们会不惜自己的生命。于是,这些美国学者们回国之后纷纷著书立传,讲述自己在日本的所见所闻,其中有代表性的是《Z理论——美国企业界怎样迎接日本的挑战》、《日本企业管理艺术》、《企业文化》和《寻求优势——美国最成功公司的经验》。这些著作都表达了一种新的观点:企业是由全体员工组成的有机整体,它不仅是员工赖以生存的经济体,更是与员工利益休戚相关的共同体,只有全体员工充分了解企业与自己的这种紧密联系,才能让企业产生巨大的凝聚力,才能激发员工对企业的归属感与责任感,使员工热爱企业、热爱工作,勇于奉献。这种管理思想与西方一直以来信奉的管理思想不一样,它就是要寻找并创造出一种条件,使企业与员工、管理者与被管理者的关系从对立走向统一。要创造这种条件就需要员工认同企业的价值观念,员工以企业的目标为自己的目标,以企业的成败为自己的成败。而这种以文化心理为导向的的管理思想,就是我们今天所说的企业文化。

由此可见,企业文化的理论成型是在美国完成的,而其作为一种行之有效的管理方法则最早在日本出现。作为管理哲学的企业文化,它是管理实践的结晶,管理科学的发展,其目的就是打破传统管理方式的“经济至上”论,建立“以人为本”管理模式。

5.1.2　企业文化的内涵

企业文化又称公司文化。这个名词的出现始于20世纪80年代初。一种新的概念和理论在形成过程中,往往会出现众说纷纭的现象,企业文化也不例外。

迪尔和肯尼迪在《公司文化》一书中指出,企业文化是由五个因素组成的系统,其中,价值观、英雄人物、习俗仪式和文化网络,是它的四个必要的因素,而企业环境则是形成企业文化的最大的影响因素。

威廉·大内认为,企业的传统和氛围产生一个企业的企业文化。企业文化表明企业的风格,如激进、保守、迅速等,这些风格是企业中行为、言论、活动的固定模式。管理人员以自己为榜样把这个固定模式传输给一代又一代的企业员工。

爱德加·沙因认为,从企业的各层面上来说,文化就是根本的思维方式——企业在适应外部环境和内部融合过程中独创、发现和发展而来的思维方式,这种思维方式被证明是行之有效的,因而被作为正确的思维方式传输给新的成员,以使其在适应外部环境和内部融合过程中自觉运用这种思维方式去观察问题、思考问题、感受事物。

约翰·科特和詹姆斯·赫斯克特在其《企业文化与经营业绩》的著作中指出,企业文化通常代表一系列相互依存的价值观念与行为方式的总和。这些价值观念、行为方式往往为一个企业全体员工所共有,往往是通过较长的时间积淀、存留下来的。

迈克尔·茨威尔在其著作《创造基于能力的企业文化》中谈到,从经营活动的角度来说,企业文化是组织的生活方式,它由员工"世代"相传。通常包含以下内容:我们是谁,我们的信念是什么,我们应该做什么,如何去做。大多数人并不意识到企业文化的存在,只有当我们接触到不同的文化,才能感到自己文化的存在。企业文化可以被定义为在组织的各个层次得到体现和传播,并被传递至下一代员工的组织的运作方式,其中包括组织成员共同拥有的一整套信念、行为方式、价值观、目标、技术和实践。

杰克琳·谢瑞顿和詹姆斯·斯特恩在《企业文化:排除企业成功的潜在障碍》中指出,企业文化通常指的是企业的环境或个性,以及它所有的方方面面。它是"我们在这儿的办事方式",连同其自身的特征,它很像一个人的个性。更确切地说,我们可将企业文化分成四个方面:①企业员工所共有的观念、价值取向以及行为等外在表现形式;②由管理作风和管理观念(管理者说的话、做的事、奖励的行为)构成的管理氛围;③由现存的管理制度和管理程序构成的管理氛围;④书面和非书面形式的标准和程序。

查尔斯·希尔和盖洛斯·琼斯认为,企业文化是企业中人们共同拥有的特有的价值观和行为准则的聚合,这些价值观和行为准则构成企业中人们之间和他们与企业外各利益方之间交往的方式。

企业文化是指企业在长期的生存和发展中形成的,为大多数员工所共同遵循的基本信念、价值标准和行为规范。

企业文化是经济意义和文化意义的混合,即指在企业界形成的价值观念、行为准则在人群中和社会上发生了文化的影响。它不是指知识修养,而是指人们对知识的态度;不是利润,而是对利润的心理;不是人际关系,而是人际关系所体现的处世为人的哲学。企业文化是一种渗透在企业的一切活动之中的东西,它是企业的美德所在。

企业文化是在一定的社会历史条件下,企业生产经营和管理活动中所创造的具有本企业特色的精神财富和物质形态。它包括文化观念、价值观念、企业精神、道德规范、行为准则、历史传统、企业制度、文化环境、企业产品等。其中价值观是企业文化的核心。

通过对这些定义的理解,我们可以发现它们对企业文化应该涵盖的内容在认识上不一致。有的认为企业文化是属于意识形态上的东西,仅仅包括企业的思想、意识、习惯、感情等。另一部分观点则偏重于企业的实际生产实践,认为企业文化是指企业在发展的过程中所形成的物质文明和精神文明的总和,包括企业管理中的硬件与软件、外显文化与隐型文化两部分。其实出现这种问题,是由企业文化的自身特点决定的。虽然不同企业的企业文化在许多方面会有着同源性,但是肯定又会有着许多不同点。首先,不同的企业在不同的发展阶段,那么它们的企业文化必然会存在着区别。例如,在创业初期的企业,它们的企业文化可能会偏重于一种奋发向上的精神,而已经发展的比较好的企业则会偏重于“守成”和创新方面。其次,不同行业的企业文化也会不同。制造业的企业文化会偏重于“爱厂如家”,而服务业却更多强调的是“顾客就是上帝”。

就这种情况,美国哈佛大学教授 James B. Weber 对大量企业的文化进行分析之后,总结出了八个对企业文化进行定义的标准。我们可以参考这八个标准对某个企业的企业文化进行描述。

(1)组织对真理和理性的认识。某事是真实的或不真实的,不同组织内的人们观点各异,而且,人们对如何找到真理这一问题的看法也不同。在一些组织中,真理来自于系统的科学研究。在这些组织中,硬数据被认为是解决问题的关键。不同组织中的人们对什么是真理和真理是如何确定的这两个问题的不同概念,最终会影响人们对规范观念和实用观念这两者的选择程度。

(2)时间的性质和时间视野。对时间的观点是组织导向的基础。一个企业的时间视野决定了组织的成员和领导是采取长期的计划及目标设定方法还是主要关注于解决此时此刻的问题。

(3)内部激励与外部激励。激励的概念是解释人生意义何在的中心问题。它包括人们到底是被内部还是外部力量所激励,人们的好坏是否是天生的,人们是应该被奖赏还是被惩罚,是否能够通过操纵激励措施来影响人们主观能动性的发挥和工作效率的提高。

(4)稳定与变革。人们需要稳定还是变化?答案与什么能激励人这一问题紧密联系。这个问题从各种各样的形式出现在几乎所有的被评估的文化概念中。这一问题,有几个关键的概念,首先是对变化的态度。研究者争论个人有着朝向稳定或者变化的趋势。有些人迎接变化,有些人则有很高的安全需求。对变化持积极态度的人被称为冒险者。当组织作为一个整体努力提高对风险的偏好时,革新就占据了组织活动的中心舞台。革新型的组织推动经常的持续的改进,有一个制度化的信念“我们总是能够做得更好”。在注重风险规避的组织中,焦点是“不要玩火”,做好事或当好人的观念充斥着组织。

(5)工作导向和社会导向。一些学者对文化的定义包含下述观点:在人们生命中,工作就是中心,或者工作是对生产活动和社会活动的平衡。有些个人认为工作本身就是目的,对这些人来说,工作就是要关注任务,被关注的最基本的东西是工作的完成和生产力。还有一些人把工作看成主要是为了达到其他目的的手段。对于这些人来说,生产力相对于工作中形成的社会关系来说不是最重要的。

(6)孤立与合作。是单独工作还是集体工作的观点出现在几乎所有被评估的文化定义中。这些观点体现了人们的相互关系和如何才能最有效地完成工作的基础性信仰。在一些组织中,几乎所有的工作都由个人来完成。在这些组织中,一起工作被认为没有效率或者违反了个人自主性。相反,一些组织注重合作,认为它是达到更好决策和更多产量的手段。这些组织更可能形成团队,任务根据团队而不是个人来组织。

(7)控制、协调和责任。像其他几个已经讨论过的问题一样,关于控制、协调和责任的观点遍及几乎所有的企业文化定义。组织因控制视集中或分散的程度不同而不同。如果控制是集中的或者说是很紧的,就会有由少数人制定的正式的规章和程序去指导大部分人的行为。在紧密控制的环境下,决策是集中的。如果组织中人们的灵活性和自主性被认为很宝贵,工作就会被控制得较松。在控制较松的组织中,只有少量的规章和正式的程序,权利和决策在整个组织内部被分享。松控制的文化和紧控制的文化在协调各种各样的个人、集团和地区的工作时面对不同的需要和挑战。

(8)内部导向和外部导向。在许多企业文化概念中,研究者认为组织与其环境关系的性质组成企业文化的一个关键方面。组织与其环境关系包括组织是否假设自己控制外部环境或者为外部环境所控制。对这一关系的认识导致了组织的一些基本导向:内部导向、外部导向或者两者兼有。有些组织假设组织成功的关键必须聚焦在组织内部的人员和工作程序上。例如,内部导向的组织的革新主要建立在工程师、经理、科学家等对现存产品、流程和程序的改进的基础上。这些组织假设只有内部专家才懂得对现有条件下的改进应该如何进行。但是,有些组织主要聚焦于外部要素,顾客、竞争对手和环境。对这些组织来说,革新建立在满足外部利益相关者的需要上,改进也是由外部基准决定的。而且,这些组织积极从他们传统束缚之外寻求新观点或者领导地位。

文化本身就存在着千差万别,大的方面我们可以说东方文化与西方文化的巨大差异,小的方面我们可以讲在同一民族之内,文化都会有着差异性。企业文化作为文化概念在管理学中的一种衍生物,从本质上讲,它还是文化,所以不同的企业对其文化的阐述和定义也不尽相同。由此可见,对企业文化的定义要具体情况具体分析,它不是一个公式,不可能千篇一律地运用一个定理套用在所有的应用中。

5.1.3 企业文化的结构

一般来说,企业文化从外延看可分为四个层次,如图 5-1 所示。

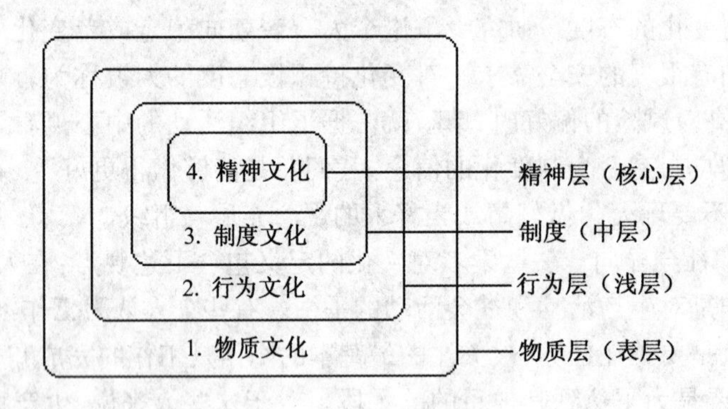

图 5-1 企业文化的结构

1. 物质层

企业文化的物质层也叫企业的物质文化,它是由企业员工创造的产品和各种物质设施等构成的器物文化。由于物质层所表现出来的企业文化都必须要以一定的物质形态为载体,所以有人也认为这是一种外显文化。简单地说,企业文化物质层就是群体价值观的物质载体,就是那些看得见、摸得着的东西。企业文化的物质层主要有三类产品。

第一类是企业生产的产品和提供的服务是企业生产经营的成果,它是企业物质文化的首要内容。

第二类是企业创造的生产环境、企业建筑、企业广告、产品包装与设计等,它们都是企业物质文化的主要内容,例如厂容厂貌、建筑风格、设备特色、产品样式和包装、厂旗、厂服、厂标、纪念物、纪念建筑等。

第三类则是企业内部文娱活动,这些活动有助于企业文化的交流,也是企业物质文化的重要补充内容,如企业举办摄影作品展、集体观赏电影和录像、文学和书法作品比赛等。

2. 行为层

企业文化的行为层又称为企业行为文化。企业行为文化是排在企业物质文化之后的第二层文化。企业行为文化是指企业员工在生产经营、学习娱乐中的具体行为所形成的文化。它包括企业在经营、教育宣传、人际关系活动、文娱体育活动中产生的文化现象。它以企业的意志和价值理念为依据,决定企业行事的作风和风格。企业行为中又包括企业家的行为、企业模范人物的行为和企业员工的行为。

首先企业家行为是企业兴衰荣辱的重要因素,企业的经营战略和经营决策大部分都是由企业家决定的,所以他们的每一个行为都会影响着企业的发展。

其次,企业中的模范人物的模范行为直接反映出了企业的价值观。他们之所以能成为模范就在于,他们在自己的工作岗位中做出了重大的贡献,赢得了大部分员工的尊重与认同,从而被员工们推选出来,成为自己行为的楷模、学习的榜样。所以他们的行为也是企业行为文化中的重要组成部分。

再次,企业文化必须要得到绝大多数员工的认同才能成为真正的文化,所以企业文化也要求企业员工的群体行为具有一致性。因此企业员工群体行为的塑造是企业文化建设的重要组成部分,决定了企业的整体精神风貌和企业文明的程度。如果企业中的每个员工都认识到了企业文化的重要性,自觉地去认同本企业的优良文化,那么他们就会以勤劳、敬业的精神指导自己的行为。

3. 制度层

企业文化的制度层,即企业制度文化,是企业的观念与目标的反映形式。制度是由管理者强加给被管理者的行为规范,它约束组织成员的行为,维持组织活动的正常秩序。可以说制度文化在整个企业文化的结构中处于一种非常特殊的层次,一方面它既是塑造精神文化的主要机制和载体,另一方面又是企业行为文化得以实施贯彻的重要保障。企业制度文化是企业为实现自身目标对员工的行为给予一定限制的文化,它是企业文化体系中唯一要求强制执行的层面。它具有共性和强有力的行为规范的要求。企业制度文化的规范性是一种来自员工自身以外的,带有强制性的约束,它规范着企业的每一个人。企业工艺操作规程、厂规厂纪、经济责任制、考核奖惩制度都是企业制度文化的内容。企业文化的制度层是由企业领导体制、企业组织机构和企业管理制度三个方面构成的。

企业的领导制度是与生产力和文化密切相关的,生产力和文化的发展要求有与之相适应的领导制度。在企业制度文化中,领导体制决定了企业的管理结构,管理结构又制约着企业的管理方式和管理水平,所以企业领导体制是企业制度文化的核心内容。

我们强调过,企业文化就是一种鼓舞所有员工为了实现企业的目标而产生的一种精神动力。而企业组织机构的产生就是企业为了在实现其目标的同时保证政令畅通执行而建立的内部关系模型,所以,企业组织结构在企业文化中的作用也就不言而喻了。组织机构的存在有利于实现企业管理的合理、快捷和稳定,它对企业的生存和发展有很大的影响。

企业管理制度是企业为求得最大效益,在生产管理实践活动中制定的各种带有强制性的义务,并能保障一定权利的各项规定或条例,包括企业的人事制度、生产管理制度、民主管理制度等一切规章制度等等。企业管理制度的确定能为企业目标的实现提供强有力的支援。它作为职工必须遵守的内容,一方面明确了员工在企业目标实现过程中的义务,另一方面也明确了企业应给予员工的权利。因此,优秀的企业文化管理制度必然是有理有情,既不失公义,亦不会毫无原则。

4. 精神层

企业精神文化,是指企业在生产经营过程中,受一定的社会文化背景、意识形态影响而长期形成的一种精神成果和文化观念。企业精神作为企业员工群体心理定势的主导意识,包括企业精神、企业经营哲学、企业道德、企业价值观念、企业风貌、企业风气等内容,所以它是企业意识形态的总和,是企业文化的核心内容所在。企业的发展过程其实就是企业实现既定目标的过程,在这个过程中,企业需要全体员工具有强烈的向心力。企业精神恰好能发挥这方面的作用。企业精神一旦形成群体心理定势,既可通过明确的意识支配员工的行为,也可通过潜意识影响他们的行为,其结果就是给人以理想、以信念,给人以鼓励、以荣誉,也给人以约束。企业精神文化可以将全体员工团结起来,最大限度地发挥员工的主观能动性,同时提高员工主动承担责任和修正个人行为的自觉性,从而主动地关注企业的前途,维护企业声誉,为企业贡献自己的全部力量。所以企业文化的精神层是企业物质文化、行为文化和制度文化的升华,是企业文化的上层建筑。

5.1.4 企业文化的功能

1. 企业文化的激励功能

新制度经济学表明,人类行为动机是双重的,一方面人们追求财富最大化;另一方面,人们又追求非财富最大化。企业文化在塑造人类这双重动机方面起着至关重要的作用。

(1) 企业物质文化的激励功能

企业文化作为社会文化的一个子系统,其显著的特点是以物质为载体。企业物质文化不仅体现在产品服务以及技术进步这些物质载体上,还通过工作环境的改造,合理的劳动报酬,生活设施、文化设施的建设等诸多方面来体现。企业通过物质文化建设,特别是建立绩效考核系统和合理的劳动报酬系统,来满足员工追求自身利益最大化的需要,从而可以通过这种激励功能达到激发员工工作热情的目的。

(2) 企业精神文化的激励功能

企业精神文化是用以指导企业开展生产经营活动的各种行为规范、群体意识和价值观念,是以企业精神为核心的价值体系。企业精神是企业广大员工在长期的生产经营活动中逐步形成的,并经过企业家有意识的概括、总结、提炼而得到确立的思想成果和精神力量,它由企业的传统、经历、文化和企业领导人的管理哲学共同孕育,集中体现在一个企业独特的、鲜明的经营思想和个性风格,反映了企业的信念和追求,是企业群体意识的集中体现。企业精神文化代表着企业广大员工工作财富最大化方面的共同追求,因而同样可以起到激发员工工作动机的激励作用。

2. 企业文化的导向功能

新制度经济学关于人的行为的第二个假定涉及到人与环境的关系,即有限理性。人的有限性是由K·阿罗引人的一个原理，指人的行为是有意识地理性的，但这种理性又是有限的。在诺思看来，人的有限理性包括两个方面的含义：一是环境是复杂的；二是人对环境的计算能力和认识能力是有限的。由于环境的不确定性，信息不完全性，以及人的认识能力的有限性，使得每个人对环境反应所建立的主观模型也就大不一样，从而导致人们在选择上的差别。

企业文化的导向功能是指它对企业行为方向所起的显示、诱导和坚定作用。

(1) 企业文化能显示企业方向。企业文化的概括、精粹、富有哲理性的语言明示着企业发展的目标和方向，这些语言经过长期的教育、潜移默化，已经铭刻在广大员工心中，成为其精神世界的一部分。

(2) 企业文化能诱导企业行为方向。企业文化建立的价值目标是企业员工的共同目标，它对员工有巨大的吸引力，是员工共同行为的巨大诱因，使员工自觉地把行为统一到企业所期望的方向上去。正如彼得斯和沃特曼所说，在优秀公司里，因为有鲜明的指导性价值观念，基层的人们在大多数情况下都知道自己该做些什么。因此优秀的企业文化能有效地弥补人的有限理性的不足，将广大员工的行为引导到共同的企业发展目标和方向上来。

3. 企业文化的约束功能

新制度经济学关于人的行为的第三个规定是人的机会主义行为倾向，即人具有随机应变、投机取巧、为自己谋取更大利益的行为倾向，人在追求自身利益的过程中会采用非常微妙隐蔽的手段。

(1) 企业制度文化形成企业中的正式约束

正式约束是指人们有意识创造的一系列政策法则。正式约束包括政治规则、经济规则契约，以及由这一系列的规则构成的一种等级结构，从宪法到成文法和不成文法，到特殊的细则，最后到个别契约，它们共同约束着人们的行为。

企业的制度文化是由企业的法律形态、组织形态和管理形态构成的外显文化。①企业法规。企业法规是调整国家与企业，以及企业在生产经营或服务性活动中所发生的经济关系的法律规范的总称。企业法规作为制度文化的法律形态，为企业确定了明确的行为规范。②企业的经营制度。企业的经营制度是指通过划分生产权和经营权，在不改变所有权的情况下，强化企业的经营责任，促进企业竞争，提高企业经济效益的一种经营责任制度。③企业的管理制度。没有规矩，无以成方圆。合理的制度必然会促进正确的企业经营观念和员工价值观念的形成，并使职工形成良好的行为习惯。因此企业的制度文化形成企业的正式约束，可以在一定程度上有效约束人的机会主义行为倾向。

(2) 企业精神文化形成企业中的非正式约束

非正式约束是人们在长期交往中无意识形成的，具有持久的生命力，并构成代代相传的文化的一部分。非正式约束主要包括价值信念、伦理规范、道德观念、风俗习性、意识形态等因素。在非正式约束中，意识形态处于核心地位。意识形态可以被定义为关于世界的一套信念，它倾向于从道德上判定劳动分工，收入分配和社会现行制度结构。企业精神财富文化代表企业组织中广大员工共同的主流意识形态。

意识形态是减少提供其他制度安排服务费用的最主要的制度安排。世界是复杂的，而人的理性是有界的。当个人面对错综复杂的世界而无法迅速、准确和费用很低地作出理性判断，以及现实生活的复杂程度超出理性边界时，他们便会借助于价值观念、伦理规范、道德准则、风格习性等相关的意识形态来寻找捷径或抄近路,从而简化决策过程。

企业精神文化所代表的意识形态作为一套价值观念或认知学识,是企业中每个人都具有的,它的存在可以使人们限制自己的行为,在一定程度上减少搭便车现象的发生,从而使人们超出对个人直接利益的斤斤计较,并诱发集体行动。意识形态通过增强个人对于某项制度安排的理性认同和依赖,能够淡化机会主义行为。

综上所述,企业精神文化构成企业的主要非正式约束。其约束功能主要是从价值观念、道德规范上对员工进行软的约束。它通过将企业共同价值观、道德观向员工个人价值观、道德观的内化,使员工在观念上确立一种内在的自我约束的行为标准。一旦员工的某项行为违背了企业的信念,其本人心理上会感到内疚,并受到共同意识的压力和公共舆论的谴责,促使其自动纠正错误行为。因此优秀的企业精神文化可以降低企业运行的费用,达到最佳的约束功能。

5.1.5 迈向知识经济时代企业文化战略势在必行

企业文化对人的行为机制功能通过产生凝聚作用和辐射作用来实现竞争力的提高。我们都知道在中国通行的文字就是汉字,我们在使用文字交流时基本也是用汉字,谁都不可能自己去设计一套自成一体的文字与他人沟通,这就是文化的强制作用。这就是说身处在一种文化氛围之中就必须接受和遵循其规则和要求。换言之,只有认同某种文化的人才能聚集在一起,为这一文化的发展做出贡献,这就是文化的凝聚作用。企业文化也具有这种凝聚作用。企业文化中所包含的共有价值观念要求员工去认同这一价值。一旦企业的价值观被企业员工共同认可后,企业文化就会成为一种“黏合剂”,从各个方面把其成员聚合起来,从而产生一种巨大的向心力和凝聚力。企业文化的凝聚作用,使企业不再是一个单纯的因利而聚集起来的群体,而是一个由具有共同的价值观念、精神状态、理想追求的人凝聚起来的组织,使员工把个人命运与企业的安危紧密联系起来,使他们感到个人的工作、学习、生活等任何事情都离不开企业这个集体,将企业视为自己最为神圣的东西,与企业同甘苦、共命运。

企业文化不但会对本企业起作用,还会对社会产生一定的影响。优秀的企业文化,可以得到社会和消费者认可、赞赏和信任,从而扩大企业的知名度,使企业形象根植于民心。许多人都会记得许多年以前太阳神集团的一个广告——“当太阳升起的时候”。可以说,这个广告从一个侧面反映出了当年太阳神集团的企业文化,即一种欣欣向荣、奋力向上的精神,同时该集团又提出了“提高人民健康水平,振兴中华民族经济”的口号,这些内容与国人的理想不谋而合,因而太阳神集团迅速得到了社会和消费者的认同,创造了一个辉煌的历史。可以说,一种企业文化会受到大的文化氛围的影响,但是好的企业的文化内容也可以反作用于社会,从而提升企业的价值,这就是企业文化辐射作用的意义所在。

1. 知识经济的发展依赖于智力资源潜能的发挥

知识经济将成为21世纪的主导型经济形态。知识经济是以知识为基础的经济,这种经济直接依据于知识和信息的生产、分配和使用。知识经济在资源配置上以智力资源——人才和知识的占有比工业经济中对稀缺自然资源——土地和石油的占有更为重要,知识经济的发展依赖于智力资源潜能的发挥。

2. 优秀的企业文化能够充分挖掘智力资源的潜能

知识经济所依赖的知识和智慧不同于传统经济所依赖的土地、劳工与资本等资源,它们是深藏在人们头脑中的资源。智慧和知识的分享都是无法捉摸的活动，上级无法监督，也无法强迫，只有让员工自愿合作，他们才会贡献智慧和知识。正如诺贝尔经济学奖获得者海耶克所说："每个人都拥有一些特殊的信息，每个人只有在愿意主动合作时，才会应用这些信息。"

5.2　人力资源管理中的企业文化

企业文化从 20 世纪 80 年代被引入到中国一直发展到今天，日益受到众多企业的重视，由于其独特的管理思维和方式解决了以往企业管理中存在的许多问题，更是成为了人们追捧的管理思想新宠儿。有人把它称为企业发展的"强心针"，甚至是可以使企业永葆青春活力的灵丹妙药。对这些说法，从上一节内容来看，我们可以认为企业文化对企业的发展和生命力的延续有很大的促进作用，但是决不能就此而认为企业文化能代表一切。目前，许多企业在管理上引进了大量西方的管理思想和管理方法，但是在使用的时候却不能处理好因东西方在国情和文化背景上的差异所产生的。有人认为西方的管理不讲情理，不切合中国的国情，因而把管理中的一些不合理的的行为称为"中国特色"，使之合理化；有人囫囵吞枣地引进西方管理思想和方法，在使用上又生搬硬套，不考虑实际情况。这些做法，其结果都是没有达到预期的效果。从企业文化这一思想的起源上看，它是从人力资源管理科学中衍生出来的，因此对企业文化需要从文化和人力资源管理两个层面上去理解才不会有失偏颇。企业文化建设和人力资源管理是相辅相成、相互促进的关系。因而，如何正确处理好两者之间的关系，更好地发挥它们的作用，是一个急需去解决的问题。

5.2.1　企业文化与人力资源管理的关系

"人力"之所以会成为资源就在于人与一般生产要素物力、财力、科技一样，能够为企业带来利润和效益。一般资源都是死物，只要运用得当，为企业创造的价值波动不会太大。然而人力资源与一般的生产资源不同，人力资源是由一个个鲜活的人组成的生产要素，其生产效率很大程度决定于每个生产者的工作态度。如果每个生产者都能在生产中发挥主观能动性，对工作投之以高度的热情，那企业通过对人力资源的合理运用就能创造出很高的利润空间；反之，则会拖生产的后腿。对这些道理，基本上每个管理者都知道，但是摆在管理者们面前的问题是他们知道这个道理，而不知道怎么去运用。延伸到具体的工作上，许多企业能够招聘到合格的员工，但是却留不住员工；员工们不抗拒工作，但是在工作中却不能发挥主观能动性。对这些问题管理者们感到很惘然，不知从何处着手进行这方面的工作，尤其在许多国企中，这些问题都很普遍。甚至有人把国企的人才流失问题形象地比喻为"大浪淘金"，即把金子都冲走了，留下的都是沙子。这种说法虽然比较偏激，但是也说明了问题存在的严重性。

应当说企业要想挽留优秀的员工，并且调动起员工的工作积极性，就要让员工有一种归属感，为此，企业必须要具备足够的亲和力和一个良好的工作环境。这些条件从哪来？就是要从建立良好的企业文化着手。良好的企业文化从"人"的需求中来，又回到"人"中引导他们的行为，所以企业文化与人力资源管理是一种互相推动、互相制约的关系。两方面的建设要齐头并进，共同建设，使企业取得最大利润。所以，概括来看企业文化与人力资源管理的关系体现在以下两个方面。

1. 企业文化之于人力资源管理

首先,优秀的企业文化有利于形成良好的文化氛围,提高员工满意度,从而吸引和留住人才。优秀的企业文化可以创造和谐、融洽的工作环境和良好的人际关系,这样的条件,无疑对保持和提高员工的积极性都有巨大的促进作用。在管理的过程中,管理者与员工要进行良好的沟通,让管理者了解员工的心声,员工了解管理者的目的,促进两者间的理解和信任,建立良好的上下级关系。在加强沟通的同时,管理者和被管理者也应该各司其职,履行好自己的义务。尤其是管理者们要以身作则、勇于承担责任,用自己的实际行动为员工树立起良好的榜样。发挥良好文化氛围的积极作用,增加组织的凝聚力与向心力,这是企业文化中的一个重要课题。

其次,优秀的企业文化可以让员工自觉地规范自己的行为,使之与人力资源管理制度的要求相一致。人力资源管理的目的之一就是管理员工日常的行为,让员工的行为与企业的发展目标相一致,从而确保企业的整体利益。优秀企业文化的确立必须是被广大员工所认同和接受,正是因为这种理解和认同,员工就会自觉地用企业文化所包含的价值观和要求的行为准则来端正自己的行为。

再次,优秀的企业文化可以培养出员工的应变能力,从而从容应对人力资源管理中出现的各种变革问题。企业在管理上一味的墨守成规不但不能促进企业的发展,甚至还会让企业在激烈的竞争中被淘汰出局。“穷则变、变则通、通则久”是企业生存发展的不变法则。企业的变革必然是“牵一发而动全身”的行为,它要求企业的各个环节都要适应变革,其中必然会牵涉到员工调整问题。企业变革常常会导致员工原有的工作性质和业务流程都会发生或大或小的变化。要胜任新的角色,员工就需要调整原有的行为方式和工作技能,这一点往往是不能为大多数员工接受的。企业文化在这时的作用就是让员工们认识到企业的利益与他们的利益是息息相关的,企业的变革不是给他们制造麻烦,而恰恰相反是要通过提升企业的竞争力从而维护广大员工的利益。企业文化营造的变革环境,可以培养员工适应和欢迎改革的观点,不惧怕改革,不阻挠改革,而是主动参与和支持改革,这样就有利于人力资源改革以及新制度的贯彻和执行。

2. 人力资源管理之于企业文化

当代人力资源管理的出发点和落脚点恰恰就是突出人本管理,在形式上就是要打破“用人唯亲”的局面,建立“任人唯贤”的选才用才理念;坚持“按劳分配,效率优先,兼顾公平”的分配理念,破除平均主义的思想。当代人力资源管理思想所要建立起的以制度文化为依托的管理模式有助于创建高效、合理的组织结构,把人力资源提升为人才资源,形成有利于促进人才成长、有利于促进人才创新、有利于促进人才工作同企业发展相协调的工作格局。建立一套科学衔接企业文化的人力资源管理开发体系,彻底把传统的刚性管理转向柔性管理,最大限度地激发职工的积极性和创造性,已成为企业加快发展的必然选择。

人力资源管理是企业文化的载体和支撑,是企业文化建设和执行的可靠保障。任何形式的企业文化都离不开人力资源管理制度的承载和支撑。企业文化的受体是人,如果没有人力资源管理制度的有效支援,企业文化的理念也就成了空谈,将会难以贯彻实施。企业文化强调员工奉献,但是如果没有制度来保障,不公平的事情就会时常发生,那还会有谁来愿意奉献呢。所以没有人力资源管理制度做支撑的企业文化的理念也只会成为一种摆设。

综上所述,企业文化的发展和建设必须要与企业的发展规划和人力资源的发展步调相一致。企业文化发展滞后,导致人力资源管理的步伐跟不上企业发展规划,这在以信息化为主要手段的人力资源管理时代是非常危险的事情。企业发展了,更要坚持不懈地发展企业文化,加强人力资源管理,充分增强员工的凝聚力和向心力,让员工有一种归属感,否则苦心建立的企业大厦就会在一夜之间倒塌。

我们国家的人力资源管理和企业文化在近年来有了一定的发展,但是在使用上却往往孤立地看待它们,忽略了它们之间的关系,这样的危害性是极大的。企业的提拔管理者的原则就是对待工作热心认真、能在自己的工作岗位上做出成绩,之所以提拔这些人就是希望他们在工作中更好地发挥模范带头作用,更好地传播企业文化精神,更好地发挥他们的智力资源和主观能动性。但是在我们国家许多企业中存在的情况是管理者大的事情不愿意担责任,小的事情又不愿意干,结果高不成低不就,两头不到岸。作为企业的管理者工作态度都是如此,那一般的员工又该何去何从?那所谓的发挥员工的知识特长、鼓舞员工的信心、增加企业的凝聚力又从何谈起?员工丧失了主观能动性,人力就不能再构成资源,企业文化也就失去了存在的物质基础。把企业文化与人力资源管理相剥离的做法,违背了企业文化的实质与目的,也是人力资源管理所不允许的。

我国虽然进行市场经济改革已经有很多个年头了,但是从世界范围上来看,我们的市场经济发展还是处于在探索中前进的阶段。在这种大的经济环境下,我们新一代的劳动者很容易迷失方向。只求回报,不讲奉献;宁死不吃亏,拼命占便宜,这些都是当代许多年轻人的通病。还有一个问题就是,现在的年轻人中有很大一部分人的诚信度有问题。这些都是企业文化建设和实施的障碍所在。所以企业在建设企业文化的同时,要做好人力资源管理工作,培养一批敬业、守信、忠诚、奉献、创新、图强的员工,为企业的发展打下强有力的基础。

5.2.2 企业文化在人力资源管理中的应用

企业文化在人力资源管理领域的重要性就在于它能够充分发掘员工的智力资源,发挥员工的主观能动性,缓解传统的人力资源管理模式下存在的抵触情绪等问题。企业文化所倡导的以人为中心的人本管理哲学,不仅在内容上非常丰富,它的外延涉及的范围也非常广,涉及社会学、心理学、管理学、人类学、行为学等诸多领域。良好的企业文化就是要打破传统管理的方式中用死板的规章制度约束员工的方式,强制性的约束不仅束缚了员工们的思想和行为,也桎梏了企业的发展。良好的企业文化应该是积极向上的,要每个员工有共同的道德理念。企业的管理者通过企业文化把企业的经营理念、价值标准、行为方式在人力资源管理的过程中潜移默化地渗透到员工的行为中去。在思想上,企业文化要求企业的工作者具有共同理想信念、明确的价值指向、高尚道德境界;在行为上,企业文化要求人们步调统一、上下一致、时刻自省。

有一点需要额外指出的是企业文化是对企业内涵的描述,而不是评价。这就是说企业文化的建设要以企业的实际情况为依据,而不能为了文化而文化。只有当企业发展到了一定阶段,形成了一种文化底蕴的时候,企业文化才能最终成形。企业文化的外延范围很广,所以它的建设的涉及面也很大,决不是像现在许多企业所理解的制定几项规章制度,设计一面旗帜、编写一首歌曲就等于有了自己的企业文化。建立良好的企业文化是一项非常艰苦和持久的工作,并且要求参加此项工作的同志要有与时代同步的意识形态和观念,有良好的自身素质和文化修养。

人力资源管理作为管理的一项主要职能,它的运作和文化的因素息息相关,不同的文化环境下,同样政策的执行会有不同的效果。以企业文化为导向的人力资源管理就是要把人力资源管理和企业文化这两个方面的双向生成过程有机地融合起来,形成一个更好的企业文化,从而更有效地进行人力资源有效管理。把企业文化与人力资源管理资源管理相结合,可以从人力资源管理具体行为的实施来实现。

1. 人才招聘

企业在进行人才招聘时要将企业的价值观念与用人标准结合起来,换句话说就是从招聘阶段就开始考虑企业文化,尤其是企业价值观念的导向。这就要求企业在整个招聘过程中,从招聘前准备到最后的方案确定都要以企业文化的需要为依据,制定招聘计划。在招聘前,企业人力资源管理者们在开展宣传活动时就要融合进企业文化精神,特别是企业的基本价值观念、风格、原则等,让应聘者了解企业的企业文化内容。同时,要依据企业的需求制定出详尽的招聘计划和方案。在招聘面试过程中,要分析应聘者的性格特点及价值观念,判断应聘者的价值取向与企业的价值观是否一致,尽量选择对本企业文化认同较高的人员。

什么样的人才是合适的,这是人力资源部经理最为头疼的一件事,因为这不仅仅是人才综合素质的选择,更是人才是否合适公司企业文化的挑选,不同价值观的人才招聘重点是不一样的。例如在对于人才性格的要求上,公司是重视人才的学习成绩还是综合表现?不同的文化差异表现出不同的结果,有的公司认为学生的主要任务就是学习,所以成绩是第一位的;而另一个公司可能不是这么认为,他们会把人才的综合技能放在第一位,如有没有参加学生会,有没有其他表演才能,而学习只是其中一项参考指标而已。有的公司要求人才必需是全面发展的,所以他们不仅仅要精于专业知识,也应该了解其他知识内容;相反,有的公司则看重人才的专业技能,不要求他们在不同的领域都表现优秀,因为公司的文化假设是:人的能力是有限的,只能将精力和时间放在某一方面才能做到最好。在人才的经验要求上,有的公司非常重视人才的工作经验,因为他们认为有经验的人才可以很快为公司带来利润;有的则喜欢招聘刚毕业的学生,他们认为经验是可以积累的,对公司的忠诚度才是能够长远为公司带来利润的因素,因此他们不喜欢到社会上公开招聘,而是到学校里去选择符合他们价值观的人才。

2. 价值同化

价值同化就是引导员工们在生产活动中了解和认同本企业的价值观。价值同化是新员工进入企业后熟悉企业文化,接受企业价值观和行为准则的过程。企业精神是企业文化的深层内容,即企业价值观念和思想信念的体现,它要求员工有奉献、团结、创新等精神。在人力资源使用过程中培养起企业员工的企业精神胜过直白地向员工描述本企业精神千百倍。对于企业精神人们可以用最准确的语言来描述,用最煽情的文章来表达,可是这些方式只能是治标不治本,文化本来就是一种深层次的心理定势,对着员工照本宣科的教育不如让他们更多的参与工作实践,让他们用切身经历去感受企业精神之所在。在做法上,有的企业采取渐进式的渗透方式,让新成员与老员工交流交往,以老带新。新员工对企业存在的问题往往会很敏感,这种认识虽有带有片面性和感性的色彩,但是却能从另一个侧面反映出企业存在的问题。认真听取新员工的意见,对之加以分析整理,就能找出问题之所在。这不仅会加快新员工对企业已有文化价值观念的吸收,更主要的是它会给企业注入新的活力,使组织保持不断创新进取的状态。有的企业则通过举行一些活动的方式,让新员工在参加活动的过程中理解企业精神所在。在这点上,例如,在有一些企业有做工间操的习惯,同时在做操时告诉员工说他们是企业的宝贵财富,因此企业视他们身体的健康为自己的健康。这种做法就可以让员工了解到企业的价值观念所在。所以,在价值同化的问题上,企业的认识应该说是一致的,只是在做法上会有区别,重视表层的文化传播,在形式上做得很好;而有的企业则希望把价值观通过沟通来传达,花更多的时间在内部的交流和团队的建设上。

3. 培训

建设先进的企业文化是一个不断摒弃落后观念并逐渐形成先进的思维模式、行为模式的过程,必须不断地进行思想强化,因此在员工中开展系统的培训和教育工作是必要的。对员工进行培训可以说是价值认同的一种形式,但是培训的特点就在于目的明确、针对性强。培训通常的做法一般包括以下三个方面。

(1) 企业基本管理制度的教育。其中包括企业的组织原则、规章制度、考核制度和奖惩制度等。

(2) 企业内部的考察和调研。这方面主要是要员工深入到企业的各部门去实习和参观,了解其他部门的工作性质和业务内容。

(3) 企业发展史教育。如对企业的来历、发展历程、历史演习等方面的教育。

培训活动的目的不仅仅是在于让员工单纯地去了解点什么,最重要的是要让员工去弄明白一些实际问题。通过培训,员工可以了解到企业的目的之所在,就能调整自己的状态使之与企业的目标相一致,更好地为企业服务。这实质上就是企业文化与社会文化通过人力资源的互动过程。

其次,在培养对象上,不应该只注意新员工。对现有员工,也应定期组织企业文化方面的培训或研讨会,以不断深化员工对新的企业价值观的理解。

还有,在培训的形式上也要灵活多变,不要一味地用填鸭式的方法,尽可能的做到寓教于乐。有人认为企业培训只要把培训的内容告诉被培训者就行了,对于都是成年人的员工而言,培训不需要在方法上作太多文章。这是一种错误的观点,如果用枯燥的形式不断向员工重复一个主题,只会让员工觉得过于功利性而心生厌恶。因此采取一些轻松活泼的教育方式,如管理游戏、管理竞赛和一些文娱活动等,不仅能降低员工们的烦躁和抵触情绪,自觉地配合培训活动的开展,还能将企业价值观念在这些活动中不经意地传达给员工,并潜移默化地影响员工的行为。

4. 表现评估

绩效考核是人力资源管理体系中重要的组成部分。但是很少有企业可以在员工考核中反映出企业文化的内容和要求。前面我们已经强调过,企业文化必须要以制度作为保障,只有通过规章制度时刻警醒员工,才能把企业文化的实施落实到实处。绩效考核作为企业管理制度的重要组成部分,对于企业文化的贯彻有着巨大的现实意义。如果考核制度能反映出企业文化的内涵，那员工面对考核的压力，就必须自觉、主动地依照考核的标准端正自己的言行，从而认同企业文化，达到企业文化的要求。通过绩效管理有助于实现企业价值观在全体员工中形成相对统一的认识；另一方面，企业文化对绩效管理体系的实施、运行起一种无形的指导和影响作用，企业文化最终要通过企业的价值评价体系、价值分配体系来发挥其功能。

在我国，目前在绩效考核中存在着两种极端的做法。一种是"重资历，轻业绩"，这种评价观点主要集中在许多国有企业内。许多国有企业由于历史问题的影响，造成了只要是老员工，就算其年龄和知识结构的影响造成他业绩不佳，企业也不会对他们采取严厉的处罚，总是能照顾就尽可能的照顾。这种不公平的做法无形会对年轻的员工造成巨大的伤害。而另一种情况是企业片面强调效益而忽视员工在企业中的资历，这种情况在外企和私企中比较普遍。正是因为这样，许多人评价外企和私企没有人情味。看重效益这一点没有错，可是一味的强调效率将不利于企业的持续发展。这种做法只会导致企业内的员工只关心利益，而忽视了情感、友谊等因素，那企业融洽的工作氛围、凝聚力的形成又从何谈起？这些现象是企业文化实施的大敌。"文武之道，一张一弛"，在绩效考核中也应该体现出紧中带松、松中有制，既能如实反映员工的工作能力，又要强调员工之间合作和友谊等因素。

5. 薪酬福利

一直以来，如何将企业目标及企业文化所需要的行为与薪酬体系进行有效的连接，是薪酬设计要解决的核心问题。但是，在企业实践中，这种连接往往模糊不清，甚至根本没有，更不用说体现公司战略及文化的要求。很多企业虽然提倡对贡献进行奖励、提高员工福利，但是在实际分配上区别不大，员工们干多干少、干好干坏都差不多。这样的企业自然留下的都是懒人，流失的都是人才。出现这些情况，原因是复杂的，有的企业是由企业性质决定的，有的是体制问题决定的，也有的是因为管理水平决定的，但是这些现象概括来看都是由于企业的薪酬体系与企业战略和文化脱节所造成的。

人的天性决定了人总是希望自己能被他人所认同，同时也希望自己的付出能得到回报。诚然，薪酬作为一种奖励措施，无疑从根本上影响着员工的行为指向。奖励和福利是价值观最为直接的体现，它的导向作用是以告诉员工什么是对的和被鼓励的，什么是错的和不允许的。因而，薪酬福利体系不仅仅是一套对员工贡献予以承认或回报的方案，它更应是将企业文化转化为具体行动方案，以及支持员工行事的准则。有人指出，从管理的角度看，发钱的理由比发多少钱更重要。当企业的薪酬制度明确了，员工明确了报酬机制，知道怎样的行为可以取得更多的报酬，才能把工作做得更好。可见，设计一个有效的薪酬制度的过程，就是用激励机制把员工的行为指向企业的目标，体现企业文化的方向。从薪酬策略的选择、薪酬计划的制定、薪酬方案的设计、薪酬的发放及沟通，均应体现对公司价值导向的细致考虑，否则公司的战略目标和文化理念将得不到贯彻。

5.3 网络环境下的企业文化建设

因特网技术的应用和飞速发展，改变了整个社会的经济运行规则，作为社会经济活动中的组成“细胞”——企业，也开始认识到因特网对它们的冲击。应该说“全球化”、“信息化”已经成为如今企业的必然选择，贸易经济的全球化趋势迫切的要求企业加快信息化的步伐，以提升企业的竞争能力。根据调查显示，截止到2000年只有3%左右的中国企业认为因特网会对他们造成影响。而到2001，这一比例就上升到了98%。现如今几乎所有的企业都承认因特网将改变它们的行为方式、经营方式，而且这些影响不仅仅是停留在表层现象上，而是从深层次上改变企业的生存方式。与之相适应的是目前大量的企业纷纷在因特网上安营扎寨，建立自己的网站和主页。可以说，“网络化生存”已成为众多企业当前急需面对的问题。Internet的诞生，不仅引发了一场世界性的技术变革，同时也引发了一场巨大的变革。这场变革不仅仅集中在企业的商务模式上，而是对企业的经营理念到其外延都提出了挑战。尤其在近年来，用网络传播企业精神的思想日渐浓厚。

5.3.1　企业上网

1. 企业上网是大势所趋

应该说，企业上网是因特网技术和经济全球化共同要求的结果。随着因特网在世界范围内的兴起，企业一旦上网将面对的是来自全世界数以亿计的客户。由于因特网是刚发展起来的信息平台，同时又由于其技术要求不是很高，所以企业只要有上网的欲望都不会遇到太大的阻力。这样企业就摆脱了传统商务模式中企业规模、资金和技术方面的束缚，可以沟通无界限。而企业上网之后的优势又多不胜数，所以目前世界各国，从国家的政策支持到企业的个体行为，都把上网作为关系到经济发展的大事来抓。目前西方发达国家企业的上网率一般都在90%以上，而美国则接近100%。

早在20世纪末，伴随着我国信息化建设的发展，企业上网工程就开始规划和实施了。1999年，国家经贸委和信息产业部提出了“中国迈入网络社会三部曲”的设想，通过先从政府上网到企业上网，再到家庭上网，逐步实现中国的网络社会设想。到了2000年，由国家经贸委、信息产业部牵头，由中国电信通信集团联合国家经贸委经济信息中心、各大型国有企业、各行业协会共同发起，由中国电信数据通信局和国家经贸委经济信息中心承办的企业上网工程开始实施。该工程广泛联合ISP/ICP、软硬件厂商、系统集成商为广大企业上网创造良好的网络环境、商业环境和社会服务环境，共同推动企业在中国电信各级电子商务平台上建立主站点，建成21世纪的网上企业园区，并广泛深入开展电子商务应用。工程通过有规模的集中组织行业或地方特色企业产品与服务的网上展示交易会等方式，使上网企业明确目的和收到实效，最终实现上网企业的经营管理广泛应用电子商务，从而提高企业竞争力。当时的规划是在一年内实现全国100万家小型企业、1万家中型企业、100家大型企业上网。各类企业上网数目在3年内实现每年递增100%。目前，我国的企业上网率达到80%以上，基本达到了发达国家的水平。

2. 企业网站分类

不同的企业对其网站有着不同的要求，甚至是同一企业在不同的时期对网站的要求也是大相径庭。一般来说，企业网站依据其目的和功能的不同，主要分为以下几种。

(1) 销售宣传网站。这一类网站一般投资很低，在内容上也很简单，主要侧重于企业和商品及服务宣传为主。由于这些特点,宣传型网站一般为大多数中小型企业所青睐。中小型企业由于资金和规模的限制,其业务主要集中在提高产品销量、增加收入等方面,因此,这一类企业网站也必须能满足这些方面的要求,如图 5-2 所示。

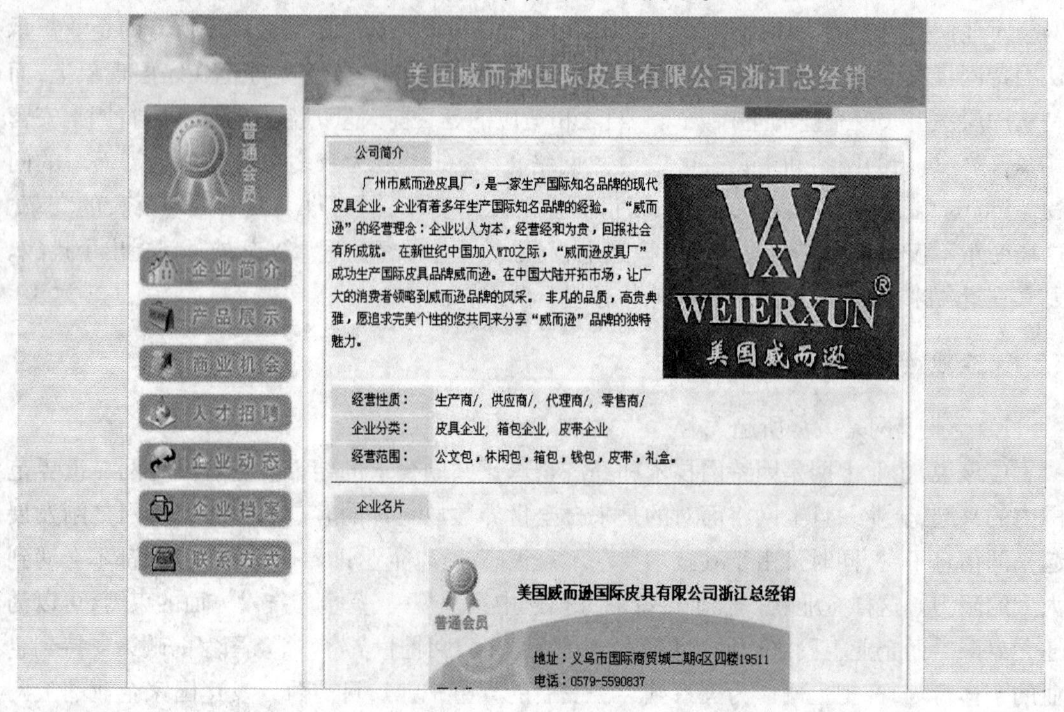

图 5-2　宣传型网站

(2) 形象网站。这种类型的网站对于美工设计要求较高,而且要求做到声音、图像和动画等方面的集成。在网站内容组织策划和产品展示等方面也比单纯的销售网站复杂的多,自然其所需要的投入费用也相对昂贵。这类网站的使用者一般都是具有一定规模、经济实力比较雄厚的企业,其建设网站的目的不仅仅在于简单的宣传,更重要的是展示企业综合实力,体现企业 CIS 和品牌理念。

(3) 集成型网站。顾名思义,这一类网站在功能上突出了大而全的特点。它的功能不再是简单地提供信息,而是以因特网作为平台,把企业的一部分业务搬到网上进行,以提高工作效率、优化工作流程。由于这一类网站在功能上的强大和多样化,其造价自然不菲,同时它对使用者及其业务伙伴的信息化能力也有较高的要求。

3. 企业上网的优势

根据网络市场研究机构 eTForecasts 的研究表明,2005 年,全球内的网民数量已达到 12 亿左右。另据中国互联网信息中心(CNNIC)2005 年 1 月的统计,中国上网人数也达到了 9 500万左右。很明显,互联网目前已经发展为一种新的媒体。而这一媒体的接收对象比以往任何一种媒体的数量都要庞大得多。面对这一局面,没有任何一个企业愿意置身于互联网之外。企业要想跟上时代发展的步伐,上网是必然选择。“企业上网,好处多多”,这一点已得到了大多数人的认同。具体来讲,企业上网的优势主要体现在以下几个方面。

(1) 树立企业形象。当前,Internet 正在变成当代社会的一个绝对的必需品,它以拥有巨大的用户,先进灵活的技术性能和网络特性,使自己成为一个理想的商用平台。在实践中,许多公司发现,随着企业业务范围的扩展,有必要依靠一个全球网络将客户联系起来,与别的公司或个人共享并交流商业上的信息。更重要的是,可以利用这样一个全新的开放式平台全面展示公司的产品和服务,在公众中树立良好的企业形象,以此扩大影响,促进企业的发展。网上形象是虚拟空间营造的一个重要任务,也是企业文化建设非常重要的一个组成部分,就像人需要衣装一样,虚拟空间中的企业网站也需要好的包装。

(2) 电子商务的现实。电子商务这一概念在近年来被迅速推上了前台。在营销模式上,它能通过网络把广告营销与订购连成一体,促成购买意愿。在工作时间上,它通过计算机和网络系统能提供7 * 24的方式不间断地自动处理来往信息、统计、存档。在交易流程上,它提供了新型的联系和沟通的方式,减少了企业和消费者中间的流通环节。在交易成本上,它能通过自动处理各种数据和信息化运作,不需要大量的人力去处理单据和档案,减少了人力和物力开支。可以说,电子商务的优势不仅仅局限于以上的内容,它新型的经营理念和对技术的应用能力,足以使企业从中挖掘出无尽的优势。

(3) 改善客户关系。传统的售前和售后服务大多通过面对面或是电话的方式来处理,其问题经常是由于时间和空间上的限制导致错误和延迟,从而激起顾客的不满,引发商家与客户间的矛盾。企业建立网站,将信息咨询站开设到网上,专人值守,提供信息服务,可与外部建立实时的、专题的或个别的信息交流渠道。一些企业在网站上公开电子邮件地址,使客户能够通过电子邮件向企业发表意见。因为电子邮件的传递速度很快,企业能够迅速得到客户信息并及时给予答复。企业上网后,顾客可以在企业的网站上获得详尽的产品信息或服务介绍,7 * 24在线的客户服务系统都能更好更快地满足顾客的需要,从而实现缓和顾客与商家之间的矛盾。

(4) 提升管理水平。目前企业的业务范围不像以往一样局限于一个小地区,而是可以辐射到很广的区域。企业地区的扩大和分散给管理带来了许多问题,例如信息传递、组织机构、命令的上传下达等。企业要克服这些问题,上网是一种最佳的选择。目前,许多企业都开始在互联网上建立企业门户,来满足管理的需要。企业门户(Enterprise Portal,简称EP),是一种基于web技术的系统应用平台,为企业员工、分销商、代理商、供应商、合作伙伴等相关人员提供基于不同角色和权限的、个性化的信息、知识与服务。它不仅集成企业的信息资源,同时也集成企业的各种应用系统,企业的内、外部用户只需要通过浏览器就可以管理、组织、查询和个性化定制相关信息与服务,同时还提供数据报表分析、业务决策支持等服务内容。企业通过这一平台,可以对世界各地的业务部门和业务内容进行管理和监控。

(5) 网络营销。网络作为一种新的媒体,因其拥有庞大的用户群体而让众多企业为之心动,并将越来越多的营销活动转移到网络上。在网络上展开营销活动比起传统营销具有更多优势。企业一旦建立起网站,只需要花费很少的经费去维护就能起到长久的宣传效果。同时较之于传统媒体的宣传费用,建立一个用以宣传企业及其产品的网站其费用要低的多。再者,网络的互动特点也容易让顾客在心理上去接受网络营销。所以,企业通过互联网展开网络营销其效果虽然不能用"一劳永逸"来形容,但是以可以说是"一劳长逸"了。

以上几点只是企业上网比较突出优势,但实际上上网为企业所带来的好处当然远不止这么多。企业上网可以说是挖井,只要运用得当,而且持之以恒,将会为企业带来源源不尽的财富。

5.3.2 网站——企业文化的窗口

互联网已成为越来越多的企业宣传自我、展销自我、宣扬企业文化的舞台。企业上网工程的实施的确是收到了很大的成效,为企业的产品宣传和形象宣传起到了很大作用。一些企业建立的富有特色的网站,让人浏览起来能强烈的感觉到该企业优秀的企业文化,这样人们对企业就加强了信任感,促进了企业的销售、客户服务等工作的开展。然而,也有许多企业网站就如同一个花架子,纯粹追求"人有我有"的满足感,随便建好一个网站,放上一些企业简介、产品介绍等内容就再也不闻不问了。这些网站根本就是形同虚设,起不到企业网站应有的作用,结果是让浏览者感觉味同嚼蜡,严重影响了企业形象。企业网站作为当代企业必需的一种技术工具,如何让其充分发挥功效、宣传企业的文化,是一个重要的课题。

1. 企业网站对企业文化的积极作用

企业网站是企业上网的直接产物,也是企业在网络上的形象折射,一个企业网站的面貌及其内涵从另一个侧面反映出了企业的精神面貌。所以企业网站对于企业文化有着密切的联系。

首先,企业网站是企业与外部连接建立的平台,是企业宣传自我的窗口。可以说,企业网站的内容本身就是企业内容的真实反映,所以网站的浏览者通过对网站内容和表现形式的解读就能了解到企业精神文化建设的特点和水平。

其次,企业网站为企业自身与社会和公众间提供了一个开放式的交互平台,这有助于企业与外界保持良好的沟通,经常可以听到"不同的声音"。这对于企业的集思广益、批评与自我批评都有很好的促进作用。

再次,企业网站对于推动企业内外部之间的合作也有积极的意义。如今企业的发展不再如传统方式般一味地讲求投入,虚拟企业的出现就是很好的证明。虚拟企业由于其合作结构灵活,易合易分的特点,日益为许多企业所接受。但其弊端就是因结构的松散导致其在意识上和思想上没有传统企业般的统一。企业网站作为虚拟企业部门间交流的渠道,可以把企业文化精神传递给企业中的各部门,从而提升企业的凝聚力和向心力。

2. 企业网站的文化内涵

应该怎样建设企业网站的文化内涵,或者说是一个富有文化气息的企业网站应该包括怎样的内容,对这一点,"零点指标网"(http://www.horizonkey.com/)在2004年4月做过一次统计。这次统计抽取了世界企业500强中的26家美国企业、24家日本企业及中国进入500强的企业。其结果如图5-3所示。

美国企业网站最重要特质是严谨的法律和客户意识。在26家美国企业中,38.5%的企业在网站首页上设有"网上服务"专栏,用户可享受方便快捷的在线办理服务。美国企业的服务意识还通过在网站首页上设置方便用户与企业进行联络的通道,96.2%的美国被调查企业在网站首页上设有"联系我们"的栏目,用户点击该处即可直接与企业取得联系,向企业反馈各种用户信息。这一比例远高于中国企业的35.0%和日本企业的8.3%。另外,在

		日本		中国		美国		Total	
		频数	百分比	频数	百分比	频数	百分比	频数	百分比
多语言版本	没有	23	95.8	13	65.0	13	50.0	50	71.4
	有	1	4.2	7	35.0	13	50.0	20	28.6
新闻	没有	6	25.0	3	15.0	15	57.7	24	34.3
	有	18	75.0	17	85.0	11	42.3	46	65.7
企业介绍	没有			3	15.0	11	42.3	14	20.0
	有	24	100.0	17	85.0	15	57.7	56	80.0
企业理念	没有	4	16.7	16	80.0	18	69.2	38	54.3
	有	20	83.3	4	20.0	8	30.8	32	45.7
产品与品牌	没有	10	41.7	5	25.0	6	23.1	21	30.0
	有	14	58.3	15	75.0	20	76.9	49	70.0
网上服务	没有	23	95.8	18	90.0	16	61.5	57	81.4
	有	1	4.2	2	10.0	10	38.5	13	18.6
企业俱乐部	没有	19	79.2	18	90.0	24	92.3	61	87.1
	有	5	20.8	2	10.0	2	7.7	9	12.9
国际化/对外交流与合作	没有	24	100.0	12	60.0	26	100.0	24	100.0
	有			8	40.0				
招聘	没有	7	29.2	14	70.0	8	30.8	29	41.4
	有	17	70.8	6	30.0	18	69.2	41	58.6
联系我们	没有	22	91.7	13	65.0	1	3.8	36	51.4
	有	2	8.3	7	35.0	25	96.2	34	48.6

图5-3　美国、日本、中国著名企业网站首页类目的质化分析结果

被调查的美国企业中有一半企业的网页设有多语言版本，这既是企业国际化的需求，更是不同语言用户的需求。

日本企业网站视内部员工及客户为一体，颇具人文关怀和协同理念。在被调查的24家日本企业中，有83.3%的企业在其网站首页上明确标示出本企业的核心理念，100%的企业在其首页上挂有企业介绍，主要介绍本企业的企业哲学、企业目标、企业集团意识以及企业形象。在被考察的美国企业中仅有30.8%企业在其首页上标示出了企业核心理念，这一比例在中国企业中更低，仅为20.0%。

日本企业在企业网站首页上设有"企业俱乐部"栏目的占20.8%。这一比例要远远超出中国和美国企业。许多日本企业提出了"企业即人"、"伦理进入企业，心灵进入工作场所"等口号。他们十分重视企业职工的伦理道德教育，并采取一切措施，在企业中普遍开展伦理道德教育。

日本企业对于自己的企业形象也非常重视，它们往往通过各种公益性的社会活动来塑造良好的企业形象，并通过企业网站有效地传播其企业形象。在本次考察的24家日本企业中，在网站首页上设有"企业活动"栏目的占70.8%，这些栏目可以使公众了解企业参与了哪些公益性社会活动或慈善活动。日本企业擅长通过这种方式塑造和传播其"企业公民"的形象。在被考察的美国企业中，30.8%的企业网站首页上设有"企业活动"栏，而中国企业的网站首页上，少有这一栏目。首先，目前的中国企业普遍缺乏"企业公民"意识和做法；其次，即便有的企业参与了公益性活动或慈善活动，也缺乏借助自己的网站向社会宣传自己

形象的意识。

中国企业网站目前主要体现对客户进行品牌与产品信息的直接传递。中国企业和美国企业与日本企业相比产品取向特征更加明显,在被考察的中国和美国企业中,分别有75.0%和76.9%的企业在其网站首页上设有专门的“产品与品牌”栏目,在这个栏目里,有企业产品和品牌的详细介绍。日本企业在其网站首页设置专门的“企业与品牌”栏目者比例相对较低,为41.7%。与美国企业相比,中国企业和日本企业更注重企业或行业新闻。

考察的中国企业网站40.0%在其首页上设有专门的“国际化”或“对外交流与合作”栏目,在该栏目里,企业往往会对企业的国际合作与贸易或分支机构进行详尽的介绍。而日本企业和美国企业的网站上少有这一栏目。在国际化浪潮和中国市场经济逐步成熟的过程中,中国企业具有更为强烈的与国际接轨、交流合作图谋发展的需求。

从这一调查中,我们不难看出通过企业网站不仅仅是放上一些企业经营理念和企业精神的文字内容,更重要的是通过网站提供富有价值的信息和服务来满足浏览者和顾客的需求,才能充分体现企业的文化内涵。例如像顾客俱乐部、售后服务支持以及联系方式这些内容,表面看起来好像和企业文化没有直接的联系,然而事实上通过这些栏目,可以让顾客认识到该企业对待顾客的态度,进而对该企业的文化有更深层次的理解。一个勇于背包袱、承担责任的企业会比那些卖了东西就再也不管的企业更容易得到顾客的信任和认同。所以,一般来讲,一个企业网站应该具有以下的内容来体现其文化内涵。

(1) 企业概括。包括企业的由来、发展历史、目前状况和未来发展规划。

(2) 企业产品信息。如企业商品的类目,详细介绍,使用说明,甚至是产品使用演示等。

(3) 企业动态信息。包括企业新闻,企业举措,企业获奖等内容。

(4) 企业文化专栏。介绍企业文化,企业精神,企业经营理念等。

(5) 服务支持系统。通过该系统可以向顾客提供力所能及的服务。

(6) 顾客交互系统。为顾客提供一个能彼此交流的平台,如留言簿、BBS等。

(7) 企业业务板块。提供企业在人、财、物等方面的需求和销售咨询。

(8) 联系方式。包括企业对各外部门的电话、E-mail、传真和通讯地址等。

一个企业的网站内容当然远不止这些,每个企业应该根据企业的实际情况和发展阶段取舍这些内容,没有必要的可以去除,有必要的话,也可以开设新的板块。

3. 企业网站的文化内涵建设

随着计算机技术和互联网技术的飞速发展,网站建设和网页设计再也不是什么高深莫测的东西。这种发展趋势导致了任何企业都可以制作出画面精美、内容丰富的网站。在这一前提下,很明显内容和画面将不再是区分企业网站特点的决定性因素。这时,企业文化的作用就突显出来,成为了企业网站中的一个特色环节。不同的企业可以用相同的技术去制作同样的网页,但是不同的企业绝不可能用相同的企业文化和企业精神彰显企业网站的内涵。企业文化本身就具有独特性,因而企业文化将成为企业网站之间互相区分的重要因素。企业文化是独特的,是表现企业个性化的内容,所以要把企业文化作为网站的灵魂,把文化作为网站建设的核心。在企业网站的建设中,要突出文化的特色就要从以下几个方面做起。

(1) 以企业文化为导向,网站设计要充分体现出企业的特色。企业与企业之间的区别,在很大层面上是在于每个企业都有着不同的企业文化,这一点在前边的内容里已经讨论过。所以企业在设计自己的网站时要充分考虑到这一点。建立一个优秀的网站需要强大的技术支持,因而许多企业都把网站建设外包给专业的网站设计公司,这就导致了问题的发生。专业的网站开发公司他们在技术上很成熟,可是他们却没有办法深入了解每一家企业的文化内涵。其结果就是网站虽然做得很好,可是缺乏思想内容,不能很好体现企业的特点。所以企业在进行网站开发建设的时候一定要注意这个问题,要把技术和应用很好地结合起来。如蓝天集团在它的网站主页的顶端就放置了一个 flash 动画“我们有一个共同的家园——蓝天集团,我们有一个共同的名字——蓝天人,蓝天人以其拳拳爱心向世人奉献健康”(如图5-4所示)这一个醒目的标题就会使浏览者对这一企业的主要文化精神有一个很好的认识,让访问者产生记忆,从而产生对公司的认知感和亲切感。同时像“企业宗旨、企业口号、企业价值观”这些内容都表明这一企业在企业文化建设方面取得了一定的成就。一个有着良好的文化氛围的企业很容易得到消费者的信任和认同。但是有一点需要额外注意,很许多企业网站都在其中放置了大量的领导资讯,企业领导的活动、企业领导的指示等,这很容易引起浏览者的反感。企业领导不等同于企业的文化和特点,浏览者们浏览企业的网站也不是因为关心企业领导的活动,而是希望了解这个企业及其产品和服务等内容。过度的政治氛围只会有损企业的文化形象。

图5-4　蓝天集团网站主页

（2）宣扬本企业的精神,树立典型的人、事、物。企业网站不仅仅是宣扬企业文化的喉舌,它还应该起到促进企业文化发展的作用。企业在发展的过程中,肯定会有大量先进的人、事、物涌现出来,企业可以把这些内容与企业文化发展的需要结合起来,利用网络向企业员工宣传他们,如让先进人物在网上与员工们见面,讲述自己的先进事迹,回答员工们的疑问。同时,企业也可以开展各种评比和竞赛,在网上随时公布结果,让员工们通过登录网站了解到这些活动的结果,鼓励员工们"胜不骄,败不馁",从而把员工们的积极性调动起来,激励他们努力工作,热爱自己的工作,这也是加强企业凝聚力的一个手段。企业文化是企业的大脑和潜意识,是企业凝聚力和活力的源泉。

(3) 网站更新要及时。许多企业上网都是由于一时兴起、赶潮流,结果只有三分钟热度,维持一段时间后,热情一衰减,就对网站不闻不问了。建立一个网站还是较容易的,难的是内容的及时更新和维护。企业不对自己的网站进行及时的更新和维护,必然导致网站的技术落后和信息滞后,更有甚者会链接失效。网站代表了一个企业的精神面貌,是企业的形象所在,如果网站不能反映企业的形象,反而充斥着大量的废旧信息将直接影响着企业在浏览者心目中的形象,这样会让浏览者产生一种心理:连自己的网站都没办法维护的企业,怎么去维护顾客的权益? 一个连自己的事情都顾不好的企业,它如何能照顾好顾客? 因而,一个网站必须保持经常性的更新,才能有效地吸引访问者,有效地维护本企业的形象。

相对来讲,对留言或信件的回复和处理,以及涉及企业内部的工作关系的衔接和工作质量问题,更是反映企业文化和企业形象的重要方面。例如,笔者曾经于 2002 年 8 月 1 日就海尔集团内部的管理问题通过电子信件的方式提出了改良建议,海尔集团笔者发邮件到主要责任人电话回复,只用了三个小时的时间,而且采纳了笔者提出的一项建议,并从感谢笔者建议的角度礼赠海尔集团的珍贵文化礼品,充分表现了海尔集团"迅速反应、马上行动"的工作作风。

(4) 网站要为浏览者提供实际、高效的服务。目前许多企业都把互联网作为其为顾客服务的一个环节。可以说,通过互联网为顾客提供的增值服务似乎与企业文化关系不大,其实这种观点是错误的。企业开展网上业务其目的就是为了"便民",在这一点上是与许多企业的文化要求相一致的,即为顾客提供更好的服务。一旦企业在网上开辟一些业务,顾客就会十分重视,这就要求企业不能把网上业务视之为花瓶似的摆设,要认真对待。对这些网上业务的处理,涉及到企业内部工作关系的衔接和工作质量问题,更是反映企业文化和企业形象的重要方面。

小　　结

1. 文化都会有着差异性。企业文化作为文化概念是管理学中的一种衍生物,从本质上讲,它还是文化,所以不同的企业对其文化的阐述和定义也不尽相同。

2. 企业文化从外延看可分为四个层次:物质层、制度层、行为层和精神层。

3. 企业文化具有激励、导向、约束等功能。

4. 企业文化与人力资源管理是一种互相推动、互相制约的关系。

5. 以企业文化为导向的人力资源管理就是要把人力资源管理和企业文化这两个方面

的双向生成过程有机地融合起来，形成一个更好的企业文化，从而有利于人力资源有效管理。

6. 互联网已越来越成为企业宣传自我、展销自我、宣扬企业文化的舞台。

思考题5

5-1 简述企业文化的机构。

5-2 企业文化有那些功能？

5-3 论述企业文化与人力资源管理之间的关系。

5-4 企业文化对人力资源管理的作用有那些？

5-5 企业网站可分为哪几类？

5-6 企业上网有哪些优势？

5-7 企业网站建设中，为突出文化特色应该从哪些方面入手？

第6章　人力资源网站

导读：在人力资源管理信息化的进程中，人力资源网站扮演着十分重要的资源角色，所以在介绍人力资源管理信息化时，很自然地要涉及人力资源网站。本章主要对人力资源网站作一个概述，并简单介绍几个目前比较知名的人力资源网站，并从人力资源网站的规划、建设、安全及推广等方面进行详细介绍。

6.1　人力资源网站概述

6.1.1　人力资源网站的含义、分类及特点

让我们先对人力资源网站有一个简单的认识。从广义上来理解，我们可以把与人力资源有关的网站统称为人力资源网站。按其业务种类的不同，可大致分成以下几种。

1. 人才中介服务网站

这类网站数量最多，最为常见，也是我们狭义上所讲的人力资源网站，本章就是从这个角度来进行介绍的。其主要是为求职者和招聘单位提供一个发布信息的网络平台，把这些人才供求信息集中起来，帮助个人寻找合适的职位，帮助招聘单位找到优秀的人才。比较有名的如前程无忧网(www.51job.com)、中华英才网(www.chinahr.com)等。

2. 人力资源管理咨询网站

这类网站一般由管理咨询公司或专业的人力资源管理咨询公司创建，旨在帮助企业或其他机构进行人力资源问题诊断，提出完整的人力资源解决方案。他们一般拥有高水平的人力资源专家团队。能够对企业和各类组织进行系统的人员培训，促进内部沟通、融洽团队关系、挖掘员工潜力、提高组织凝聚力、增强团队竞争力。比较知名的有中华培训网(www.china-training.com)、远卓管理顾问(www.bexcel.com)等。

3. 人力资源管理经验交流网站

这类网站一般实行会员制，有企业会员和个人会员，主要通过举办人力资源界的专业论坛和各类沙龙活动，为人力资源专家、人力资源从业人员和企业提供一个互动交流、沟通的平台。推动优秀人力资源管理理念和管理技术的总结、研究与传播，促进优秀知识向生产力的转化。比较知名的有中国人力资源沙龙(www.hr-salon.com)、亚太人力资源研究学会(www.aphr.org)等。

4. 国家各级劳动人事部门网站

政府部门中有两个与人力资源密切相关的部门，即劳动部门和人事部门。这两个部门都是从宏观上对人力资源进行总体规划和管理。劳动部门侧重于全社会的人员就业和社会保障管理，其主要职能有：从总体上规划劳动力市场的发展，组织建立、健全就业服务体系；制定职业介绍机构的管理规划；制定农村剩余劳动力开发就业、农村劳动力跨地区有序流动的政策和措施并组织实施；制定外国在华机构从事劳动力招聘中介、咨询和培训业务的资格

管理办法;组织拟订职业分类、职业技能国家标准;建立职业资格证书制度,制定职业技能鉴定政策等。而人事部门则侧重于针对国家机关和事业单位工作人员进行总体规划,其主要职能有:指导和协调有关人事人才方面的国际交流与合作;承办政府间有关人事工作协定合作项目的实施工作;承担在国际人力资源机构中中方牵头的协调工作;负责人才资源规划、开发工作,拟定人才流动政策法规,发展、规范人才市场;建立国(境)外人才机构和组织进入我国人才市场的准入制度;建立和完善人事争议仲裁制度;参与高校毕业生就业制度改革和高校毕业生就业政策的拟定等。

5. 个人求职网站(页)

事实上,把这类网站或主页称作人力资源网站稍显牵强,但我们如果从广义上来理解人力资源网站,把它们划进来也未尝不可。这类网站是求职者为了让更多用人单位全面了解自己的情况而设计的。一个制作精美的个人求职网站往往能体现求职者具备相当高的计算机综合处理能力,包括文字处理能力、图像处理能力及信息综合处理能力。用人单位根据个人网站的制作情况,便可对其能力做出初步的评判。求职者把其个人网站放在网络上供用人单位随时调阅,可大大提高求职的成功率。

以上只是对人力资源网站进行一个粗略的划分,事实上,现在的人力资源网站基本上不会再局限于某一种业务。随着社会经济的发展和因特网应用范围的扩大,人力资源网站的业务范围也在不断拓展,尤其上面提到的前三类人力资源网站,呈现不断融合的趋势。对于一个人力资源网站,我们已经无法辨别它具体是提供哪一类服务的人力资源网站了,往往只能从主营业务上区分其是侧重于哪一类服务的人力资源网站。因为其往往经营多种与人力资源相关的业务,提供一整套的人力资源服务,并且不断创新,不断拓展新的业务种类,以尽可能争取更多盈利点。这是现在人力资源网站发展的一个新特点,也是其未来发展的一个趋势。

按照中国人力资源黄页(www.hryellowpage.com)上的分类,人力资源网站有如下几种:培训机构;咨询公司;HR 软件公司;人才交流及招聘/猎头机构;HR 会展/协会及俱乐部;教育中介机构;HR 精品图书馆;HR 研究机构及院校;HR 职业资格认证;HR 专业网站;HR 公共服务机构网站等。当然这种分类稍显庞杂,而且部分培训机构、咨询公司、教育中介机构等,并非专业的人力资源网站,只是在自己网站上提供了一些与人力资源有关的服务。但是中国人力资源黄页作为一个人力资源方面的门户网站,它追求的就应该是尽可能全面地把与人力资源相关的网站都收录进来,方便访问者查找自己需要的服务。

以上基本上是从业务角度对人力资源网站进行分类介绍,下面是国家信息产业部依据经济性质和投资方对人力资源网站进行的分类:

- 政府在线人才交流与市场信息网(国营);
- 民营的人力资源开发和人才信息网(民营);
- 借助国有人力资源库兴办的民营人才招聘网站(国有民营);
- 外资企业直接投资建设的人力资源网(合资企业或外商独资)。

这四类网站各有所长,政府网有先天的信息来源优势,民营网运作机制灵活,引入外资后,资金优势会很明显。而所有这些网站笼络网民的心和吸引求职者最好的办法不外乎免费登录和查询信息,或者针对企业特殊需求提供猎头公司、网络和报纸等全方位的招聘服务,或者将传统的人力资源工作移到网上,开展网上心理测评、网上人才论坛和经理俱乐部等。

6.1.2 人力资源网站的发展

大家知道,随着计算机的普及和因特网技术的发展,我们获取信息的速度和数量超过了以往任何时代。人力资源网站在这方面展现出了突出的优势。

人力资源网站为求职者和招聘单位提供了一个发布信息的网络平台,求职者可以把自己的个人简历、求职信息发布在人力资源网站上,人力资源网站会把这些信息归纳、整理,按照求职者的类型、层次建立相应的人才库,以便于招聘单位查找自己需要的人才。招聘单位也把自己的招聘信息提供给人力资源网站,由网站整理后发布出来,便于求职者查找适合自己的职位。

目前,国内几家比较大的人力资源网站,每天更新的招聘信息都有上万条,上网投递的求职简历达到几万份。网上人才招聘超越了区域的限制,不同地区的求职者可以在同一网站和各地区的人才需求单位沟通,很多人只需点击鼠标就可以找到称心如意的工作。目前网络招聘已经被大多数人认可和接受,它的出现可以称得上是一次求职的革命。当国内大多数商业性网站举步维艰时,一些专门从事网上求职招聘服务的网站却蓬勃发展,呈燎原之势。

人力资源网站发展的根本,在于向用户提供优质的服务。求职者在利用人力资源网站找工作时,面对浩如烟海的招聘信息,可能会感到无所适从。人力资源网站考虑到这一点,就推出相应的搜索工具,求职者只要输入或设置一些具体要求,像公司名称的关键词、位置、全职或兼职以及职位类别等,就可以迅速查找到最符合自己需求的信息,为自己节省时间。有的先进的人力资源网站一旦检测到适合求职者的工作单位,就会自动将求职者的简历发送给招聘单位。

但是,与其他信息载体相比较,网络招聘信息的真实性值得推敲。各类人才网站,特别是小型网站,信息量明显欠缺,小网站上的招聘信息相当一部分是从大网站上下载的,虽然招聘信息内容没错,但网站在完成下载、处理、制作等程序后,绝大部分已经过时无效了。大型公司在发布招聘信息时,往往一次招聘很多类型的人才,一些人才网站此时却充当"筛子",只发布其中的一部分职位。还有一些人才网站在发布招聘信息时,将招聘单位的地址、电话、Email 都撤换掉,致使求职者在求职的过程中多了一道关卡。有不少求职信件不能到达招聘单位。对此,求职者一定要注意虚拟世界与现实世界的分别,在找到理想的求职信息后,应首先致电招聘单位确认其真实性,再发送求职简历,尽快进入供求双方的真实接触阶段。

总之,只要人力资源网站克服自身不足,充分发挥网络优势,为用户提供真实、高效、便捷、优质的服务,人力资源网站就一定可以获得长足的发展,拥有光辉灿烂的明天。

6.1.3 主要人力资源网站介绍

1. 前程无忧网

1999 年 10 月,前程无忧网在上海成立。该网站致力于为积极进取的白领阶层和专业人士提供更好的职业发展机会,也致力于为企业搜寻、招募到最优秀的人才,是一家专业的人才招聘网站,其网页界面如图 6-1 所示。

前程无忧网(http://www.51job.com)提供的服务项目主要有以下两个方面。

(1) 从求职者角度看,前程无忧网主要提供以下服务。

图6-1　前程无忧网

① 个性化的职位搜索方式。求职者可以根据需要建立多组职位搜索器,在寻找合适的职位招聘信息的同时可以节省许多找工作的时间。

② 个人简历管理系统。为会员提供一套完整的简历模块,会员可在其“简历精灵”的指导下完成标准的简历。简历将储存在51job.com的简历库中,会员可以随时上网修改更新。使用者可以选择将其在51job.com上填写的简历通过Email投递到任意想应聘的公司。

③ 订阅职位招聘信息邮件。求职者可以根据需要设定每次邮件发送的时间间隔,数量。所需要的招聘信息就会按时投递到指定的Email信箱中。

④ 个人在线求职管理中心。这是一个属于会员个人的网上免费求职管理中心。使用者可以修改简历、搜寻招聘职位、查阅投递简历记录、获取其求职意向分析。

⑤ 为求职者建立多种职业沟通渠道。许多著名的跨国公司和大型企业正在使用51job.com的“网才”招聘管理软件。根据求职者简历的公开程度,企业可以直接搜索无忧简历库,提供更多的职业机会给求职者;51job的“人才速配”服务是根据招聘企业的需求搜索推荐合适人才的一个桥梁,只要求职者符合搜索条件,就有机会获得推荐;同时51job的猎头人员会密切留意网站简历库中的优秀人才,当有诱人的职位空缺出现,并有与之相匹配的专业人才时,他们会直接与求职者联络。

(2) 从招聘单位角度看,前程无忧网主要提供以下服务。

① 猎头服务。“无忧猎头”在国内首创了报纸+猎头+软件+校园招聘的“全方位招聘方案”,致力于用最短的时间、最经济的成本为企业招募到合适的高级管理人才和技术人才。

② “网才”招聘管理系统。51job通过对企业招聘工作的细致研究,目前已推出了基于

因特网的真正服务于企业的招聘管理系统——“无忧网才”。具体包括以下子系统：企业职位库管理系统，可以与企业组织结构完全吻合，为企业人事部门提供最为方便的职位管理解决方案；招聘广告自动投放管理系统，可以让企业随时随地利用最多的资源及时发布职位信息，第一时间掌握广告效果；招聘流程管理系统，可将外来的应聘者信息及时传递到企业内部各个相关部门，协助人力资源管理人员高效地完成招聘工作；简历库查询系统，可为企业提供便捷、安全、高效的招聘服务操作平台，帮助企业的人力资源部门从繁重而复杂的劳动中解放出来。总之，“网才”是为企业实施电子化招聘管理而设计的软件，企业可以通过它来简化人力资源工作流程，提高招聘效率。

③ 无忧培训。为企业提供公开和内部培训服务，帮助企业提高员工的综合素质及职业水平。内容涉及管理、销售、财务、人力资源、技能、生产各个方面。

④ 人事外包。前程无忧根据企业的实际需求，提供一系列的人事外包服务，为企业及时引进先进的人事管理模式，帮助企业更好地管理人力资源，规避政策风险，提高员工满意度，为企业节省大量事务性工作所需的人力、资金和时间。

2. 中华英才网

中华英才网（http://www.chinahr.com），其页面如图 6-2 所示实行会员制，为招聘单位和求职者提供互动的信息交流，以形式多样的产品为用户提供全方位的服务。自创办之日起，中华英才网就致力于为企业招聘合适人才，促进企业成长发展，为个人提供工作机会，协助规划美好职业生涯，并为人力资源经理创造高效的资讯交流平台。中华英才网深入了解用户需求，受到用户好评，取得了不错的发展业绩。其主要服务项目包括以下两个方面。

图 6-2　中华英才网

（1）面向企业的服务有；

招聘服务，包括网络招聘、校园招聘、猎头服务；

员工培训，包括人力资源管理系列、管理系列、销售系列以及个人技能等实用课程；

人才派遣，解决企业因控制人员编制、实施短期项目等灵活用工的需求；

人事代理，代办各种人事行政事务的人事外包服务。

（2）面向个人的服务包括简历存储、职位搜索、职位订阅、人才测评、职业技能和管理技巧培训等服务。此外还包括提供人事新闻、英才就业指数、英才薪资调查、薪资指数、兼职信息、培训与职业发展等在内的各类人事信息。

3. 智联招聘网

智联招聘（www. zhaopin. com）成立于1997年，是国内最早的专业人力资源服务商之一。其前身是1994年创建的猎头公司智联（Alliance）。公司独特的历史为今天智联招聘的专业品质奠定了基石，目前智联的业务范围包括：网络招聘、报纸招聘、猎头服务、校园招聘、代理招聘、企业培训、人事外包、人才测评等。其中，中高级管理和专业人才猎头服务是智联招聘的主要业务之一。其目标是成为中国大陆具有最高质量水准的招聘服务供应商，智联招聘的网页界面如图6-3所示。

图6-3　智联招聘网

智联招聘网为个人求职者提供了职业生涯规划支持。个人求职者可以在网上登录自己的个人信息，并利用个性化工具在职位库中检索适合自己的职位需求信息，在最大限度上拓展自己的职业生涯。智联招聘面向大型公司和快速发展的中小企业提供一站式专业人力资源服务，客户遍及各行各业，尤其在IT、快速消费品、工业制造、医药保健、咨询及金融服务等领域享有丰富的经验。

6.2 人力资源网站的前期规划

"凡事预则立,不预则废",一个人力资源网站在建立之前,一定要做一系列详细周密的筹划和准备。这个过程就是人力资源网站的前期规划,主要从以下几个方面进行介绍。

6.2.1 人力资源网站的目标规划

不同类型和不同规模的网站所需资源不同,所以在构建一个人力资源网站之前一定要有一个大致的目标,基本确定招聘网站应该具有的功能和规模。目标规划就是要通过市场调研,了解网站服务对象及他们的需求,从而明确网站服务领域,进而确定网站的服务种类及服务形式。

1. 市场调研

1)什么是市场调研

所谓市场调研,就是对商品和服务市场相关问题的全部数据进行系统设计、搜集、记录和分析的活动过程。这一过程包括:首先要确定说明问题所需的信息,然后设计收集信息的方法,监测和执行数据收集的过程,再对收集到的信息进行分析,最后得出相应的结论。通过调研,充分掌握各种市场信息,尤其是目标顾客和竞争者的信息,从而为组织制定经营决策提供依据。可见,市场调研在现代企业竞争中扮演着重要的角色,它把产品或服务的供求双方通过信息联系起来。所以,现代企业在生产产品或提供服务之前,都会对市场进行全盘的了解及调研,然后才进行生产或推出服务,这样才能使产品或服务的供给和需求达到紧密无间的配合。商务网站当然也不能例外,否则,盲目建设一个网站发布在 Web 上,只会是一种浪费。

为了全面理解上述定义,需要重点把握以下四点:

(1) 市场调研是一个动态过程;

(2)市场调研的结果可以是直接的市场调查数据,也可以是最终的市场研究报告,在日常工作中后者往往居多;

(3) 市场调研必须根据明确的调查目的,采取特定的方法和手段,以保证调查结果的客观性和准确性;

(4)市场调研的主要功能是为处在动态市场竞争环境中的企业组织制定经营策略提供依据。

2)市场调研的目的

笼统来讲,市场调研的目的就是了解市场,了解市场需求,以此为导向,进行经营决策。但如果我们进一步去考虑,进行市场调研究竟想要获得什么?调研目的具体有哪些内容呢?归纳起来,大概有以下几个方面。

(1)竞争分析。分析比较消费者对企业与其他竞争者所提供的商品、服务的接受程度。就一个人力资源网站来说,可以调查目前的人力资源网站所提供的各类服务。例如,有的网站提供免费的人力资源管理相关书籍、报刊的在线阅读,还可以让读者进行评论和讨论等等。那么可以根据这些调研结果,确定自己网站的特色服务。

(2) 潜在需求分析。挖掘用户的潜在需求,对现有的产品或服务进行改良、创新。这样可以让企业获得竞争上的优势。商务网站要做到这一点,首先网站硬件要经常升级换代,使用户进入、退出更加迅捷方便;其次,网站内容要及时更新,让用户感受到信息的有效性,并且网站界面做的越方便越好,这样才会使用户保持新鲜感,不会厌倦。

(3)新产品市场开拓分析。一种新的产品、新的服务推向市场后,需特别注意该产品或服务的创意,并且广泛地将它介绍给大众。一个人力资源网站在向客户推出某项新的服务时,最好同时建立对该服务的意见反馈渠道,以了解客户的想法和意见,以便日后改进。

总之,对商务网站的市场调研应当主要集中在以下两点。

(1) 调查目前在网络中有多少家与你的产品服务相类似的商务网站,网站架构怎样、如何布置网页、市场的推广策略如何。

(2)调查网站目标顾客对该类网站的期望、需求、意见和建议等。

2. 人力资源网站的服务种类

通过市场调研,知道了目标顾客的需求,然后就要提供相应的服务,以满足客户的这些需求。人力资源网站的功能主要通过网页平台而实现,这就要求网页设计风格整体统一、色调一致、栏目清晰明了,使访问者能够方便地在各栏目间切换,同时又能使访问者浏览简便,能够方便地找到所需的栏目及信息。

结合用户需求分析,人力资源网站即招聘网站需要具有以下基本功能:

- 发布国家及地区人事方面的政策和动态;
- 发布人才招聘启事;
- 求职人才的登记、注册和信息发布;
- 对人才简历进行分类、整理,提供查询和筛选;
- 人才市场中介服务(包括猎头业务);
- 提供人力资源管理、配置研究及招聘解决方案;
- 从事网上人才招聘、洽谈活动;
- 进行就业的咨询评估和指导;
- 进行人才素质测评和智力开发服务;
- 开展网上人才培训;
- 开展与发挥人才市场功能有关的调查工作(如薪金调查、职位调查与分析等);
- 开设人才人事论坛。

现在的人力资源网站要想在激烈的市场竞争中站稳脚跟,必须具备以上这些基本功能。而且这种全方位综合的人才市场服务方式具有广阔的发展前景。

人力资源网站除了应具备以上基本功能外,还可根据自身网站的特色,通过提供一些个性化的服务来吸引客户,以提高网站知名度。例如提供面向客户的网络化招聘管理系统等。

3. 人力资源网站的服务形式

1) 信息发布形式

人力资源网站对招聘单位的信息和求职者的个人信息应采取不同的开放程度,有关用人单位的信息应尽可能的公开、透明,有关个人的信息则可根据个人的要求分为公开(对所有用人单位公开)、半公开(只对人才网站公开)和不公开(只用作网上发送简历)三种形式,并有相应的保密措施和技术支持。

利用公众信息网络发布人力资源信息,应当按照国家有关规定对信息的真实性、合法性、时效性进行审查;不能提供虚假信息,进行虚假宣传;不能抄袭、剽窃、盗用、复制其他网站制作的页面和发布的人才信息。

2）免费、收费服务

所有人才网站对求职个人实行免费服务,包括:求职个人的注册登记、个人邮箱、职位查询、发布求职信息、预定职位等。对用人单位的服务分为收费和免费两种。收费的服务项目主要包括:发布人才招聘启事、查询人才简历、提供中介服务、人事规划和人事诊断等。

利用人才网站从事服务和运作,主要有两类形式:第一类以网上服务为主,辅之以网下服务。其特点是:投入大、影响范围广、信息多、功能全,但风险较大,收效慢;第二类以网下服务为主,网上服务为辅。网站作为宣传和信息收集、发布的工具和渠道。其特点是:知名度相对小,信息量小,投入少,但运作起来风险小,经济效益较好。

6.2.2　建站可行性分析

可行性是指在当时的具体条件下,信息系统的研制工作是否已具备必要的资源及其他条件。创建网站之前的可行性分析工作很多,包括:是否有能力提供和更新 Web 页面内容,人员的组织,软硬件的选择,Web 页面的维护和测试,域名的注册,ISO 认证内容的选择,信息的收集,Web 连接组织和维护,搜索引擎的注册,防火墙的设置,根据 Web 服务器的访问记录寻找新的商机,确定 Web 站点需要提供哪些交互式应用,安排人员回答用户的网上咨询,数据的选择,Web 页面发布策略,教育培训计划等。

针对这些任务,企业应该根据自己的实际情况确定哪些需要纳入实施计划,以及每项任务的时间、费用和人员安排。

网站建设的可行性分析主要包括管理可行性分析、技术可行性分析和经济可行性分析三个方面。

1. 管理可行性分析

管理可行性分析主要是指网站建设中所需要的人力资源,即组织人员可行性分析。其中重要的一项工作就是进行组织结构调查与分析,确定哪些人员应该参与网站设计,这取决于网站的本质。如果仅是公司对某个部门或小组在建网时起领导作用,其结果是所建网站只能反映这个部门或小组的需要而忽略其他重要部门或小组的需要。很长时间以来,MIS(Management Information System,即管理信息系统)部门负责公司的网站的建设工作。这样的网站的功能有一定的局限性,它容易忽略其他重要部门,比如市场部。因此,在网站建设中必须防止此类事件的发生。除了相关的业务部门主管和技术核心人物外,最为重要的莫过于主要的业务合作伙伴。企业必须让用户参与到网站的建设过程中,倾听他们的意见,保证从始至终地与他们相互沟通。

2. 技术可行性分析

技术可行性分析主要是指构建与运行电子商务网站所必需的硬件、软件及相关技术,是对电子商务业务流程的支撑分析。

1）分析可选择的电子商务技术

随着信息技术的发展,电子商务技术也在不断的更新,支持着电子商务的应用。下面简述几种最适合电子商务应用的领域。

(1) EDI(Electronic Data Interchange)技术。以报文交换为基础的数据交换技术推动了世界贸易电子化的发展。在电子商务中,EDI技术不仅用于单证和贸易文件的交换和传递,而且可以将结构化数据集成应用到客户关系管理(如使用客户订单来安装产品)、与供应商及合作伙伴的商务交易等方面。

(2) 条形码技术。在电子商务中,该技术主要用于各种商品的迅速判定和识别,以及客户身份的迅速判定与识别,并将这些数据信息集成到其他模块中。

(3) 电子邮件。在电子商务中,应用电子邮件技术可以为企业内部员工、客户及合作伙伴等提供实时信息交流、自由论坛、信息查询和反馈平台。尤其是通过附加文档(attachment)技术不仅可以共享复杂的信息,加快信息的交流与共享,而且使远距离的写作更加方便快捷,缩短了信息传递的空间距离。

(4) WWW技术。在电子商务中,WWW技术的应用可以分为基于Internet的应用和基于Intranet的应用。其中,基于Internet的应用主要有信息发布、信息浏览、信息查询和信息处理;基于Intranet的应用主要有信息发布、信息检索和信息处理。通过企业形象、产品、服务等信息的发布,达到宣传企业、推广其产品和服务的目的;通过信息的查询和检索,可以使用户从大量的商品数据源中检索到所需要的信息,方便地实现电子化交易。

(5) 数据仓库和数据挖掘技术。在电子商务中,数据仓库和数据挖掘技术主要用于各种大量复杂数据信息的存储与分析,提高数据处理的效率,降低企业信息成本,协助企业发现商务交易汇总存在的问题,寻找所展现出来的未来竞争机会,为企业战略决策提供服务。

(6) 电子表格技术。在电子商务中,电子表格技术可以更好地以一种规范的格式管理有关的交易数据,在涉及许多人同时完成不同的任务时可以跟踪整个过程,将人工输入数据同机器本身具有的数据集成起来,通过WWW和内部系统促进电子商务的实施。

2) 技术的选择与企业原有技术或系统衔接程度的分析

当企业决定实施电子商务并构建网站时,就需要分析与确定可以满足企业业务需求的各种技术的可行性。添置硬件系统和选择电子商务技术的原则应以与企业原有技术的衔接程度和提高企业业务能力为基准,同时需要考虑技术对电子商务网站功能实现的可支持程度。如果企业原有的技术运作良好,那么在原有的商业或技术的基础上开展电子商务无疑可以节省大量财力、物力和人力。例如,一个人才市场已经拥有一个数据结构合理、系统功能完备的人才数据库,那么该人才市场在构建人力资源网站时就可以充分利用该数据库系统,考虑原有硬件的兼容性,将其作为网站后台的基础数据库,在技术的选择上只要添置用于WWW浏览查询、邮件服务与CA认证服务的软硬件就可以保证网站的运行。

3) 技术的选择与利用对于网站功能实现的支持分析

电子商务网站构建的目标决定了网站的功能,目标层次越低,网站的功能就越简单。对于一个人力资源网站来说,如果其目标仅仅是为招聘单位和求职者提供信息发布平台,那么网站的主要功能是发布和浏览信息,只需要选择满足WWW服务的软硬件技术就可以达到目的。但如果其目标是让用人单位与求职者都能够方便地找到自己需要的信息,并进行互动交流,以及让人力资源管理人员之间进行网上互动交流,那么网站的主要功能就更复杂些,要包括信息发布、信息浏览、信息检索、信息反馈、网上支付、网上认证等,在技术的选择上要充分考虑对这些功能实现的支持程度,需要配备包括WWW浏览器、数据库服务器、邮件服务和认证服务器、防火墙/代理服务器、中间组件、客户操作系统、网络服务操作系统、商务应用系统等在内的软硬件。

3. 经济可行性分析

经济可行性分析主要是指构建和运行网站的投入与产出效益的分析。

1）网站费用

建设一个好的网站,必须有大量的资金投入。有许多网站因为费用预算的失误而被迫在刚刚起步不久就停滞不前。他们或者是低估了所需费用,或者是把资金浪费在某些不重要的部分,因此网站建设费用的估算也是非常重要的。我们可以把网站的建设费用分为两大部分:正常的运行费用和维护及更新费用。

(1) 正常的运行费用。

- 域名费用。注册域名之后,每年需要交纳一定的费用以维持该域名的使用权。不同层次的域名收费也不同,目前普遍使用的费率是:国内域名每年需人民币 300 元;国际域名的费率随注册服务商的不同而有所不同,可以直接向服务商询问价格。
- 线路接入费用和合法 IP 地址费用。不同 ISP、不同接入方式和速率的费用有所差别,速率越高,月租费也越昂贵。IP 地址一般和线路一起申请,也需要交纳一定的费用,具体费用请询问本地 ISP 服务商。
- 服务器硬件设备。如果是租赁专线自办网站,还需要路由器、调制解调器、防火墙等接入设备及配套软件,采用主机托管或虚拟主机则可以免去这一部分的接入费用。
- 如果进行主机托管或租用虚拟主机,那么可能要支付托管费或主机空间租用费。托管费一般按主机在托管机房所占空间大小(以 U 为单位,通常是指机架单元)来计算,空间租用费则按所占主机硬盘空间大小(以 MB 为单位)来计算。在很多情况下主机托管或虚拟主机的维护费用包括了接入费用,因此就不需要再另外支付接入费用了。
- 系统软件费用。包括操作系统、Web 服务器软件、数据库软件等。
- 开发费用。软硬件平台搭建好之后,必须考虑具体的 Web 页面设计、编程和数据库开发费用。
- 网站的市场推销和经营费用。包括为各种形式的宣传活动所支付的费用、为内容的授权转载而付出的费用以及其他在网站经营过程中所付出的额外费用等。

(2) 维护及更新费用。维护及更新费用主要指网站建成后期的平台维护及内容更新所发生的费用。网站的维护是个长期的过程,一些单位只考虑购买设备的费用,每年的维护费用却没有预算在内,结果出现买得起,用不起的局面。网站实际发生的正常运行费用是有限度的,但要维持一个网站,维护及更新费用却是无限的,最重要的一项是内容更新费用。一个网站办的好不好,关键在于内容更新的频率、知识含量的高低以及免费服务的项目,这部分费用是很昂贵的。目前我国网上对知识产权的保护还很薄弱,这方面的管理加强后,发生的费用还要高。

2）网站收益

电子商务网站收益是指来源于网站运营的经济收入。目前,电子商务网站的收益途径主要有直接收益、间接收益和品牌收益。

(1) 直接收益。直接收益是指电子商务网站通过网络运行一段时间后,所产生的明显经济效益。与传统的商业经营相比,网站的直接收益主要通过在线销售、网上信息和服务而获取。

(2) 间接收益。这类收益是指电子商务网站通过其相关业务而获取的收益。网络是一种高效的信息发布、信息处理和交流的工具,它渗透到社会经济和生活的各个方面,电子商务网站对相关业务的积极影响可以视为一种收益。目前,在电子商务网站的收益中,间接收益的比重较大,例如,企业的网站宣传推介、网上采购和推销、业务推广、业务组织、经营管理等都属间接收益。

(3) 品牌收益。网站的品牌收益是电子商务兴起初期的一个特点。不少电子商务网站把知名度、点击率作为网站运营的目标。与其他收益相比,品牌是一种更间接的收益方式。品牌既对网站有影响,又不能脱离网站的内容和功能而独立存在。由于网络行业自身的特点,其信息透明度很高,品牌相对其他传统行业的作用较低,因而电子商务网站的品牌收益实际上更多地取决于网站的内容和功能。

6.2.3　建站方式的选择

随着网络技术的高速发展,基于网络技术的应用日益增多。一方面,新技术的应用改变着人们的日常生活和工作模式;另一方面,新技术的不断发展为最终用户建设、使用、维护、运营带来困扰,使最终用户无法将主要精力集中在自己的核心业务上。同时,网络时代对时效的要求愈来愈严格,使最终用户对提高网络系统的维护运行水平的要求也愈加强烈,并对建站方式产生了很大的影响。

1. 建站方式

企业或组织在 Internet 上建立适合自己需求的网站有“自主建站”和“服务外包”两种方式。

1) 自主建站

就是建立网站所涉及的诸如接入、内容、商务、维护等各个方面的问题均由企业或机构自行考虑和解决的一种建站方式。

2) 服务外包

服务外包就是把公司的网站放到一个 Internet 服务提供商的机房。客户通过租用Internet服务商的服务器和带宽,并借用 Internet 服务商的技术力量,根据自己的要求完成所有软硬件配置的建站方式。

Internet 服务商提供的服务主要包括:网站寄存、客户服务、网站管理、监控与维护、内容策划、推广服务、网上出版、电子商务服务和网上商场等,同时也包括一些属于在线服务的项目内容。

随着网络资源服务市场的日益成熟,“服务外包”现在主要有:虚拟主机、整机租用和服务器托管等三种方式可供选择。

(1) 虚拟主机。依托于一台服务器(计算机),多个网站可以在这台服务器上共享各种资源(如硬盘、CPU、内存等),每一个虚拟主机方式的网站都有独立的域名和 IP 地址(或共享的 IP 地址),各自均具有完整的 Internet 服务器功能。

一台服务器上可以同时运行几十个乃至几百个虚拟主机方式的网站,这些网站在同一个硬件平台和操作系统上,运行着不同的网站用户服务程序,在外界看来互不干扰,每一个“虚拟”主机和一台独立的主机表现完全一样。

据统计,目前 Internet 上超过 90% 的网站采用的都是虚拟主机方式。其特点包括以下几个方面:

- 建立网站的费用相对低廉;
- 建立网站的企业不需要网站系统维护人员;
- 对网站的建设要求相对简单,网站的建设规模不大;
- 对网站的实时交互应用要求不高;
- 对网络带宽的要求不高,允许许多网站共享同一带宽;
- 对网站的安全性、可靠性、可扩展性、实时更新的要求不高;
- 由于多个网站共享一台服务器资源,许多功能和属性在使用时受到了限制。虚拟主机的方式能够满足诸如小型商业企业、社会团体以及任何相对简单的网站建设需求。

(2) 整机租用。整机租用是一台服务器(计算机)只能被一个网站用户使用,并且由网络资源服务商替代用户进行管理维护。

(3) 服务器托管。服务器托管是客户把一台服务器(计算机)放置在网络资源服务器的中心机房,由网站用户自己进行维护,或者委托他人进行远程维护。

采用服务器托管或整机租用方式,其特点包括以下几个方面:

- 网站的成本相对较高;
- 配备有网站系统维护经验的专家;
- 对网站建设的需求相对复杂;
- 对网站的实时交互应用要求高;
- 对网络带宽要求高,一般只允许一个网站独占带宽或与少数几个网站共享带宽;
- 对网站的安全性、可靠性、可扩展性、实时更新的要求高;
- 只有一个网站独占服务器资源,网站在功能和属性上的特殊要求能够得到满足;
- 对大型网站还可提供镜像技术、流量均衡分配技术等技术支持。

选择服务器托管或整机租用方式,对致力于发展电子商务的企业和提供各种因特网服务的企业无疑是明智之举。采取这两种方式可以使自己的网站获得良好的主机环境,可以对网站发生的各种情况及向访问者提供的各种服务进行全方位的实时控制。

2. ISP 的选择

1) ISP——网络服务提供商简介

ISP(Internet Service Provider)是因特网服务提供商的简称,是指专门从事因特网接入服务和相关技术咨询服务的公司和企业,是众多企业和个人用户进入 Internet 空间的驿站和桥梁。ISP 服务商通过自己拥有的服务器和专门的线路 24 小时不间断地与因特网络连接。当企业需要进入 Internet 时,只要先通过电话网络与 ISP 端服务器连接好,然后就可以与全世界各地连接在因特网上的计算机进行数据交换。

根据经营业务的不同,ISP 有很多类型:一是"拨号 ISP"(Dial - up ISP),它们从事"多点现场服务"(Many Points of Presence,简称 MPOP),通过调制解调器从一个服务器拨号接入 Internet;二是"后端 ISP"(Backend ISP),它们从事网络服务器服务,通过服务器的高速数据缓冲储存器(Cache)向大量用户提供经常性接入信息服务;三是"前端 ISP"(Frontend ISP),从事高效的接入服务,并通过服务器的高速数据缓冲储存器向局域网用户提供服务。

实际上,ISP的服务应该包括接入服务(简称IAP)和信息内容服务(简称ICP)两个方面。IAP(Internet Access Provider)是指专门从事为终端用户提供网络接入服务和有限的信息服务的服务提供商;ICP(Internet Content Provider)是指那些在因特网上提供大量丰富且实用信息服务的服务提供商,它允许使用专线上网、拨号上网等各种方式访问自己的服务器,为用户提供全方位的信息服务。随着经营范围和内容的拓展,IAP和ICP的有机结合是今后发展的重要方向。

许多大型的ISP为客户提供的是一站式专业外包服务和完整的电子商务解决方案服务,其中包括企业接入、主机托管、虚拟主机定制租用等基本电信服务;网络安全、网络加速、储存备份、网站监控等管理服务;企业网站规划、网站建设、网站营销、网站集成等专业服务。ISP可以为企业创建一个完整的网络营销环境,如电子商务网站建设包括域名注册、网站风格设计、网页设计、电子邮件、广告管理系统设计、统计分析系统设计、产品发布系统设计、搜索引擎系统设计等。电子商务网站维护包括网页的增加和维护、网络安全服务、数据备份、网络加速服务和网站监控服务等。

收费标准会因ISP的品牌、规模、技术实力、知名度不同差异较大。一般规模大、技术实力强、知名度高的ISP提供的服务有保证,但是收费也会高些。但随着进入ISP行业的企业数的增加,这方面的市场竞争会越来越激烈,服务的价格也会变得越来越灵活。

2) ISP的选择

选择ISP是很重要的,会直接影响到Web站点的成功。有些ISP尽管价格低廉,但可能导致Internet链接的速度很慢,访问企业页面时,打开页面的时间会很长,而访问者不可能久等,就会终止访问。如果所选择的ISP服务不可靠,即使花再多的时间,也访问不到页面,这就会影响到访问企业页面的人数,使顾客满意度下降。因此,在选择ISP时,必须慎重,应该考虑到以下几个方面。

(1) 必须提供完善而且系统的售前、售后培训服务。ISP解决企业上网的实际问题,为企业做好网站框架设计、网页设计、人员设定等准备工作。没有此服务的ISP将只能提供资源,而这种服务是不完善的,不利于企业上网经营,充其量只是一个有域名的网站而已,这对于企业进行网上经营的初衷而言是没有什么意义的。

(2) 必须能直接或间接提供强大而稳定的电信局上网服务。无论是DDN、ISDN等专线服务,还是简单的电话拨号服务,ISP必须帮助企业网站借助电信资源获取稳定的高速接入。

(3) 必须是具备权威资质的域名代理机构。在网上24小时为企业注册网上商标——域名,并形成多年的延续性服务。针对企业级用户,不仅价格要具备竞争力,最主要的是还要有一套完善的服务体系。

(4) 能够根据企业的需要,为企业量身打造网上公司。能为企业提供虚拟主机服务、性能价格比合理的网站空间、网站电子信箱服务、域名自动指向等一站式购买的一体化服务,并提供多项免费服务,例如自动域名注册(网上自助,只有注册费,无手续费)、域名解析(更换网络服务器)、多域名指向(多个域名指向同一个磁盘空间)和免费网页制作等。

(5) 能够为企业提供电子商务的后台支持解决方案。为企业提供成体系的技术外包服务,包括各种有助于企业网上经营的支付、配送实现的通信手段,带动企业网上商机的有效互动。能够为企业创建一系列安全可靠的网上商务运作工具,确保企业各项核心业务的数据处理运营稳定无差错。

(6) 能够为企业提供有效而且超值的网站宣传。这些宣传包括 ISP 自身的门户级网站主页宣传,数百家搜索引擎链接宣传,以及提供在百万级企业广告互换平台上进行宣传的解决方案,并且性能价格比高,服务到位,具备真正的使用价值。

6.3 人力资源网站的建设

当网站的前期规划结束以后,就进入了实质性的建站阶段,大概有这么几个主要步骤:域名的选择与注册,构建起软硬件平台,网站设计等。下面我们分别予以介绍。

6.3.1 域名的选择与注册

1. 域名的选择

域名是一个网站在 Internet 上的标识,是企业的网络商标。虽然用户可以通过 IP 地址来访问每一台主机,但是要记住那么多的数字串显然非常困难,因此产生了域名。域名由若干层组成,按照地理或机构分层,各层之间用小数点分开。一个完整的域名,从右到左依次为最高域名段、次高域名段和主机名,例如“招聘网”的域名为:zhaopin. com。域名前加上传输协议信息及主机类型信息就构成了网址。选择一个好的域名是一个网站成功经营的开始,因为网站的每一个客户都是通过域名被引导到网站上的,因此一个好的域名对人力资源网站来说是非常重要的。

域名就好比因特网上的商标和品牌,是一笔无形的资产。域名也是进入因特网给人的第一印象,当客户看到一个网站的域名时,就应该让他联想到网站的品牌、产品。而且它具有全球唯一性,因此它的价值可能会高于传统的名字、商标。所以,建立网站的第一步,就是给网站起个好名字。

确定域名时,要选择有显著特征和容易记忆的单词,能够给人留下深刻的印象。一个好的域名往往与单位信息一致,比如单位名称的中英文缩写、企业的产品注册商标、与企业广告语一致的中英文内容、比较有趣的名字等等,如 hello、yes、168、163 等。

拥有一个好的域名就意味着有了成功的开端,但在选择域名时,如果你有多个域名,可采取多域名策略,即同时推广几个域名,在对主要域名注册的同时,有必要对和自己主要域名相关的域名进行注册,即使有些域名根本就没有投入使用。像网易,在国内主推 163. com,而在国外则推广 netease. com。主要原因如下。

(1) 为了避免与其他网站混淆。域名后缀. com 或者. net 的域名分属不同所有人时,很容易造成混淆,例如网易与 163 电子邮局就是这种情况,许多网民并不了解 163. net 和163. com归不同网站所有,因而才会出现当 163 电子邮局无法登录时用户大骂网易的现象。如果一个域名为两家竞争者所拥有,可以想象将造成多大的混乱,对双方都将产生不利的影响。

(2) 保护品牌名称或者注册商标。一个公司可以拥有多个商标名称,公司名也可能与商标名不一致,因此,除了以公司名申请域名外,还可以为每个商标名申请一个域名。由于现在域名的长度可以多达 67 个字符,因此,除了注册较短的公司名称缩写的域名外,还可以注册一个公司完整名字的域名,让顾客可以根据公司名称想象到网站域名。

对于知名企业或网站来说,由于域名被抢注的可能性更大,往往需要注册更多的域名来作为保护。

2. 域名的注册

选择好域名以后,就应该马上进行注册,要知道域名的注册是遵循先申请先注册的原则,没有预留服务。因此,我们在选择了一个合适的域名之后,要根据相应的注册程序马上注册。

(1) 选择域名注册服务提供商。提供域名注册服务的服务商很多,应该选择具有一定经营规模并且能够为用户提供便捷服务的站点。比如 www. cnnic. net、www. net. cn 等。

CNNIC(中国互联网络信息中心)是成立于1997年6月3日的非盈利的管理服务机构,行使国家因特网络信息中心的职责。在业务上受信息产业部的领导,在行政上受中国科学院的领导。CNNIC 的主要服务有:注册服务、域名注册、IP 地址分配、自动系统号分配等。

中国万网(www. net. cn)一直专注于中国网络体系建设,是中国最大的域名注册和网站寄存服务提供商。万网先后帮助客户注册中英文域名近60万个,为十多万家企业提供快速、稳定、安全的网站和邮箱托管服务。

(2) 域名注册流程。这里我们选择万网作为域名注册商。

注册一个域名前,我们需要进行域名查询,用来判断选择的域名是否可以使用,首先登录 www. net. cn 的主页,如图6-4所示。

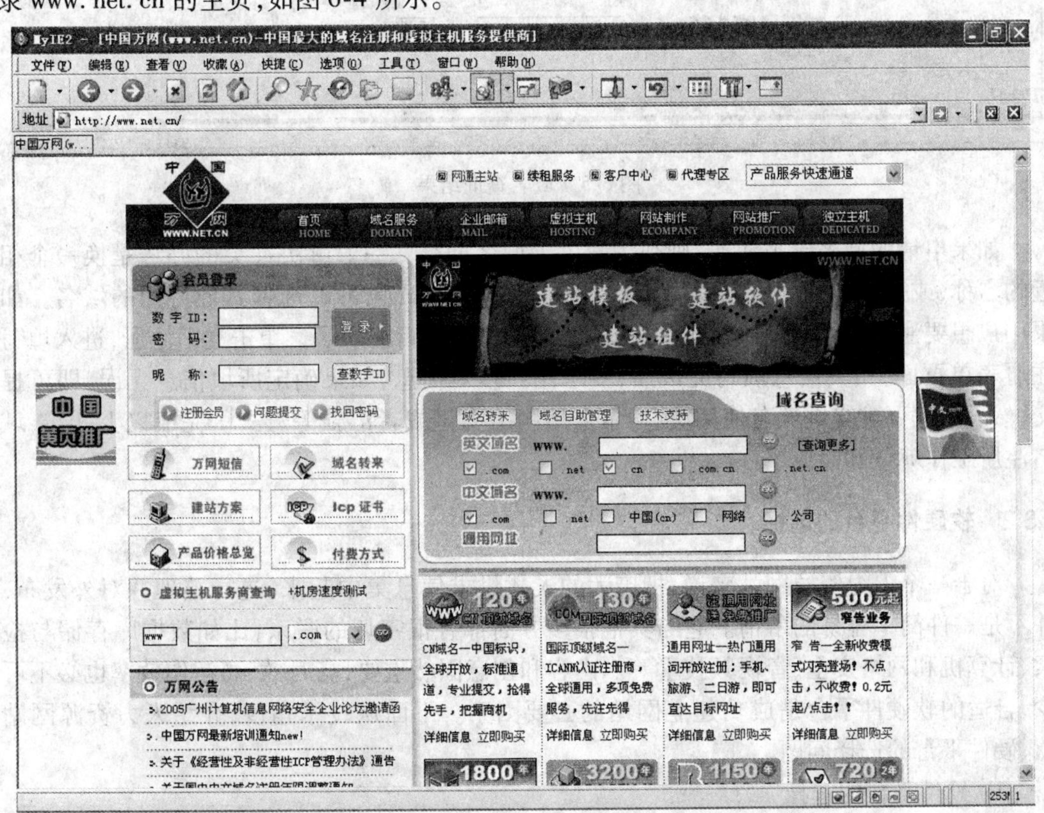

图6-4　万网登录界面

在域名查询框里输入想要查询的域名,例如,输入 bushenghan,选择后缀名为. com,单击查询按钮后,会得到如图6-5所示的结果。

图 6-5　域名查询结果

如果申请的域名已被注册,则视为发生了域名冲突。一般解决冲突的办法是换一个相近的名称,或是在申请的域名中加入“-”或一些字母等,也可以选择其他可用的域名。如果用户想要注册的域名还没有被注册,这时你就可以进行注册了。单击立即注册,进入填写注册表单页面,相关信息填写完成后,要求用户核对信息,如果确定所填信息无误,即可提交,然后根据要求交纳域名使用费,通常采用网络支付或者汇款等方式。完成以上几步,域名注册工作就全部完成了。

6.3.2　软硬件平台的选择

对于一个人力资源网站来说,把庞大的人才供求信息集中起来,进行整理并对外发布,并不是一件简单容易的事情。它与其他很多方面都有很密切的联系,比如数据库存储与检索、计算机和网络安全、音视频技术等。内容和创意固然重要,高时效、高运作效率也必不可少,合适的软硬件平台是成功建立网站的必要因素。下面从技术角度,介绍人力资源网站软、硬件平台的选择问题。

1. 硬件平台的选择

在一个人力资源网站的建设中,硬件起着非常重要的作用,是整个网站正常运行的基础,这个基础的稳定可靠与否,直接关系着网站的访问率。有人作过这样的研究,一个网上用户在网站上停留的时间跟那个网站的访问速度快慢与否、稳定与否有极大的关系,如果那个网站在20秒之内还不能完全打开,那么这个用户就会离开,而去连接其他网站,有可能这个用户以后也不会访问该站点了。日积月累,那个网站尽管内容丰富,也可能没有多少人去访问了。商务网站的硬件构成主要由两大块构成:网络设备和服务器。

1）网络设备

网络设备主要用于网站局域网建设、网站与 Internet 的连接。访问速度的快慢,很大程度上与网络设备有关。网络设备中关键设备主要有:路由器、交换机、集线器和安全设备。

路由器是一种连接多个网络或网段的网络设备,它能将不同网络或网段之间的数据信息进行"翻译",使它们能够互相"读"懂对方的数据;它还具有在网上传递数据时选择最佳路径的能力。目前路由器市场中,Cisco 的产品占有绝对优势,跨越高、中、低端各类档次的产品一应俱全。另外 Nortel、Avaya、Cabletron 以及国内的华为、桑达等品牌的产品分别占有一席之地。选择路由器不仅要考虑品牌优势,还要考虑本地的载波通信能力。路由器的主要功能是将局域网连入广域线路并进行路由选择。由于局域网和广域网种类繁多,所以没有通用的路由器,需要根据实际情况进行选择和配置。对于局域网端,路由器会提供以太网、ATM 网、FDDI 和令牌环网等到网络的接口,最常见的是以太网口,如 10Base - T、100Base - T 或千兆以太网接口。对于广域网端,由于接入线路种类多,如 DDN 方式、帧中继方式、ISDN 方式、ADSL 方式、Cable Modem 方式、以太网光纤方式。路由器的广域网口也是各种各样的,以满足接入不同数字线路的需求。目前大多数路由器是模块化的,因此在选择路由器时,除品牌、型号外,还要根据两边的端口,选择不同的模块,以适应不同的端口和连接速率。

关于 Hub 或 Switch 的选择,客户应根据自身情况进行实际考虑,通常如果业务较多,PC 终端较多,且对安全性要求较高的企业应选择交换机作为核心的设备。具体说,将所有的输入终端、监控终端、开发测试终端及营销功能扩展终端分别各视为一组,先以一个或几个 Hub 进行组内连接,然后再将各组用交换机 Switch 进行连接。这样,从逻辑结构和物理结构上看都很清晰。

作为一个商务网站,在接入 Internet 时,尽量考虑采用宽带接入方式,以便用户能高速访问你的网站的服务器。

当网站接入 Internet 之后,系统的安全除了考虑计算机病毒外,更主要的是防止非法用户的入侵,尤其是商务网站,存放着大量的重要信息,如客户资料、产品信息等。而目前防止入侵的措施主要是靠防火墙技术来完成。防火墙(Firewall)是指一个由软件或和硬件设备组合而成,处于企业或网络群体计算机与外界通道(Internet)之间,用以限制外界用户对内部网络访问及管理内部用户访问外界网络的权限。

2）服务器

Web 服务器最主要功能是提供一个 WWW 商业站点,借此可完成商业网站日常的信息访问。邮件服务器是为企业的内部提供电子邮件的发送和接收。电子商务服务器和数据库服务器通过 Web 服务器和路由器为企业内部和外部提供电子商务处理服务。还可根据需要设置协作服务器,账务服务器等。通常是由 Web 服务器、数据库服务器、电子邮件服务器、电子商务服务器等构成电子商务网站。

服务器的硬件配置要解决的最主要问题就是服务器的选择,即购买什么样的服务器作为网站的服务器。在 Internet 上,服务器最常见的有 Sun 服务器和 PC 服务器两大类,其他类型的数量比较少。Sun 服务器以其高效、稳定和可靠等性能而著称,但其价格较高。近年来由于技术发展,PC 服务器性能大幅提高,成本却只有前者的几分之一,即使像 YAHOO 这样的超大型网站也是使用 PC 服务器。对于 PC 来说,在有足够快的 CPU 的前提下,最大的问题就是内存的大小。当遇到大量的客户端访问时,Web 服务器不能出现页面交换的现象,这样会大大增加每个请求的响应时间,数据库服务器也是如此。

服务器对计算机处理性能要求比较高,具体与网络规模、网站访问量有关。选择服务器要考虑的因素有以下几个方面。

(1) 性能。性能是选择服务器首先要考虑的因素。如果服务器处理数据的能力不够,那么网站的价值也就大打折扣了。比如,如果一个人访问了你的网站十次,没有一次能进去,那你以后肯定会失去这位客户。另外一个就是服务器的稳定性。我们都知道,既然是服务器,那么肯定是常年不断地在运行的。如果服务器几小时就死一次机,那么这个网站就不能说是一个成功的网站,至少大家对这个网站的印象不是很好。

(2)价格。价格也是一个不可不考虑的因素。大家都知道如果有充足的资金,那么服务器可以配置得很好,但是要在有限的资金条件下把服务器配置得最佳就比较困难了。这就有一个性能价格比的问题。同样,如果一个小型的网站用了一部性能十分优越的服务器,而网站的访问量并不是很大,那么就造成了资源的浪费,从而导致网站的建设成本增加。

(3) 售后服务。售后服务现在也很重要。我们用来架设网站的服务器在一般情况下都选择品牌机,各种不同牌子的服务器的关键部件有很大的区别。而且对于某一牌子的机器,只有其生产商才有能力进行修理。另外,在遇到服务器技术上的问题时,生产商会给予支持,很多大型的生产商都有专门的技术顾问公司来负责这项工作。所以,在购买服务器时,选一家有良好售后服务的生产商是非常有必要的。

对服务器的选择,就是要在以上几个方面找到平衡点,同时还应考虑到硬件平台应具有充分的可扩充性,只有这样,才能找到合适的服务器。

2. 软件平台的选择

作为一个商业网站,在解决了 Internet 的接入服务器硬件平台后,接着需要解决的一个问题是在这些硬件平台上运行什么样的软件系统。这一点非常关键,软件平台主要包括操作系统、服务器软件、数据库软件等。

1) 操作系统

操作系统可以说是服务器软件的基础,没有操作系统,Web 服务器及其应用程序的运作也就无从下手,所以有必要为服务器选定一个合适的操作系统。目前正被使用的操作系统有很多种,但比较流行的、能够用于电子商务网站的主要有 UNIX、类 UNIX 中的 Linux 和微软的Windows NT/2000。下面分别作一些简单介绍。

(1) UNIX 操作系统。UNIX 操作系统作为最早推出的网络操作系统,是一个通用、分用户的计算机分时系统,并且是大型机、中型机以及若干小型机上的主要操作系统,目前广泛地应用于教学、科研、工业和商业等多个领域。

UNIX 的主要特点是技术成熟、可靠性高,而且其可移植性强,能在各种不同类型的计算机上运行。在网站建设中主要用于小型机。在 UNIX 系统的控制下,某类计算机上运行的普通程序通常不做修改或做很少的修改就可以在别的类型的计算机上运行。另外,分时操作也是 UNIX 的一个十分重要的特点,UNIX 系统把计算机的时间分成若干个小的等份,并且在各个用户之间分配这些时间。

开放的形式是UNIX最重要的本质特征，它不受任何计算机厂商的垄断和控制。UNIX系统从一开始就为软件开发人员提供了丰富的开发工具。UNIX具有强大的支持数据库的能力和数据库开发环境，所有大型数据库厂商，包括Oracle，Infomix，Sybase，Progress等，都把UNIX作为主要的数据库开发和运行平台。

强大的网络功能是UNIX的又一个特点，TCP/IP是所有UNIX系统不可分割的组成部分。此外UNIX还支持所有通信需要的网络协议，如NFS，DCE，IPX/SPX，SLIP，PPP等，这使得UNIX系统能很方便地与现有的主机系统以及各种广域网和局域网相连接。

值得一提的是，与其他系统相比，UNIX系统有两个不足之处。首先，在核心部分UNIX系统是无序的。如果系统中的每一个用户做的事都不同，那么UNIX系统可以工作得很好。但是，如果各个用户都要做同一件事情，就会引起麻烦。其次，实时处理能力是UNIX系统的一个弱项，虽然UNIX系统完成大部分实时操作有一定的可能性，但另外一些操作系统在实时应用中比UNIX系统做的更好。

（2）Linux操作系统。Linux操作系统是所有类UNIX操作系统中最出色的一个。在计算机操作系统市场，Linux是增长率最快的操作系统，而且也是唯一市场份额尚在增加的非Windows操作系统。

Linux操作系统是一种自由的、没有版权限制的软件。它的应用十分广泛，Sony的PS2游戏机就采用了Linux作为系统软件，使PS2摇身一变，成了一台Linux工作站。著名的电影《泰坦尼克号》的数字技术合成工作也是利用100多台Linux服务器来完成的。现在，它在受到全球众多个人用户认可的同时，也赢得了一些跨国大企业客户的喜爱，如波音公司和奔驰汽车公司在一些项目中就使用了Linux的软件产品。

Linux是一款免费的操作系统，用户可以通过网络或其他途径免费获得，并可以任意修改其源代码。正是由于这一点，来自全世界的无数程序员参与了Linux的修改、编写工作，程序员可以根据自己的兴趣和灵感对其进行改变。这让Linux吸收了无数程序员的精华，不断壮大。Linux的流行并不仅仅因为这些，其平台性能才是关键因素。Linux可以运行在多种硬件平台上，同时还支持多处理器技术，这样使系统性能大大提高。另外，Linux在安全、稳定性方面也十分出色。正是这些品质使得它与其他操作系统相比具有相当的竞争力。

Linux的缺陷就是软件支持不足，许多硬件设备面对Linux的驱动程序也不足，不少硬件厂商是在推出Windows版本的驱动程序后才编写Linux版的。一些大的硬件厂商在这方面做得还不错，一般能够及时推出Linux版驱动程序。不过我们相信，随着Linux的发展，会有越来越多的软件厂商支持Linux，Linux的前景应该是光明的。

（3）Windows NT/2000操作系统。这是目前最流行的网络操作系统之一，它的市场份额正在逐渐扩大，具有强大的功能。Windows NT/2000的主要优点在于其技术较为先进，有Windows统一界面，这样用户使用起来非常直观方便。它能很好地兼容Windows丰富的应用软件，也有利于鼓励软件厂商开发新的应用，因而能很好地利用Windows优势。Windows NT/2000拥有可伸缩的解决方案（需求式分页虚拟内存、均衡的并行处理、大型卷册或文件等），完全排除操作系统的人为限制。能够安全简单地访问Internet是Windows NT/2000最引人注目的地方。提供了对等的Web服务功能，使企业内部网的用户可以创建个人网页，向内部用户发布信息。Windows NT/2000还提供对点通信协议的支持，使用户可以通过Internet远程访问企业内部网。

总之,操作系统的选择应该慎重,归纳一下,要考虑以下几个方面。

第一,应考虑网站的技术要求。网站建设目标不同,对技术的要求也不同。如纯演示介绍的网站其技术含量就少,最多要求有简单的数据库。而一个提供在线服务的网站功能就要复杂的多,技术含量就高。比如网上商城要求网上在线信用卡支付,这就对安全通信有极高的要求。

第二,根据企业网络技术人员的特点来选择网站平台。技术管理人员对操作系统的熟悉程度也是一个很重要的因素。

第三,考虑操作系统自身的特点。主要从操作系统为用户提供的界面、功能、性能、对软件开发的支持以及高级应用等方面进行比较和选择。

另外,网站的可靠性、开发环境、内容管理、价格因素、维护的方便性以及安全性都是选择操作系统平台时必须考虑的问题。

2）服务器软件

(1) 面向 Windows 的各种服务器软件。虽然服务器软件可以在非 Windows 系统上运行,但现有大多数好的软件都是面向 Windows NT/2000 机器的。

① Netscape Fastback Server(面向 Windows NT 和 UNIX 平台)是 Netscape 的基本的 Web 服务器软件。它的特点有:

- 安装向导(简化安装);
- 支持 Java 和 Java Script;
- 可创建 Web 网页的 Netscape Navigator Gold 客户端软件;
- 访问授权,它使用户可以定义拥有访问权的用户名和密码;
- 支持 SSL(Secure Sockets Layer)协议,提供客户端身份鉴定和 Internet 上的访问控制。

② Server Manager 软件,一个面向任务的服务器管理工具。有动态缩放能力,既可以应付重负载,又可以加入由 Netscape API(Application Program Interface)增加的特殊功能;易于升级到公司版服务器,而且其价格还具有一定的竞争力。

③ Netscape Enterprise Server 是一个适用于工业界的 Web 服务器软件,它具有的先进特性如下:

- 所有由 SSL(Secure Sockets Layer)协议提供的安全特性;
- Netscape Navigator Gold 用户软件;
- Netscape Livewire 集成可视化开发环境,它提供了直观网站管理、超链接的完整性管理以及与 Informix、Oracle、Sybase Illustra、Micro soft SQL Server 等 ODBC 兼容数据库的数据库连接;
- 透明多域支持、远程监控以及配置倒卷;
- 有完全文本搜索功能的 Verity Topic 搜索引擎技术;
- 读/写文档层次的访问控制;
- 文档分类和卖方提供的 Catalog Server 软件;
- 支持 Java 和 Java Script。

④ Microsoft Internet Information Server 可运行于所有 Windows NT Advanced Server 硬件平台(奔腾 X86、MIPS、Alpha、PowerPC)上。它的设计使之能适用于从单处理机到多处理机

的各种结构。它的主要特性如下:

- 对 DOS 或 UNIX 风格的目录列表的 FTP 支持;
- 将用户层次和目标层次的安全措施整合进 Windows NT Advanced Server 目录服务;
- 支持面向加密通信的 SSL;
- 可对所有服务进行登录,包括带有自动滚动器的基本文本文件格式以及对诸如 Microsoft SQL Server 之类的 ODBC 数据源的扩展登录;
- 从单个位置对多个服务器进行集中管理(包括对 Internet 的安全管理)而无论其是否有 SSL;
- 可配置服务,包括 TCP/IP 端口和超时处理的设置;
- 多个虚拟根目录,包括位于网络上别的计算机上的根目录;
- 多个虚拟 Web 服务器,仅运行一个管理单元和一个操作系统进程;
- 可以开发使用万维网及任何 ODBC 数据源的数据库应用程序。

(2) 面向 UNIX 的各种服务器软件。Internet 源于 UNIX 系统,所以,基于这种环境的服务器软件已经开发了很多。

① NCSA 的 HTTPD 和 CERN 的 HTTPD(hyper text transfer protocol daemon,超文本传输协定常驻程序)。NCSA 的 HTTPD 在网上应用普遍。这些系统要求配备一位资深的 UNIX 系统管理员,并且,他要具有更多的服务器知识。在两个系统之中,数 NCSA 的服务器使用最广泛,并得到最好的支持。NCSA 的服务器还能在文档中嵌套文档,因此,当读者请求文档时,可以进行定制;另一方面,CERN 的服务器通常被用作控制 Internet 连接的防火墙,它也叫做代理服务器(Proxy Server)。它不仅能用作安全措施,而且还可以帮助提高系统速度。因为它将那些经常被请求的信息放在自己的高速缓存里,而不是在每次请求时,都从防火墙内检索所要的信息。

② Apache HTTPD Server。Apache HTTPD Server 是 NCSA 1.3 版上的插件替换。其优势功能是:

- 提供对现存各种 HTTP 更好的兼容性;
- 能使对出现的错误和问题产生定制反应成为可能;
- 该服务器能让你建立文件甚至 CGI 脚本,在遇到出错和问题时,它们将被返回。例如,可以建立一个脚本,用来截获 500 个服务器出现的差错,进行即时诊断;
- 使多目录索引命令成为可能;
- Apache 对别名的数目没有固定限制,重定向次数可以在配置文件中进行申明;
- 支持内容协商——可以向各种对 HTML 具有不同熟悉程度的客户提供文档,该文档提供客户所能接受的最佳信息出现方式;
- 具备处理多重初始地址服务器的能力;
- 可以向发向不同 IP 地址的请求进行区分(这些 IP 地址将映射到同一机器上)。

(3) 数据库软件。任何一个商务网站的运作是以网络技术和数据库技术为支撑的,人力资源网站当然也不例外。其中 Web 数据库的发展成为新的热点和难题。Web 数据库,就是能将数据库技术与 Web 技术很好地融合在一起,使数据库系统成为 Web 的重要有机组成部分,能够实现数据库与网络技术的无缝有机结合。

目前,关系数据库的应用范围最广,占据了数据库主流地位。关系数据库最初设计为基于主机/终端方式的大型机上的应用,应用范围较为有限,随着客户机/服务器方式的流行和应用,关系数据库又经历了客户机/服务器时代,并获得了极大的发展。随着 Internet 应用的普及,由于 Internet 上信息资源的复杂性和不规范性,关系数据库初期在开发各种网上应用时显得力不从心,表现在无法管理各种网上复杂的文档型和多媒体型数据资源。后来关系数据库对于这些需求做出了一些适应性调整,如增加数据库的面向对象成分以增加处理多种复杂数据类型的能力,增加各种中间件(主要包括 CGI、ISAPI、ODBC、JDBC 和 ASP 等技术)以扩展基于 Internet 的应用能力。通过应用服务器解释执行各种 HTML 中嵌入脚本,来解决在 Internet 应用中数据库数据的显示、维护、输出以及 HTML 的格式转换等。此时关系数据库的基于 Internet 应用的模式典型表现为一种三层或四层的多层结构。在这种多层结构体系下,关系数据库解决了数据库的 Internet 应用的方法问题,使得基于关系数据库能够开发各种网上数据库数据的发布、检索、维护、数据管理等一般性应用。

目前有关关系数据库的基础理论已经非常成熟,因此相关产品也非常多,如 DB2,Oracle,Sybase,Informix,MS SQL server,MySQL 等。我们在这里选择目前在建立网站时常用的两个数据库产品做一简单介绍。

①MS SQL Server 2000。2000 年,微软在数据库领域推出 MS SQL Server 2000。微软凭借它与 Windows 2000 的紧密集成和微软在操作系统上的绝对优势,在利润丰厚的数据库市场上又分得一杯羹。这是一个具备完全 Web 支持的数据库产品,提供了对可扩展标记语言(XML)的核心支持以及在 Internet 上和防火墙外进行查询的能力,有充分理由值得 Web 开发人员和数据库程序员关注。另外,它为数据管理与分析带来了灵活性,允许企业在快速变化的市场环境中从容应对,从而获得竞争优势。秉承微软一贯的风格,MS SQL Server 2000 在易用性方面当然也是出类拔萃的。不过,MS SQL server 2000 的缺点也是十分明显的,它只能运行于 Windows 环境。

不管怎么说,SQL Server 2000 作为一个完备的数据库和数据分析包,都为快速开发新一代企业级商业应用程序、为企业赢得核心竞争优势打开了一扇通向胜利之门。

② MySQL。MySQL 是一个精巧的 SQL 数据库管理系统,虽然它不是开放源代码的产品,但在某些情况下你可以自由使用。由于它的强大功能、灵活性、丰富的应用编程接口(API)以及精巧的系统结构,受到了广大自由软件爱好者甚至是商业软件用户的青睐,特别是与 Apache 和 PHP/PERL 结合,为建立基于数据库的动态网站提供了强大动力,所以在与 PHP 的配合使用中被 Linux 263 下 Web 开发者称为 PHP 的黄金搭档。

Siemens 和 Hotmail 这样的国际知名公司都把 MySQL 作为其数据库管理系统。这就更加证明了 MySQL 数据库的优越性能和广阔的发展前景。国内如网易、263 等分布式邮件系统,也采用了 MySQL 的平台,其容量、负载能力和响应速度确实都很优秀。

6.3.3 人力资源网站设计

1. 网站内容设计

商务网站作为在 Internet 上展示企业形象、企业文化、进行商务活动的信息平台,其内容的设计是一项重点,它最直接地影响到一个网站受欢迎的程度。

1) 商务网站内容及功能的确定

任何一个网站的内容都应该有静态和动态之分,人力资源网站当然也不例外。下面我们分别对其进行一些简单的介绍。

(1) 网站的静态内容。网站的静态内容是指网站内容中相对不变的部分,像网站的名称、标志等等,其主要作用是维持整个网站的风格,使网站访问者能够在一个熟悉的环境下浏览网页的内容,这也是维持网站形象的一个重要手段。一个网站形象的塑造是需要很长时间的,网站形象是网站的重要资源。因此,为了保持网站的形象,对网站的静态内容一定要有详细、周密的计划。

当然,网站的静态内容只是相对静态的,并不是一成不变。但是这种改变只是在保持原有风格的基础上,对页面内容的布局做一些调整和修改。这样,网站的整体风格没有变化,但页面也许会比以前更好看,会给人耳目一新的感觉。

另外,一些不经常改变的页面也可以称为网站的静态内容,例如公司简介、联系方式、帮助信息、版权信息等。这些内容基本上是固定的,因此可以采用静态页面来实现,这些页面通常很少更改,或是只更改少量内容。

(2) 网站的动态内容。网站的动态内容是网站内容的主体,整个网站的价值就体现在这里,因此网站建设者必须重视这部分内容。

网站的动态内容是网站经常更新的内容。一个网站建设者,应该了解哪些内容属于网站动态内容。例如,人力资源网站上的业界新闻、求职信息、招聘信息及论坛等就极具时效性,这些作为动态内容都很好理解,新闻不及时更新就不能称之为新闻。求职招聘信息也一样,会很快失效,需要新的信息去替换它,否则网站就会失去访问者。论坛则更加明显,里面的文章以及回应都是不断变化的。所以要提高访问者的兴趣,及时更新网站的内容是必不可少的。

2) 商务网站内容设计的基本原则

以上我们对网站内容进行了静态和动态的区分,下面我们再归纳一下内容设计过程中应遵循的一些基本原则。

(1) 提供的内容要新颖、精辟、专业。商务网站的目的是通过提供一定的内容,根据这些内容进行电子商务活动,获取收益。而用户访问网站的主要目的是寻找自己感兴趣的信息。因此,企业要提高其电子商务网站的点击率,增加企业的效益,就必须先在网站的内容上多下功夫,提供的内容要新颖、精辟、专业、有特色。内容设计要有组织,形式与内容要和谐统一。同时网站的内容还要及时更新,网页的内容应是动态的,只有内容不断更新,才能长期吸引浏览者。

(2) 注意网站的运行速度。很多人在网站设计的过程中,过多地使用各种网页设计技巧,而忽视了网站运行速度的问题。因此必须缩短用户得到他们所需要信息所化费的时间。太长的下载时间和缓慢的 Web 查询只能令客户望而生畏,他们将中断访问或不再访问你的站点。因此,在设计与组织页面内容时,我们应注意如下一些问题。

① 避免使用太大的图片。在页面中尽量避免使用太大的图片,如果必须使用,可事先在图形优化软件中进行分割、优化,然后在页面中使用。还可以使用压缩软件,在尽量保证图片质量的前提下,获得体积最小的图片。

② 不要滥用尖端技术。网站设计的新技术层出不穷,在页面中要慎重使用尖端技术,因为用户永远是为信息而上网的,毫无节制地在客户面前卖弄新的视觉技术,其效果只会适得其反,不仅分散用户的注意力,还会增加网页的下载时间。

(3) 方便用户访问和使用。一个电子商务网站合理地组织自己要发布的信息内容,以便让消费者能够快速、准确地检索到要查找的信息,是其内容组织成功的关键。当用户进入一个网站后如果不能迅速地找到自己要找的内容,那么这个网站很难吸引住浏览者。因此,有必要将一些信息进行分类,并提供对各种信息入口的检索功能。要尽量减少用户在购买过程中出现的干扰信息(如广告等);要为用户提供个性化的服务,与用户建立一种非常和谐的亲密关系;要尽可能地考虑客户的需求,为他们提供更周到、更完善的服务。同时,网站要有一定的交互能力,如采用留言簿、反馈表单、在线论坛等方式以方便用户与企业网站进行信息的相互交流,加强企业与客户的联系。

2. 网站结构设计

对于一个内容丰富的网站,需要设计的栏目很多,要求对网站的结构进行认真的分析和设计。一个合理的、符合逻辑的网站结构无论是对网站的建设还是网站以后的管理、维护都是大有裨益的。

1) 目录结构的设计

目录结构又称为物理结构,它解决的是网页文件在硬盘上的存放位置。站点的目录结构是否合理,对站点的创建效率会产生较大的影响,但更重要的是对于站点本身的上传维护、未来内容的扩充和移植会产生很大的影响。所以说网页文件无论放在哪里对访问者虽没什么关系,但是站点管理员必须清楚地知道每一个网页文件的位置。比如说,如果网站的所有网页文件都放在同一个目录下,一旦文件很多时,就很难区分哪些是属于同一个栏目的,更新起来就特别麻烦。下面对建立目录结构提出一些建议。

(1) 不要将所有文件都存在根目录下。有些网站设计者为了方便,将所有文件都放在根目录下。这样做会造成以下不利影响。

- 文件管理混乱。常常搞不清哪些文件需要编辑和更新,哪些无用的文件可以删除,哪些是相关联的文件,从而影响工作效率。
- 上传速度慢。服务器一般都会为根目录建立一个文件索引。当你将所有文件都放在根目录下时,即使只上传更新一个文件,服务器也需要将所有文件再检索一遍,建立新的索引文件。很明显,文件量越大,等待的时间也将越长。所以,建议尽可能减少根目录的文件存放数。

(2) 按栏目内容建立子目录。子目录的建立,首先按主菜单栏目建立企业站点(也可以按公司简介、产品介绍、价格、在线订单、反馈联系等建立相应目录)。其他的次要目录和需要经常更新的栏目,可以建立独立的子目录。而一些相关性强及不需要经常更新的栏目,如关于本站、站长、站点经历等,可以合并放在一个目录下。所以程序一般都放在特定目录下,便于维护管理。所有需要下载的内容也最好放在一个目录下。

(3) 在每个主目录下都建立独立的 Images 目录。将图片及资源文件都放在一个独立的 Images 目录下,可以使目录结构更加清晰。但是也不要只在根目录下建一个 Images 目录,然后将所有的文件图片都放在里面,这样对于目录层次比较深的页面来说,管理其所需的图片就很不方便。最好在每一个主目录下都建立独立的 Images 目录。

(4) 目录的层次不要太深。目录的层次建议不要超过 3 层。原因很简单,为了维护管理方便。

(5) 不要使用中文目录名。因为站点是对 Internet 所有用户开放的,所以要考虑到让使用非中文操作系统的客户也能正常访问站点。对于目录名,最好都使用英文。

(6) 可执行文件和不可执行文件分开放置。建议将可执行的动态网页文件和不可执行的静态网页文件分别放在两个目录下,然后将存放可执行网页文件的目录设为不可读。这样做的好处是可以避免出现动态文件被读取的安全漏洞。

2) 链接结构的设计

电子商务网站是复杂的综合网站,一方面自身是由一系列的页面所构成,其结构主要是通过各种形式的超级链接来实现的;另一方面还要考虑与其他相关网站的链接,便于用户更方便地获取信息。总的来讲,网站的链接结构就是指页面之间相互链接的拓扑结构。它建立在目录结构基础上,但可以跨越目录。形象地说,每个页面都是一个固定点,链接则是在两个固定点之间的连线。一个点可以和一个点连接,也可以和多个点连接。更重要的是,这些点并不是分布在一个平面上,而是存在于一个立体的空间中。

我们研究网站链接结构的目的在于用最少的链接,得到最高的浏览效率。一般来说,网站的链接结构有两种基本方式。

(1) 树状链接结构(一对一)。类似DOS的目录结构,首页链接指向一级页面,一级页面链接指向二级页面。浏览这样的链接结构时,一级一级地进入,一级一级地退出。该结构的优点是条理清晰,访问者明确知道自己在什么位置,不会迷路。缺点是浏览效率低,一个栏目下的子页面到另一个栏目下的子页面,必须绕经首页。

(2) 星状链接结构(一对多)。类似网络服务器的链接,每个页面相互之间都建立链接。这种链接结构的优点是浏览方便,随时可以到达自己想看的页面。缺点是链接太多,容易使浏览者迷路,搞不清自己在什么位置,看了多少内容。

在实际的网站设计中,只使用一种链接结构的情况很少,在大部分情况下总是将这两种结构混合起来使用。我们希望浏览者既可以方便快速地浏览到自己需要的页面,又可以清晰地知道自己所在的位置。所以,最好的办法是:首页和一级页面之间用星状链接结构,一级和二级页面之间用树状链接结构。

链接结构的设计,在实际的网页制作中是非常重要的一环。采用什么样的链接结构直接影响到版面的布局。例如,你的主菜单放在什么位置,是否每页都需要放置,是否需要用分帧框架,是否需要加入返回首页的链接。在链接结构确定后,再开始考虑链接的效果和形式,是采用下拉表单,还是用DHTML动态菜单。

随着电子商务的推广,网站的竞争越来越激烈,对链接结构设计的要求已经不仅仅局限于可以方便快速地浏览,而更加注重个性化和相关性。如何尽可能地留住访问者,是网站设计者必须考虑的问题。

3. 网站页面设计

1) 网页的版面布局设计

虽然网页技术的发展使得我们开始趋向于学习场景的编剧,但是固定网页版面设计基础依然是必须学习和掌握的。它们的基本原理是相通的。你可以领会要点、举一反三。版面指的是通过浏览器看到的完整的一个页面(可以包含框架和层)。因为每个人的显示器分辨率不同,所以同一个页面的大小可能出现640×480像素、800×600像素、1024×768像素等不同尺寸。布局则指的是以最适合用户浏览的方式将图片和文字排放在页面中。

具体到网站的每一个网页,其排版布局要达到一种和谐的状态才算是一种成功的网页设计,同样的图像和文字,用不同的方式将其组合起来,很可能产生截然不同的效果。网页的内容和页面的形式都是网站设计者必须考虑的,只考虑内容,不重其形式,会影响用户浏览时的情绪;只顾页面的排版形式,不顾内容,用户也不会欢迎。二者缺一不可,少了任何一个,都是失败的设计。

2）版面布局的步骤。版面布局的步骤如下。

(1）草案设计。草案设计属于创造阶段,不讲究细腻工整,也不必考虑细节功能,只以粗陋的线条勾画出创意的轮廓即可。这种设计图要尽可能多画几张,最后选定一幅较满意的作为继续创作的脚本。

(2）粗略布局。在草案的基础上,将需要放置的功能模块安排到页面上。功能模块主要包含网站标志、主菜单、新闻、搜索、友情链接、广告条、邮件列表、计数器和版权信息等。注意,这里我们必须遵循突出重点、平衡协调的原则,将网站标志、主菜单等重要的模块放在最显眼、最突出的位置,然后再考虑次要模块的排放。

(3）最后定案。将粗略布局精细化、具体化,最后达到满意定案。

3）常见的版面布局形式。常见的版面布局有以下几种。

(1）"T"型布局。所谓"T"型就是指页面顶部为"横条网站标志+广告条",下方左面为主菜单,右面显示内容的布局。因为菜单条背景较深,整体效果类似英文字母"T",所以称为"T"型布局,这是网页设计中使用最广泛的一种布局方式。这种布局的优点是页面结构清晰、主次分明,且是初学者最容易掌握的布局方法。缺点是规矩呆板,如果色彩细节上再不注意,很容易让人看后乏味。

(2）"口"型布局。这是一个象形的说法,就是页面一般上下各有一个广告条,左面是主菜单,右面放友情链接等,中间是主要内容。这种布局的优点是充分利用版面,信息量大。缺点是页面拥挤,不够灵活。也有将四边突出,只用中间的窗口型设计的。

(3)"三"型布局。这种布局多用于国外站点,国内使用的不多。特点是页面上横向有两条色块将页面整体分割为三部分,色块中大多放广告条。

(4）对称对比布局。顾名思义,采取左右或者上下对称的布局,一半深色,另一半浅色,一般用于设计型站点。优点是视觉冲击力强,缺点是若想将两部分有机地结合起来比较困难。

以上总结了目前网络上常见的布局,此外还有许多别具一格的布局,关键在于网站本身的创意和设计。

4）页面版面布局应遵循的原则

(1）正常平衡。亦称"匀称"。多指左右、上下对照的形式,主要强调秩序,能达到安定、诚实和可信赖的效果。

(2)异常平衡。即非对照形式,但也要平衡和韵律,当然都是不均衡的,这种布局能达到突出和引人注目的效果。

(3)对比。所谓对比,是指不仅利用色彩、色调等技巧来表现,在内容上也可涉及古与今、新与旧的对比。

(4)空白。空白有两种作用,一方面表示网站的突出卓越,另一方面也表示网页品位的优越感,这种表现方法对体现网页的格调十分有效。

(5)尽量用图片解说。此法对不能用语言说服,或用语言无法表达的情感,特别有效。

图片解说的内容可以传达给浏览者更多的感性认识。

以上的设计原则,虽然有些枯燥,但是如果网页设计人员能领会并活用到网页布局里,效果就大不一样了。比如,网页的白色背景太虚,则可以加些色块;版面零散,可以用线条和符号串来分隔;左面文字太多,则右面可以插张图片以保持平衡;表格太过死板,则可以改用倒角或圆角等。

5)页面中图片和文字的处理

用户在网上一般会四处漫游,必须设法吸引他们对企业站点的注意力,所以企业电子商务网站的设计中要善于利用一些特色的效果,页面上最好有醒目的图像、新颖的画面、美观的字体,使其别具特色,令人过目不忘。

(1) 图片的使用。图像的内容应有一定的实际作用,切忌虚饰浮夸,最佳的图像应集美观与信息内容于一体。图像总是为页面的使用而服务的,一幅大而漂亮的图片,如果妨碍了页面所要进行的工作,就会降低页面的整体质量。在这种情况下,使用小图像甚至不使用图像将是更好的选择。一个页面的好坏在于它是否提供了有用的信息,所以不管图像如何漂亮或标新立异,也不能随意将它加入页面中。

图像可以弥补文字的不足,但并不能够完全取代文字。很多用户把浏览软件设定为略去图像,只看文字以求节省时间。因此,制作页面时,必须注意将图像所包含的重要信息或链接指示用文字替代功能重新表达一次。

(2) 网站字体。网站字体的使用,要注意以下几点。

首先,不要用太大或太小的文字。因为版面是宝贵而有限的,粗陋的大字不能给浏览者更多的信息。文字太小,用户读起来难受;文字太大,或者文字视觉效果变化频繁,用户看起来很不舒服。另外,按当代中文的阅读习惯,文本大都是居左的,所以最好是让文本左对齐,而不是居中。当然,标题一般应该居中,因为这符合浏览者的阅读习惯。

其次,避免过多使用不停闪烁的文字。闪烁的文字看起来好玩,但它可能使用户分心,最好避免过多地使用。有的网页设计者想通过闪烁的文字引起浏览者的注意,但一个页面中最多不要超过三处闪烁的文字,太多了则给用户一种眼花缭乱的感觉,影响用户去访问该网站的其他内容。

第三,不要使用不常用的字体。网站中应该使用常用的字体,如"宋体"、"楷体"等。如果使用不常用的字体制作网页,就会使客户端访问网页时达不到理想的效果。

6) 网页的色彩效果设计

网页的色彩也是树立网站形象的一个要素。色彩搭配看似简单,实际上却是网页设计中很难处理的问题之一。如何运用最简单的色彩表达最丰富的含义是网页设计人员应认真思考的问题。在网页设计中,根据和谐、均衡和重点突出的原则,将不同的色彩进行组合、搭配来构成美丽的页面。色调及黑、白、灰的三色空间关系无论是在设计上,还是在绘画上都起着重要的作用。但是需要注意,每个网站都应该有自己的主色调,不可为追求视觉效果而滥用颜色。例如号称蓝色巨人的IBM就用蓝色作为自己网站的主色调。此外,色彩还会对人们的心理产生影响,应合理地加以运用。按照色彩的记忆性原则,一般暖色较冷色的记忆性强。另外,色彩还具有联想与象征的特性,例如,红色象征火、血、太阳,蓝色象征大海、天空和水面等。

在色彩的运用过程中,还应注意的一个问题是由于国家和种族的不同,宗教信仰、地理位置以及文化修养的差异,不同的人群对色彩的喜恶程度有很大的差别,生活在闹市中的人们喜欢淡雅的颜色;生活在沙漠中的人们喜欢绿色。在设计中要考虑到网站的主要读者群的背景和构成。

另外,在网页色彩的处理上,要注意以下两点,一方面色彩的使用要与众不同,有自己的个性,这样网页才引人注目,并给用户留下深刻的印象。另一方面色彩的使用要考虑到浏览者的心理感受,一定要合理搭配,从总体上给人一种和谐、愉快的感觉。

6.4 人力资源网站的安全与推广

一个商务网站建成以后,安全问题和推广问题就成为经营者最关注的两个问题。下面我们就分别予以介绍。

6.4.1 网站面临的安全问题

在计算机系统中,网站是最容易受到攻击的对象。因为网站本身就是暴露在 Internet 中让用户访问的,所以受到攻击不可避免,关键是如何提高自身的防御能力。要提高网站的安全性能,必须了解网站面临的安全问题,并对网络信息系统存在的安全缺陷和可能受到的各种攻击有深入和正确的理解。

1. 安全问题的类型

网站所面临的安全问题大概可分为物理安全、网络安全、数据安全等几种类型,下面做些简单介绍。

1）物理安全

所谓物理安全主要是指主机硬件和物理线路的安全,其中包括火灾等自然灾害,以及辐射、硬件故障、搭线窃听、盗用等。

2）网络安全

网络安全是指计算机联网所带来的安全问题。由于大部分因特网软件协议没有安全性设计,所以网络计算机可以被任何一台上网计算机攻击。而且网络服务器经常用超级用户特权来执行,这样就存在着大量的安全隐患,会出现如非法授权访问、攻击信息的完整性、冒充主机和用户、干扰服务等一系列的安全问题。

3）数据安全

在网站客户和网站之间存在着数据传递,这些数据有些会包括客户的敏感信息,所以它们的安全性是各方都关心的问题。其安全性主要包括数据的保密性、数据的完整性和数据的不可否认性等。

2. 安全问题的表现形式

入侵者对商务网站发起的攻击是多样的,其攻击层次与商务网站所采取的安全措施紧密相关。它们的表现形式也不尽相同,主要有如下几种形式。

1）程序处理错误

在使用计算机的过程中,有时系统会陷入混乱的局面,此时机器对任何输入都没有反应,这是程序出错或者使用了盗版软件的缘故。通过网络也可以使正在使用的计算机出现这种无响应、死机现象。这是一种处理 TCP/IP 协议或者服务程序的错误,是故意在输入端口的数据报的偏移字段和长度字段中写入一个过大或过小的值所致。操作系统不能处理这种情况,从而造成死机情况发生。

2）Web 欺骗

Web 欺骗是一种在因特网上使用的针对 WWW 的攻击技术。这种攻击方法会窃取某人的隐私或破坏数据的完整性,危及到使用 Web 浏览器的用户。有时,Web 管理员、Web 设计者、页面制作人员、Web 操作员以及编程人员会无意地犯一些错误,这些都将导致安全问题的发生。编程的错误可能损害系统的安全甚至导致系统崩溃。

3）网络协议漏洞

因特网中的 TCP/IP 协议在创建之初,从安全性方面考虑不多。黑客千方百计地寻找网络协议的问题或漏洞,对系统进行攻击,致使系统不能正常工作,甚至崩溃。

4）IP 欺骗

通过 IP 地址的伪装使得某台主机能够伪装成另外一台主机,被伪装的主机具有某种特权或被其他主机信任。IP 欺骗通常都要用程序来实现。另外,目前在网上也有大量可发送伪造 IP 地址的工具包可以使用,使用这些工具包可以任意指定源 IP 地址,以免留下自己的痕迹。

5）远程攻击

远程攻击指专门攻击自己计算机以外的其他计算机(无论被攻击的计算机和攻击者位于同一子网还是有千里之遥)。进行远程攻击的第一步并不需要和攻击目标进行密切地接触。入侵者的第一个任务是决定他要对付谁。

6）缓冲溢出攻击

缓冲区溢出是一个非常普遍的漏洞,在各种操作系统、应用软件程序中广泛存在,危害也很大。其基本原理是:向一个有限空间的缓冲区中复制了过长的字符串,带来了两种后果:一是过长的字符串覆盖了相临的存储单元而造成程序瘫痪,甚至造成死机、系统或进程重启等;二是利用漏洞可以让攻击者运行恶意代码,执行任意指令,甚至获得超级权限等。

3. 安全问题的引发因素

一个商务网站,其开放性使其面临着许许多多安全方面的威胁。产生安全问题的因素可能很多,但可大概归成以下三类。

1）人的因素

在任何商业交往中人都是最关键的,商务网站的安全问题有很多是人为因素造成的。提到人为因素人们往往想起蓄意破坏,其实这里的人为因素绝不仅仅是蓄意破坏。

(1) 网站管理人员精力不集中引起的意外。网站工作人员精力不集中造成的安全事故很多,如把一个客户账号中的两位号码输反了;想按“OK”按钮时却按了“Cancel”;错误删除了重要文件等。

(2) 缺乏经验。假如某个客户的数据库有问题,有关技术人员正在出差或休假,但运行不正常可能会给公司带来很大的损失,公司管理者要求另一个计算机工程师去处理,但他从没在客户数据库软件上工作过。当他努力解决这个问题的时候,也可能就是出错之时。

(3) 修改数据。计算机操作人员从技术上修改数据是件很容易的事,如果没有有效的制约机制,可能会被一些人钻了空子,对数据造成破坏。

(4) 蓄意破坏。蓄意破坏和恐怖袭击的案例时有报道,这时数据完整性当然会遭到彻底的破坏。

2）网络因素

由于网络的全球性、开放性、无缝接通性、共享性、动态性等，使得任何人都可以自由地进入网络。正是这样一个开放的环境，使得企业发布信息更方便，客户选择所需要的产品或服务更迅捷，而与此同时，在网络中传输的信息也更容易被截获了。开放（共享）和保密是相互矛盾的，既要保持系统开放，又要保持某些信息的安全、保密，解决这一矛盾就要需要一系列的安全技术来实现。

3）其他因素

一个商务网站的运作是基于一个复杂的网络环境，它对系统安全的依赖性很强，特别是对数据库服务器的可靠性、各种网络设备的安全性要求很高。还有雷电之类的天灾、软件故障等不安全因素都会给这样一个复杂的系统带来威胁。

4. 黑客攻击三步曲

通常，一个网络攻击者发起攻击有三步：通过合法或非法手段收集信息、探测系统的安全薄弱之处和实施网络攻击。如图 6-6 所示。

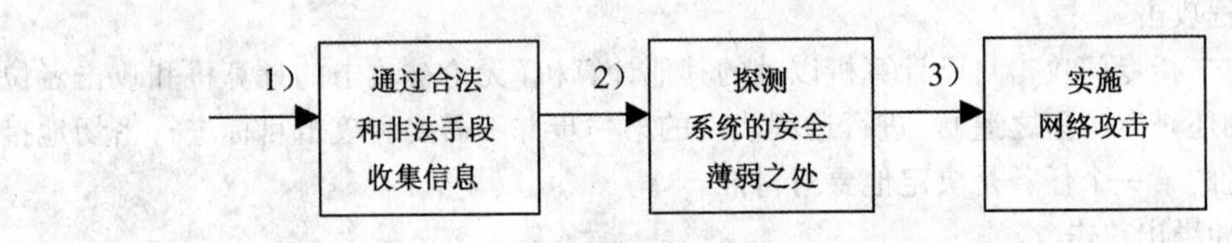

图 6-6　黑客攻击三步曲

1）通过合法或非法手段收集信息

信息收集的目的是为了进入要攻击的目标网络的数据库。黑客会利用下列的公开协议或工具，收集驻留在网络系统中的各个主机系统的相关信息。

利用 SNMP 协议查阅网络中路由表，以了解目标及所在网络的拓扑结构及其内部细节；可用 Trace Route 程序获得到达目标及所要经过的网络数和路由器数；用 Ping 程序来确定一个指定的主机位置；使用自动拨号软件 Wardialing 可以向目标站点一次连续拨出大批电话号码，直到遇到某一正确的号码使其 Modem 响应；利用 Finger 协议获取一个指定主机上的所有用户注册名、电话号码、最后注册时间以及他们有没有读邮件等信息；利用 DNS 服务器了解系统中可以访问的主机 IP 地址表和它们所对应的主机名。

2)探测系统的安全薄弱之处

攻击者在收集到目标的网络信息之后，接着就依次探测网络上的各台主机，以发现系统的安全漏洞。探测主机就是用自动扫描程序对它进行扫描，以获得系统的安全薄弱之处。目前常用两种方式。

（1）直接利用公开的工具，对整个网络或子网进行扫描，寻找安全漏洞。这样的工具如 Internet 的电子安全扫描程序 ISS（Internet Security Scanner）、审计网络用的安全分析工具 SATAN（Security Analysis Tool for Auditing Network）等。

(2)自编程序。电子商务中的许多技术是复杂的，新产品或系统总是不断被发现有安全漏洞,提供这些产品或系统的厂商经常会提供一些“补丁”程序来堵塞已发现的漏洞。如果网站管理人员不重视、不及时使用这些补丁程序,攻击者就会有可乘之机,利用补丁程序接口,自己编写程序,通过该接口进入目标系统。

3）网络攻击

攻击者利用上面的手段获得目标系统的访问权,接着要实施攻击了。首先,攻击者做准备工作以销毁攻击时留下的线索,并进一步埋下伏兵,为以后攻击打下基础。例如,毁掉入侵的痕迹并在入侵的系统上发现新的安全漏洞;安装探测器软件,用来窥探所在系统的活动;收集 Telnet 和 FTP 的账号名和口令等信息;查寻受攻击系统在网络中的信任等级,通过该系统信任级可展开对整个系统的攻击。接着进行实际攻击:读取邮件,搜索和盗窃文件,毁坏数据,破坏整个系统等。

6.4.2 网站的安全策略

网站安全策略属于网络信息安全的上层建筑,是网络信息安全的灵魂和核心。安全策略为保证信息基础的安全性提供了一个框架,提供了管理网络安全性的方法,规定了各有关网站管理人员要遵守的规范及应负的责任,使得信息网络系统的安全有了切实的依据。

网站安全策略一般包括物理安全、访问授权、数据安全、网络安全等内容,这个策略会随时间变化而变化,网站的安全管理人员必须定期评估和修改安全策略。下面我们作具体的介绍。

1）物理安全策略

目的是保护计算机系统、网络服务器、打印机等硬件实体和通信线路免受自然灾害、人为破坏和搭线攻击。采用的措施有:验证用户的身份和使用权限、防止用户越权操作;确保计算机系统有一个良好的电磁兼容工作环境;建立完备的安全管理制度,防止非法进入计算机控制室和各种偷窃、破坏活动的发生。

抑制和防止电磁泄漏是物理安全策略的一个主要问题。目前主要防护措施有两类:一类是对传导发射的防护,主要采取对电源线和信号线加装性能良好的滤波器,减小传输阻抗和导线间的交叉耦合;另一类是对辐射的防护,这类防护措施又可分为以下两种:一是采用各种电磁屏蔽措施,如对设备的金属屏蔽和各种接插件的屏蔽,同时对机房的下水管、暖气管和金属门窗进行屏蔽和隔离;二是干扰的防护措施,即在计算机系统工作的同时,利用干扰装置产生一种与计算机系统辐射相关的伪噪声向空间辐射来掩盖计算机系统的工作频率和信息特征。

2）访问控制策略

访问控制是网络安全防范和保护的主要策略,主要任务是保证网络资源不被非法使用和访问。它也是维护网络系统安全、保护网络资源的重要手段。各种安全策略必须相互配合才能真正起到保护作用,但访问控制可以说是保证网络安全最重要的核心策略之一。主要包括以下几个方面。

(1）入网访问控制。为网络访问提供第一层访问控制,控制哪些用户能够登录到服务器并获取网络资源,控制允许用户入网的时间和准许他们在哪台工作站入网。

用户的入网访问控制可分为三个步骤:用户名的识别与验证、用户口令的识别与验证、用户账号的缺省限制检查。三道关卡中只要任何一关未过,该用户便不能进入该网络。对网络用户的用户名和口令进行验证是防止非法访问的第一道防线。用户注册时首先输入用户名和口令,服务器将验证所输入的用户名是否合法。如果验证合法,才继续验证用户输入的口令,否则,用户将被拒绝。用户的口令是用户入网的关键所在。为保证口令的安全性,用户口令不能显示在显示屏上,口令长度应不少于6个字符,字符最好是数字、字母和其他字符的混合,而且,用户口令必须经过加密。

用户还可采用一次性用户口令,也可用便携式验证器(如智能卡)来验证用户的身份。网络管理员应该可以控制和限制普通用户的账号使用、访问网络的时间、方式。用户名或用户账号是所有计算机系统中最基本的安全形式。用户账号应只有系统管理员才能建立。用户口令应是每个用户访问网络所必须提交的"证件"。用户名和口令验证有效之后,再进一步履行用户账号的缺省限制检查。当用户对交费网络的访问"资费"用尽时,网络还应能对用户的账号加以限制,用户此时应无法进入网络访问网络资源。网络应对所有用户的访问进行审计。如果多次输入口令不正确,则认为是非法用户的入侵,应给出报警信息。

(2) 网络的权限控制。是针对网络非法操作所提出的一种安全保护措施。用户和用户组被赋予一定的权限,网络控制用户和用户组可以访问哪些目录、子目录、文件和其他资源,指定用户对这些文件、目录、设备能够执行哪些操作。受托者指派和继承权限屏蔽可作为其两种实现方式。受托者指派控制用户和用户组如何使用网络服务器的目录、文件和设备。继承权限屏蔽相当于一个过滤器,可以限制子目录从父目录那里继承哪些权限。可以根据访问权限将用户分为特殊用户(即系统管理员)、一般用户和审计用户(负责网络的安全控制与资源使用情况的审计)。

(3) 目录级安全控制。网络应允许控制用户对目录、文件、设备的访问。用户在目录一级指定的权限不仅对所有文件和子目录有效,还可进一步指定对目录下的子目录和文件的权限。对目录和文件的访问权限一般有8种:系统管理员权限、读权限、写权限、创建权限、删除权限、修改权限、文件查找权限、存取控制权限等。用户对文件或目标的有效权限取决于用户的受托者指派、用户所在组的受托者指派、继承权限屏蔽取消的用户权限。一个网络系统管理员应当为用户指定适当的访问权限,这些访问权限控制着用户对服务器的访问。8种访问权限的有效组合可以让用户有效地完成工作,同时又能有效地控制用户对服务器资源的访问,从而加强了网络和服务器的安全性。

(4) 属性安全控制。当用文件、目录和网络设备时,网络系统管理员应给文件、目录等指定访问属性。属性安全控制可以将给定的属性与网络服务器的文件、目录和网络设备联系起来。属性安全在权限安全的基础上提供更进一步的安全性。网络上的资源都应预先标出一组安全属性。用户对网络资源的访问权限对应一张访问控制表,用以表明用户对网络资源的访问能力。属性设置可以覆盖已经指定的任何受托者指派和有效权限。属性往往能控制以下几个方面的权限:向某个文件写数据、复制一个文件、删除目录或文件、查看目录和文件、执行文件、隐含文件、共享、系统属性等。网络的属性可以保护重要的目录和文件,防止用户、目录和文件的误删除、修改、显示等。

(5) 网络服务器安全控制。网络允许在服务器控制台上执行一系列操作。用户使用控制台可以进行装载和卸载模块,安装和删除软件等操作。网络服务器的安全控制包括可以设置口令锁定服务器控制台,以防止非法用户修改、删除重要信息或破坏数据;可以设定服务器登录时间限制、非法访问者检测和关闭的时间间隔。

(6) 网络监测和锁定控制。网络管理员应对网络实施监控,服务器应记录用户对网络资源的访问。对非法的网络访问,服务器应以图形、文字或声音等形式报警,以引起网络管理员的注意。如果不法之徒试图进入网络,网络服务器应会自动记录企图尝试进入网络的次数,如果非法访问的次数达到设定数值,那么该账户将被自动锁定。

(7) 网络端口和节点的安全控制。网络中服务器的端口往往使用自动回呼设备、静默调制解调器加以保护,并以加密的形式来识别节点的身份。自动回呼设备用于防止假冒合法用户,静默调制解调器用以防范黑客的自动拨号程序对计算机进行攻击。网络还常对服务器端和用户端采取控制,用户必须携带证实身份的验证器(如智能卡、磁卡、安全密码发生器)。在对用户的身份进行验证之后,才允许用户进人用户端,然后,用户端和服务器端再进行相互验证。

(8) 防火墙控制。防火墙是发展较快、使用较广的一种提供网站安全的技术性措施。它以路由器或堡垒主机建立阻隔内外网的屏障,通过软件设置 IP 通讯的安全策略,使网站能在提供服务的前提下能阻挡外部的非法侵人。

防火墙是指放在两个网之间的一个组件和系统的聚集体,有如下属性:

- 从内到外和从外到内的所有访问都必须通过它;
- 只有本地安全策略所定义的合法访问才被允许通过;
- 系统对穿透力有高抵抗力。

防火墙在内部网和外部网之间建起一道屏障,检查进入内部网络的信息是否允许通过、外出的信息是否允许出去或是否允许用户的服务请求,从而阻止对内部网络的非法访问和非授权用户的出入。防火墙也可以禁止特定的协议通过相应的网络。

但是,防火墙只是一种被动防卫技术,并且,防火墙只能对跨越防火墙边界的信息进行检测、控制,不能防范不通过它的连接带来的危险,而且不能防范恶意的知情者(因对网络内部人员的攻击不具备防范能力)。它不能防范所有的潜在威胁,并且它主要是针对TCP/IP协议族。所以,防火墙不是网络安全的全部保证,许多风险是在防火墙的防范能力之外的。

3) 数据加密策略

加密的目的是保护网内的数据、文件、口令和控制信息,保护网上传输的数据。网络加密常用的方法有链路加密、端点加密和节点加密三种。链路加密的目的是保护网络节点之间的链路信息安全;端点加密的目的是对源端用户到目的端用户的数据提供保护;节点加密的目的是对源节点到目的节点之间的传输链路提供保护。用户可根据网络情况酌情选择上述加密方式。信息加密过程由形形色色的加密算法来具体实施,它以很小的代价提供很大的安全保护。在多数情况下,信息加密是保证信息机密性的唯一方法。

4) 网络安全管理策略

在网络安全中,除了采用上述技术措施之外,加强网络的安全管理,制定有关规章制度,对于确保网络安全、可靠地运行,将起到十分有效的作用。网络的安全管理策略包括:确定安全管理等级和安全管理范围;制订有关网络操作使用规程和人员出入机房管理制度;制定网络系统的维护制度和应急措施等。

6.4.3 网站推广

网站的推广方式基本上可以分成两类:一类是传统的推广方式,另一类就是基于因特网的推广方式。

1. 网站推广的传统方式

因特网是一个具有十分诱人发展前景的广告载体,但是传统的方式也不能够完全抛弃。尤其是在目前我国的电子商务发展水平不是很高的情况下,要推广企业网站,还必须依赖于传统媒体的宣传。传统媒体的宣传主要可采用以下几种形式。

(1) 户外广告。户外广告的种类繁多,人们常常在路旁、地铁内看到巨幅的网站广告牌,制作非常精致,而且在晚上还可以为路人提供一定的照明便利;还有公交车车箱内外、火车中的流动广告等,为城市提供了一道靓丽的风景线,给过往行人留下了深刻的印象。

(2) 广播、报纸、电视。广播、报纸、电视都是拥有巨大客户群体的媒体,具有很多的优势,有良好的宣传效果,所以在进行网站宣传时是非常值得考虑的一种方式。尤其在我国,目前在网络媒体的客户群体还相对较小的时候,就更需要借助传统媒体来推广网站。

(3) 口头传播。这种方法虽然是最古老的信息传播方式,但在许多情况下人们知道某个网站的网址,常常是通过朋友成同事之间的口头介绍得来的,所以企业也不应当忽略这种方式。企业应利用各种公关场合宣传自己的网站及其服务内容。熟人之间口头传播的信息还具有使人感到可信度高的优势。

(4) 企业公关。企业在和外界进行往来的公关活动中,经常要消耗掉大量的信封、信纸、宣传材料、名片、各种礼品之类的东西,在这些材料上印制企业的网址和电子邮箱地址,成本不高却会收到较好的效果。

(5) 加入专业数据库。加入专业数据库是指将公司的有关资料加入到国际、国内著名的专业数据库。这样,在网民们检索信息时就很容易发现本企业网站的信息。

(6) 通知原有客户。企业已经拥有自己的网站后,要及时采取信件或电子邮件的方式直接通知所有的老客户,以后的一部分业务往来可以通过网络联系。以后在每次网站内容有变化时,都要及时通知客户,既显示出对客户的尊重,又宣传了企业的网站。

应该注意的是,网站推广的基础还是网站本身的吸引力。因此,在推广商业网站之前,一定要首先检查网站的质量有没有问题;网站信息内容是否足够丰富、准确、及时;网站设计是否具有专业水准;企业是否已经明确网站目标市场。如果企业网站自身没有丰富而吸引人的内容,那么无论用什么方法推广,都无异于在做虚假广告。

2. 几种常用的网上推广策略

因特网不仅创造了电子商务,也创造了很多广告和宣传方式,被称为继报刊杂志、广播、电视后的第四媒体。而且,因特网的宣传功能和效果要远远超过其他任何一种传统媒体,首先,网上宣传不仅方式多样、灵活,而且由于采用多媒体技术,使其具有了传统媒体所无法比拟的宣传效果。其次,网上信息的传递是多向、互动式的沟通方式,更使得网上宣传具有个性化、一对一等特征。因此,网络媒体是推广网站的最有利工具。

推广网站的目的就是要提高网站访问量并进而促进网络营销。基于这种前提,网站的经营者应该充分利用因特网的特性和自己对目标市场的准确定位,让更多的潜在客户认识自己的网站并成为回头客。所以企业在进行网站推广的时候,完全没有理由忘记网络媒体这个极有利的宣传渠道。下面就从搜索引擎、电子邮件群组、友情链接等几方面进行介绍。

1）登记搜索引擎

搜索引擎是网民在网上查找信息的最重要工具,因此登记搜索引擎便成了最为重要的网络推广方式之一,尤其在主要门户网站的搜索引擎中注册就是宣传自己网站最有效的方法,而且注册的搜索引擎越多,企业主页被访问的机会就越多。

因特网上的网站很多,企业要让一个上网者在茫茫网海中发现自己的网站并非易事,所以在网站建成后,应赶快到著名搜索引擎站点登记。这样喜爱用搜索引擎进行网上冲浪的用户才有可能发现企业的网站。下面是两个著名的专业搜索引擎网址:http://www.google.com和http://www.baidu.com。

图6-7所示即为www.google.com的主页。主页设计非常简捷,但搜索功能很强,搜索速度也非常快。

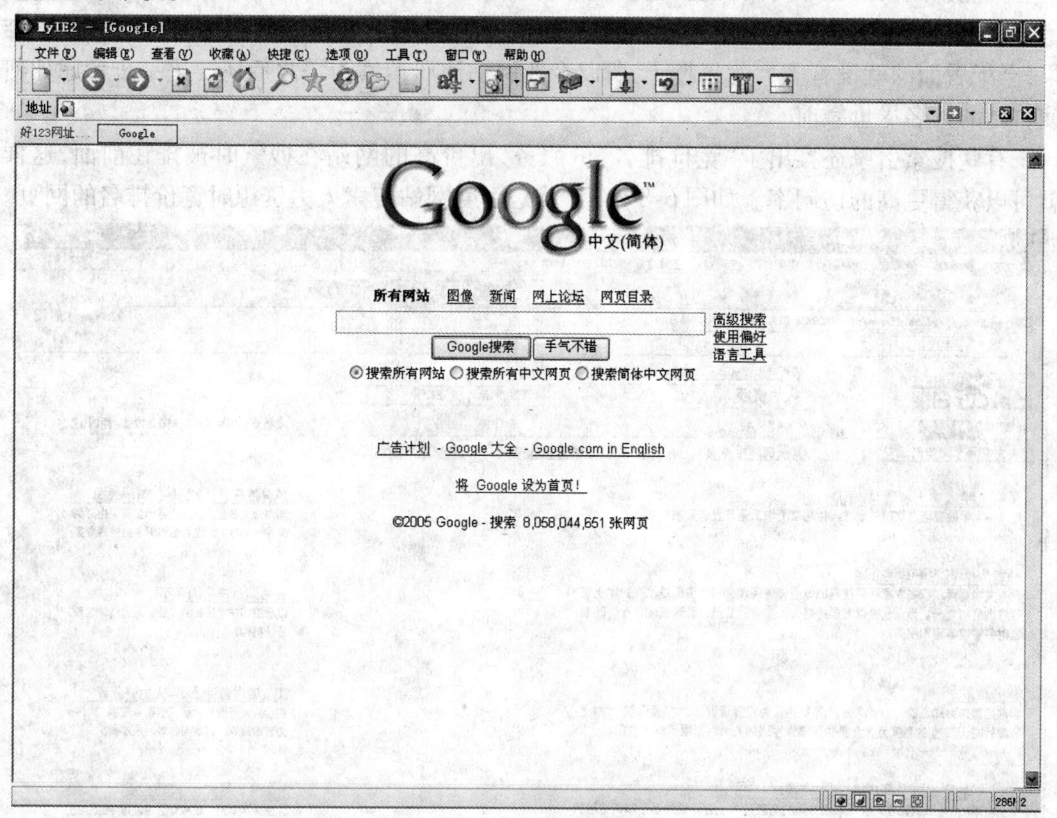

图6-7　www.google.com的主页

到搜索引擎注册自己的网站时要注意以下一些问题。

(1) 了解搜索引擎如何工作。一些比较著名的搜索引擎,它们的网站功能相似,都是把众多的网站分门别类放到一个网站里,以便浏览者查询访问。当企业向搜索引擎提交申请之后。搜索引擎就会自动前来访问企业的站点,目的就是收集有关的材料,并且以后每个月还会访问一到两次,看看所注册网站的内容是否已进行了更新。搜索引擎收集到的资料被输入到搜索引擎的索引当中去,那里面有所收集的每个网页的副本。如果每个网页做了更新,那么索引中的相应内容也会做相应的更新。

(2) 查看日志文件。搜索引擎在访问企业的站点之后,它就会在日志文件中留下记录,通过代理名或主机名都可以发现这个记录。使用代理名会好一些,因为搜索引擎可能会在不同的访问中使用不同的主机名,如果没有代理信息或没有日志分析软件的话,也可以使用主机名。当然首先必须知道要查看的内容。第一个需要查找的文件就是 robots. txt,这个文件存在于 Web 服务器的根目录中,作用是告诉搜索引擎不要把网站中的某些部分列入索引。因此只要是请求使用 robots. txt 文件的,要么是搜索引擎,要么就是某个代理软件。分析一下这些请求情况的记录,一般都可以从其主机名的使用中发现那些来自主要搜索引擎的搜索程序,进而由此找到它们所使用的最新代理名。

(3) 尽量使自己的网站排名靠前。仅仅是注册搜索引擎还是不够的。要知道在一些著名网站的搜索引擎上每天申请登记的网址数目就有上千个,企业的网站虽然被收录了,但是很有可能只是被排在靠后的位置,这和没有注册的效果差不了多少。

只要想想平时自己上网使用搜索引擎时,对于搜索结果总是先翻看排名靠前的搜索结果,至于后面的就没有多大的兴趣了,所以企业网站注册搜索引擎之后还要进一步考虑如何使自己的排名尽量靠前。

有些搜索引擎还推出了“竞价排名”的服务,出价高的网站在搜索时被排在前面,这样就可以获得更高的访问率。如图 6-8 所示,就是百度网站搜索人力资源时竞价排名的网页。

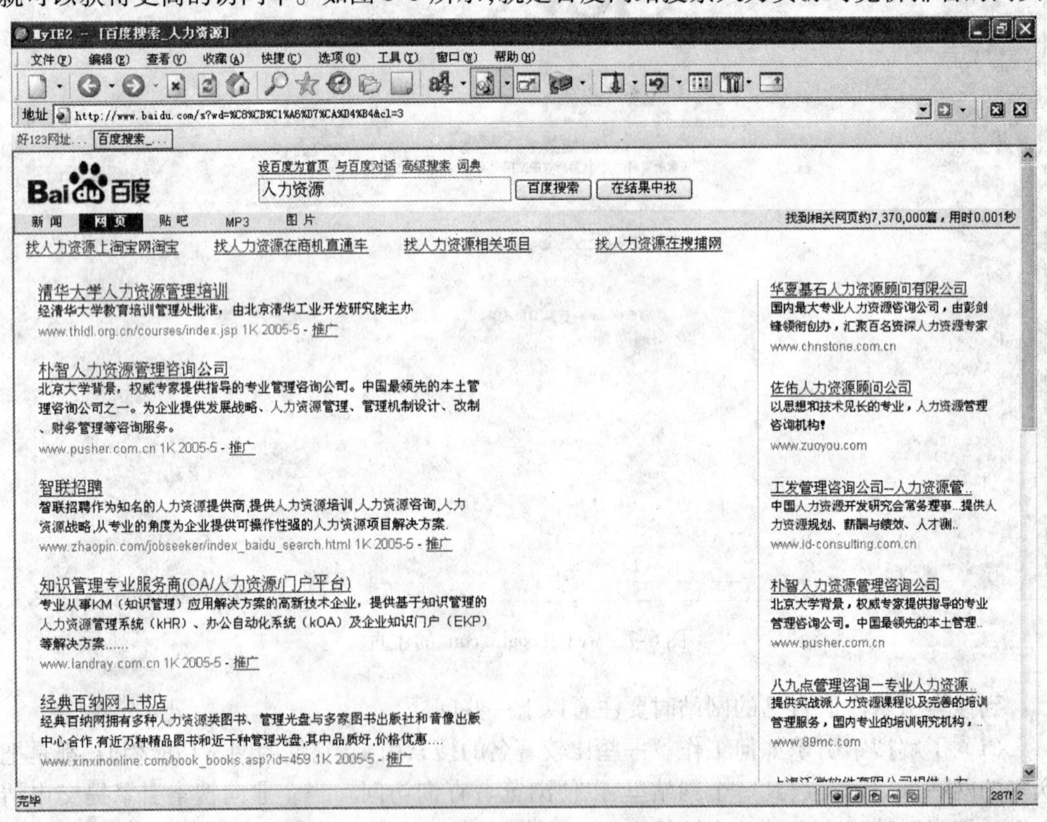

图 6-8 搜索“人力资源”竞价排名的网页

常用注册搜索引擎的方法有以下几种。

(1) 挂接软件的使用。现在已经出现很多与搜索引擎建立联系的共享软件,这类软件能够“知道”很多搜索引擎的地址及相应的用法，只要按照软件的操作向导去完成操作，就可以在很短的时间里把站点送至多个搜索引擎上面。Submit Wolf PRO 则是其中一个操作简单的代表性软件，它一次可以完成 800 个搜索引擎的注册工作。

(2) 手工注册。有些搜索引擎要靠手工注册，像 Yahoo 与搜狐的搜索引擎，它们不支持软件自动注册的方式，所以它们是采用人工方式收集网址的，这样可以保证所收录网址的质量，在分类查询时所获得信息相关性比自动搜索的搜索引擎站点要好。

(3) 委托 ISP 注册。ISP 可以提供搜索引擎的注册服务。在委托 ISP 进行注册时，一般要提供搜索关键字，可以是中文，也可以是英文。提供 50 字以内的网站介绍，可以是中文，也可以是英文。然后将相应的款项转入虚拟主机供应商的账户，ISP 就开始进行代理注册服务。

2）使用电子邮件进行推广

电子邮件是因特网的一项服务功能，所以在进行企业网站推广的时候也应充分使用这项功能。在使用电子邮件进行宣传网址时，要注意以下几个方面。

(1) 收集技巧。主动收集的方法就是想方设法让客户参与进来，如采用竞赛、评比、猜谜、网页特效、优惠、售后服务和促销等方法。通过这些方法，有意识地扩大自己的客户群，不断地用E-mail来维系与他们的关系。

(2) 准确定位。发送电子邮件时，应注意到接受人的感受。一味滥发邮件，其结果往往适得其反。所以在发电子邮件时一定要做好潜在客户分析，然后再进行发送工作。

(3) 发送周期。发送周期的决定因素在于发送的内容，时效短的东西周期也要短。一般的信息不要过于频繁发送，最重要的一点就是所发送的信息一定要有精品意识，这样对企业来说是有好处的。

(4) 邮件列表。要善于管理企业所收集到的邮件地址。常常碰到这样的尴尬事：自己的邮件地址和一百多人并列在自己收件人的栏目里，每个人的地址都写得很清楚。企业在发送邮件时千万要注意这个问题，找到免费的邮件列表供应商，创建一个邮件列表，把自己搜集到的地址统统放进去，直接向这个邮件地址发送就可以了。创建邮件列表的时候，把搜集到的地址按照类别存放，然后向不同列表发送邮件。每个收件人在收件人的栏目里看到的仅仅是自己的姓名，这样既方便了邮件的发送，也避免了很多个收件人的名字列在收件人的栏目里。企业网站可以利用各种邮件软件自行建立邮件列表，例如利用微软的 Outlook Express等，也可以使用 EURODA 这样优秀的 E-mail 软件。使用 EURODA 的 Nicknames 工具，只要建立一个别名就可以包含所有的 E-mail 地址，然后以 Bcc（秘密抄送）的方式发出就可以了。每个邮件列表最好以 100 个邮件地址为限。另外还可通过国内的一些专门提供邮件列表服务的网站得到邮件列表服务。

(5) 个性化服务。美国有很多在线交易网站会记录客户电子邮件信息，他们会用电子邮件进行客户跟踪。他们在网页上设计相应的表单，让用户提供自己的资料，然后可以通过这些信息进行个性化的服务，也可以通过客户的浏览记录发送相关新产品的信息，这样显得有人情味儿，容易留住客户，并且发展新的客户。

(6) 使用签名文件。签名文件被称为因特网上的广告牌。在签名文件里，企业要列入的信息有：姓名、职位、公司名、网址、电子邮件地址、电话号码，这使潜在客户容易对企业的网址产生信赖感并引导他们浏览企业的网站。

(7) 必须避免的问题。电子邮件是一种好的网络营销方式,但是也要恰当地加以应用,不能滥用,否则会被视为垃圾,造成接收者的反感,所以在实际使用中还要注意避免出现以下的问题:滥发邮件;邮件主题不明确;隐藏发件人的姓名;邮件内容复杂,占用空间大;邮件采用了附件形式;邮件发送频率过高;发送对象不明确;邮件内容的格式混乱等。

3) 网站链接

网站链接相对于搜索引擎来讲,能够更迅速、更有效地吸引访问者,以利于扩大影响力。网站链接有多种模式可以选择使用。

(1) 行业链接。通常每一行业都会有一个或几个访问量比较大的权威性网站,人力资源网站也不例外。通过在这样的网站上加入链接,能够比较准确地圈定访问者的类型,提高网站的利用率。

(2) 友情链接。寻找与客户网站信息有相互承接或相互补充的网站,与他们取得联系并设定相互的友情链接(交换链接)。为此,客户网站上最好有一个专门友情链接其他网站的网页,以免访问者还未真正了解到客户的信息就跑到其他网站上去了。

(3) 广告交换。因特网上有很多的广告交换组织,如 WebUnion 网盟和 Linkexchange 等。这两个图标广告服务提供商,专门从事全球范围内图标广告的自由交换服务。

(4) 有偿广告。如果客户觉得前三种链接方法对增加客户网站访问量帮助不大,或者不适合客户的网站,那么,可以选择有偿广告的方式,选择几个适合放置客户网站广告的网站进行广告发布。费用的多少通常由该网站的知名度及访问量决定。但通常只要广告的图标做的醒目、吸引人,并且链接的内容也相当丰富,客户网站的访问量会有非常显著的上升。

小　结

1. 从广义上来理解,我们可以把与人力资源有关的网站统称为人力资源网站。

2. 人力资源网站发展的根本,在于向用户提供优质的服务。但是,与其他信息载体相比较,网络招聘信息的真实性值得推敲。

3. 人力资源网站的前期规划包括:①目标规划②建站可行性分析③建站方式的选择。

4. 人力资源网站的建设包括:域名的选择与注册,构建起软硬件平台,网站设计等。

5. 商务网站内容设计的基本原则:①提供的内容要新颖、精辟、专业;②注意网站的运行速度;③方便用户访问和使用。

6. 一个合理的、符合逻辑的网站结构无论是对网站的建设还是网站以后的管理、维护都是大有裨益的。

7. 网站所面临的安全问题大概可分为物理安全、网络安全、数据安全等几种类型。

8. 网站安全策略一般包括物理安全、访问授权、数据安全、网络安全等内容,这个策略会随时间推移而变化,网站的安全管理人员必须定期评估和修改安全策略。

9. 网站的推广方式基本上可以分成两类:一类是传统的推广方式,另一类就是基于因特网的推广方式。

思考题6

6－1 简述人力资源网站的含义及其特点。
6－2 如何理解市场调研？市场调研的目的是什么？
6－3 人力资源网站的前期规划都包括那些工作？
6－4 人力资源网站建站阶段分哪几个主要步骤？
6－5 人力资源网站面临的安全问题有哪几种？表现形式如何？
6－6 应采取什么样的安全策略对待网站的安全问题？
6－7 如何进行人力资源网站的推广？

第7章　HR解决方案和实际案例分析

在未来的企业发展中,以人为核心,充分发挥人才的能动性,将变得越来越重要。所以,系统的人事数据管理,人才发展管理,工资管理,甚至企业组织结构的调整等,都是企业需求的根本。快速变化的顾客需求、迅猛发展的技术变革、锐不可挡的全球经济一体化,企业所拥有的资金、规模、技术等优势都是非常短暂的,只有持续构筑人力(HR)资源竞争力的企业才能基业长青。本章主要通过几个实际的案例分析,提供一个寻求人力资源解决方案。

7.1　Oracle HR员工信息管理系统及应用

在信息技术充分渗透到人力资源管理系统之前,企业的人力资源管理工作被束缚在繁杂的行政事物中。随着IT技术变革人力资源管理方案的日渐成熟,从束缚中解放出来的HR开始了"飞翔"的历程。然而,正像在PC时代人们由于Office软件的强大功能而淘汰传统工具一样,随着全球经济一体化,网络和人才经济的到来,处在复杂竞争环境中的以CEO为核心的管理层为了企业的生存和发展,越来越需要一套专业的、集成的并且是协同化、网络化的工具来进行人力资源管理,构建具有核心竞争力的团队,从而支持企业的日常运作和战略发展,这样的功能要求显然不是Office软件和人事部的人海战术能够胜任的。引进一套先进、科学的战略人力资源管理解决方案,可以帮助企业提升核心的组织能力,协助企业有效地落实和执行战略,最终保障企业战略目标的实现,从而体现人力资源管理为企业所创造的价值。

人力资源信息系统既然是一个系统,就是一个全面和相互联系的有机体,和企业的财务、供应链、行政等各个方面的管理系统有着紧密的联系。企业所采用的方案因企业的规模大小不同,发展阶段不同,所在的行业不同都会有所不同。在这一章里我们就当前国际国内一些著名的方案提供商所提供的人力资源解决方案,以及国内一些企业采用方案供应商的人力资源系统个案向大家作一个介绍。需要读者注意的是方案提供商提供的人力资源解决方案更多的时候是与其他方案如财务、供应链管理方案等同时提供的,以使企业达到全面的信息化。

良好的人力资源管理效率与开发能力将有助于企业营造人才发展环境,提升竞争能力。企业的人力资源管理已经成为企业各种管理中的重要基础内容和支柱。利用信息技术,建立企业人力资源管理信息系统,提高管理的效率和效益,已经成为企业信息化的重要内容和任务。一个企业或单位中员工信息的管理始终是人力资源管理的一个重要方面,人力资源信息系统毫无疑问应当将员工信息的管理纳入其体系之内。而且对员工信息的及时全面掌握是企业或单位实施下一步计划的重要基础。

Oracle公司是全球最大的信息管理软件及服务供应商,成立于1977年,总部位于美国加州Redwood shore。Oracle应用产品包括财务、供应链、制造、项目管理、人力资源和市场与销售等150多个模块,荣获多项世界大奖,现已被全球近7 600多家企业所采用。

1989 年 Oracle 公司正式进入中国市场，成为第一家进入中国的世界软件巨头，标志着刚刚起飞的中国国民经济信息化建设已经得到 Oracle 的积极响应，由 Oracle 首创的关系型数据库技术开始服务于中国用户。目前，Oracle 的大部分产品均已实现了全面中文化，中文版产品的更新节奏与在美国本土开发的版本基本同步。与此同时，Oracle 在中国得到了数以百计的国内计算机企业的合作与支持，如惠普、Sun、康柏、Cisco、Intel 等 Oracle 全球联盟合作伙伴和普华永道咨询有限公司、安达信企业咨询有限公司、安盛咨询、德勤企业管理咨询公司等 Oracle 全球系统集成商，Oracle 公司在中国已建立起完整的合作伙伴体系，拥有 6 家增值经销商、72 家独立软件开发商、180 家授权分销商和 4 家授权培训中心，他们共同构成了基于Oracle技术产品基础的全国性市场开拓、系统集成、增值开发与技术服务体系，为 Oracle 在中国的业务发展提供了强有力的支持。由他们开发的数百个基于 Oracle 平台的商品化应用软件包，已经广泛应用于国内的政府部门、电信、邮政、公安、金融、保险、能源电力、交通、科教、石化、航空航天、民航等各行各业。在这里就其提供的解决方案中的员工信息管理系统，通过模板的形式作一个介绍。

7.1.1　Oracle HR 员工信息系统介绍

1. 人事组织架构与层次的建立

在使用 Oracle HR 员工信息系统之前，要先建立人事组织架构。在大型集团公司或有多分支机构的组织里，要先定义工作地点，并赋予人事组织以名称；在定义人事组织即构建人事组织并赋予组织名称和职能时，要保证组织职能的独立，保证人力资源信息在不同人事组织之间的独立性和安全性，如图 7-1 所示。

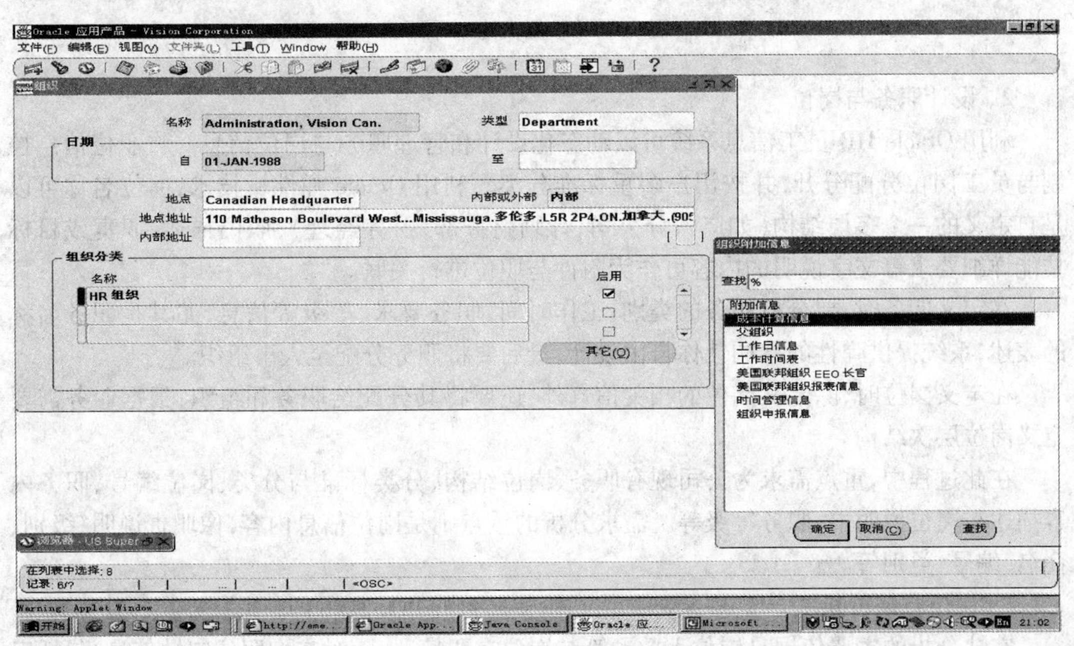

图 7-1　HR 组织架构界面

Oracle HR 员工信息系统提供了组织层次权限功能，通过组织层次的定义，可以控制对员工信息的存取权限和报表提交权限，因此可以定义不同的组织层次来满足业务流程和报告的需要,可以让不同级别的员工在员工信息读取和报告提交方面进行管理,如图 7-2 所示。

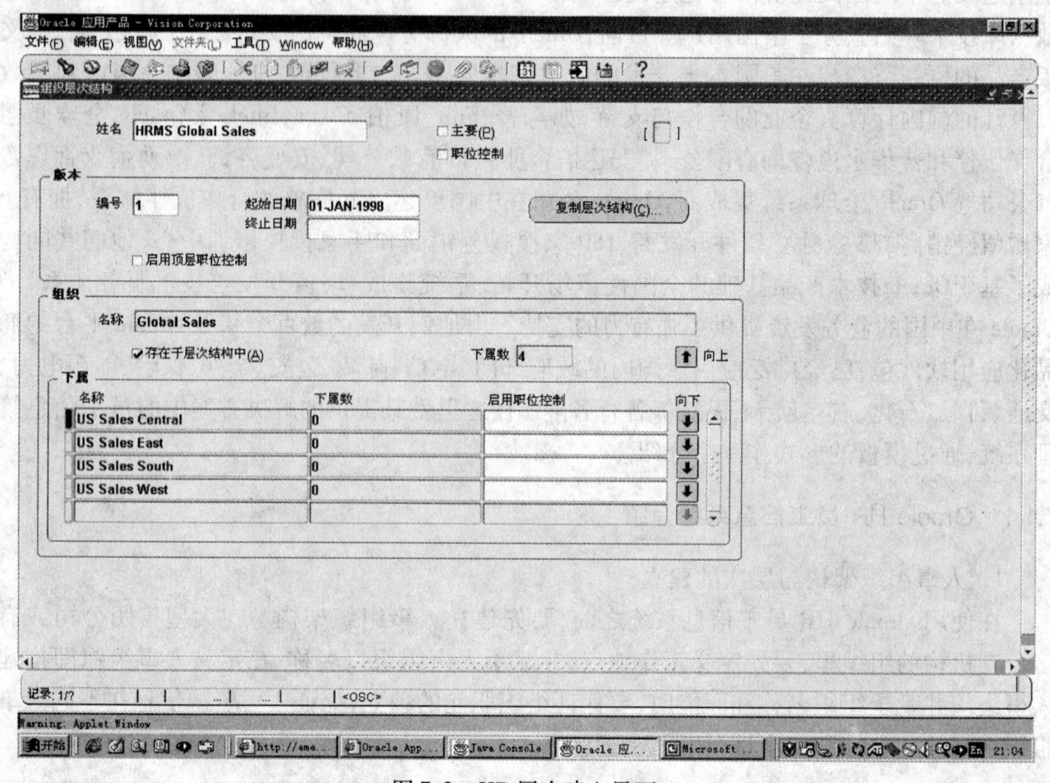

图 7-2　HR 层次建立界面

2. 设计职务与岗位

利用 Oracle HR 员工信息系统可以动态化设计和管理职务与岗位信息。将职位信息控制与员工岗位分配分开,并按用户多重标准分类。利用 Oracle 弹性域技术,岗位名称可以是自定义的一个多层结构(如广州分公司,计划财务部,财务经理),职位描述、职责或目标技能详细要求等文字说明的内容可作为附件与职位进行关联。

在定义职务时,要分析职务的类别、工作时间、职务要求、等级等信息,尤其是职务名称的表述,系统提供弹性的结构让你自由设计,最后要将职务分配至人事组织。

在定义岗位时,除定义岗位的相关信息外,还要将其分配给职务和组织;根据业务需要定义岗位层次结构。

在此过程中,重点需求为公司现有职务、岗位结构、分类标准与分类、岗位编号、职务内容描述与岗位说明书、职务等级等。需求分析的重点则是岗位信息内容,像职责说明、级别、命名、编号、类别等。

3. 岗位空缺分析

空缺分析的主要依据是岗位人数预算与岗位在职情况,随时查询职位空缺信息,包括雇佣人数、申请人数等;由此决定目前与未来的岗位人数预算如何来做。如图 7-3 所示。

4. 岗位统计分析

通过在线查询、报表输出和 Oracle 日期跟踪功能,按照岗位类别、组织与部门、职务内

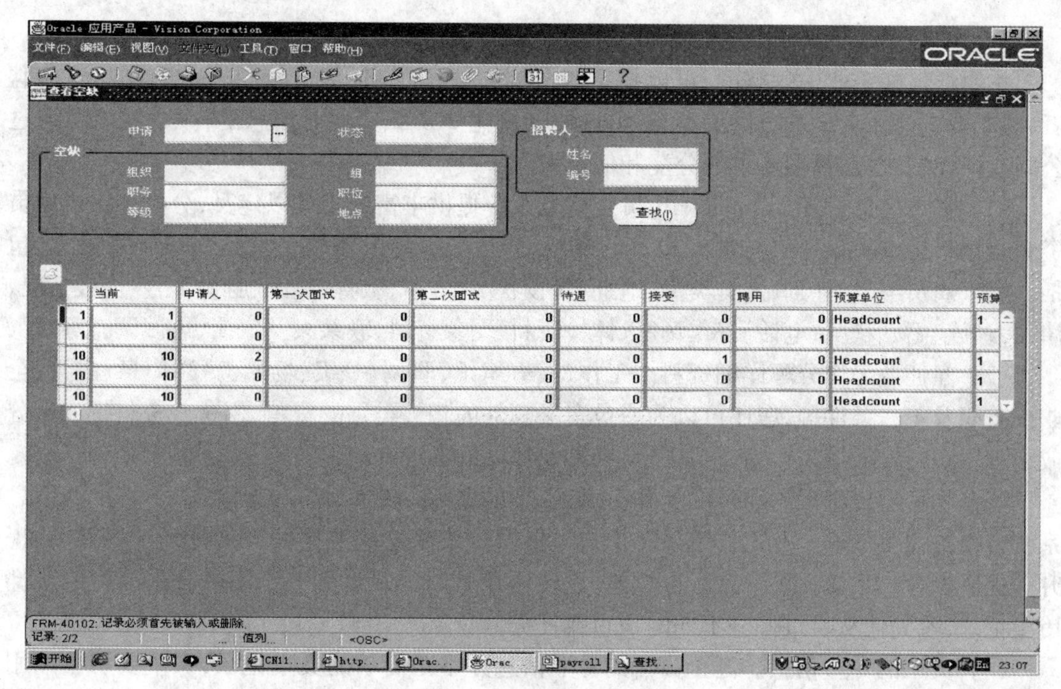

图7-3　岗位空缺分析界面

容或需求列出岗位的清单,帮助人力资源部门制定招聘计划,掌握公司内部相同类别的岗位人员流动状况和现有岗位的人员在职情况;分析员工的工件调动情况和原因,目的是将统计分析的需求明细化。如图7-4所示。

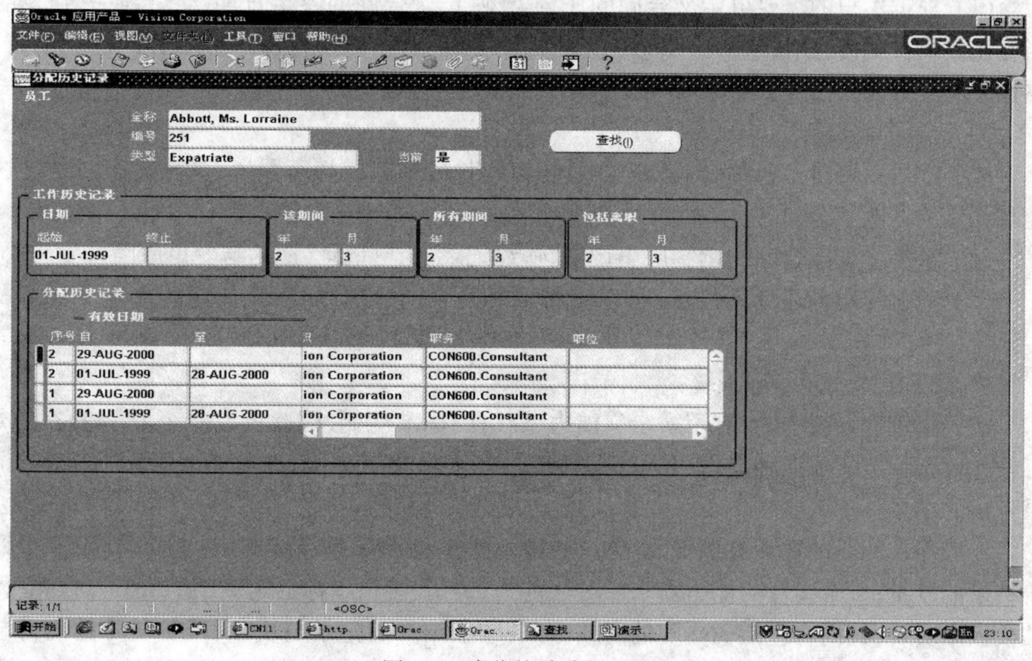

图7-4　岗位统计分析界面

5. 员工信息管理系统

按照员工在企业中的类型,可以把员工分为正式员工、外部员工、长短期合同工、应聘者、离职者或退休者。基于员工类型,可通过客户化 FORM 实现对信息的存取控制;可通过公式验证控制工资、福利要素的分配和值录入。

(1) 基本信息管理。Oracle HR 员工信息系统提供丰富的工具以定义,分析并报告雇员资料。用户可以录入任何与员工相关的资料,并可根据您的需要任意定义员工属性,这包括:姓名、雇员编号、性别、人员类型、地址、兵役状况、资格、教育、奖励、身份证号、伤残情况、津贴、种族、婚姻状况、电话、工作场所、体检资料、图象资料、联系人及家属、忠诚调查等。

(2) 雇佣及工作分配详细资料。工作、人事组织、职位、等级、场所、薪酬信息、主管、全职或兼职及工作条件等,您还可以为雇员定义额外的相关类别的资料,用这些资料把雇员分成组,汇总并排序,用来作为支付工资,补贴及津贴的标准。

(3) 受雇历史纪录。雇员的工作分配记录可以按日期追踪,所以 Oracle HR 员工信息系统将维护完整的雇用及工作记录。用户可以回顾改变这些数据并且为计划中的调动、提升等提供参考。系统提供一种标准浏览,它使用户可以一眼看到一个雇员分配改变的全部历史记录,看到他从事过哪些不同的项目或任务。

(4) 员工的专业信息。健全员工的专业信息并不是简单的文本记录,系统要求按照用户的分类方法与标准,将它分解成各种能力指标、资历指标,并对可以量化的指标定义相应的评价分数。这种结构化的信息记载使用户在企业内部庞大的人群中快速找到目标,发现具备各种特殊技能或资历的人才。

6. 员工合同管理

(1) 根据用户的需要可定义合同的任意类型,记录合同的签定日期、生效及失效日期,当你在查询员工信息时,Oracle Alert(预警)系统会自动弹出预警窗口提示合同的到期日,你也可通过报表列出 n 天后某一类型合同到期的员工清单。

(2) 合同状态管理。

(3) 你可以将员工各种合同的电子文档以附件的形式链接至员工,灵活的查找条件快速找到你要的电子合同。

(4) 系统将记载合同的续签历史记录、违约记录、变更记录,违约与变更原因。

(5) 通过使用描述性弹性域,可以定义额外的合同管理内容,比如违约规定等。如图 7-5所示。

7. 员工工作表现管理系统

在人事管理系统中的,有用来定义能力、资历的标准功能,因此可以将企业用来考核员工的各种指标定义成多种能力,并可定义相应的计量尺度或评级;在员工信息管理窗口中记录考核的结果。

一般需求调研的重点有以下几个方面:能力类型;所有的技能、资历、考核指标;能力评价结果的度量;每个岗位的能力需求。关于能力、资历、考核指标的定义,主要是通过建立评估模板来实现,其内容包括 360 度的考核方式;考核结果的记录与更新;维护员工的能力与资格及变动历史;考评结果分析等内容。如图 7-6 所示。

Oracle 应用产品 - Vision Corporation

文件(F)　编辑(E)　视图(V)　文件夹(L)　工具(T)　Window　帮助(H)

全称	合同参考	分配编号	人员类型
Walker, Mr. Kenneth (Ken)		4	Employee
Connors, Mr. Timothy Pe			
Knapp, Mr. Peter James			
Heiden, Ms. Camille Sere			
Daniels, Mrs. Britta Miche			
Hamilton, Ms. Pamela An			
Peters, Ms. Tracy Marie (			
Carlen, Mr. Paul David (P			
Simpson, Mr. Doug (Doug			

合同(Walker, Mr. Kenneth (Ken))

参考　状态
类型　状态原因
说明
文档状态　日期更改
有效日期　起始　终止
服务期的日期范围　自 14-DEC-1994　至
期限　单位
开始原因　结束原因
合同上的职务
当事人
扩展期　单位
扩展原因　扩展数
有效日期　自 19-OCT-2001　至
其它信息

Person
工资单
报酬合计
查看
流程和报表
事务处理维护表单
交换大量信息：MIX
其它定义
安全性

FRM-40350：查询没检索到记录。
记录：1/1　<OSC>
Warning: Applet Window

图 7-5　员工合同管理界面

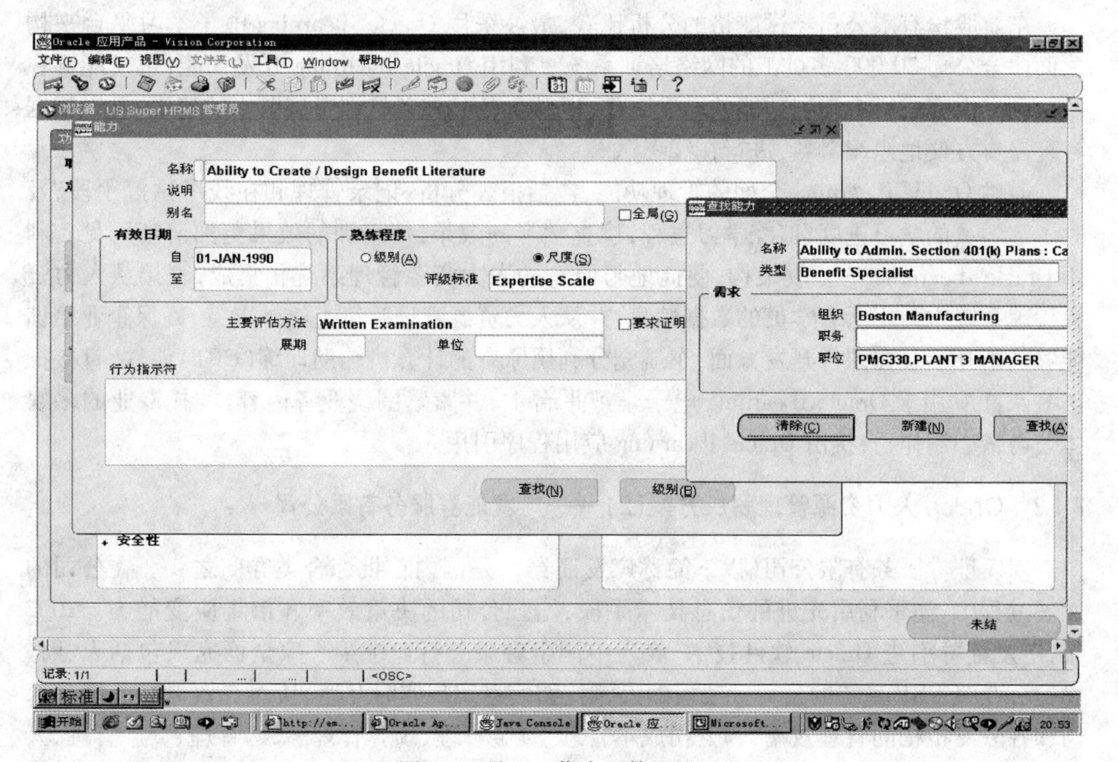

图 7-6　员工工作表现管理界面

7.1.2 Oralce 人力资源管理解决方案(1)——中国东方航空集团网络培训系统

中国东方航空集团(以下简称东航),总资产近500亿元人民币,员工约35 000多名,经营国内外航线近500条,形成了以航空运输为主,涉及通用飞行、金融期货、进出口贸易、航空食品、宾馆旅游、房产物业、广告传媒等众多领域的航空集团。

1. 挑战

由于民航工作的特殊性,东航下属东航股份有限公司一直高度重视培训工作,积极利用多种培训手段,对各级管理人员、飞行员、乘务员和地面服务人员进行培训,以确保他们达到相应的职业技能标准。随着东航股份有限公司重组兼并,培训工作更是需要面向兼并重组后所有的职工群体,加上对地面服务人员用工制度的改革,对培训的需求迅速增加。为了提高培训效率并确保培训质量,同时降低培训成本,东航股份有限公司决定,借助信息化手段,实现全公司培训的统一化和认证化。因此,电子学习平台的管理功能至关重要,必须能够对学员的学习情况进行完整的跟踪记录,对学习效果进行有效的评估。同时,电子学习平台还需要具有充分的灵活性和开放性,能够方便地定制适合东航特殊要求的培训管理功能,并且能够便捷地与东航已有的人力资源管理系统和财务管理系统相集成,实现数据共享。另一方面,电子学习平台的后端数据库能够承载全公司20 000多名学员的用户量需求。

2. 解决方案

东航股份有限公司经过严格的分析比较,最终采用Oracle iLearning电子学习平台来构建面向全公司20 000多员工的网络培训系统。利用Oracle iLearning开发功能,东航能够在一个月之内完成所有培训功能的开发工作,以及机务和乘务培训考试题库的建设,可以根据各种需要方便地组织考卷,进行在线考试。

通过Oracle iLearning全面的管理功能,包括报表分析、记录管理和在线考试等手段,及时了解学员的学习进度、追踪学习过程,检查学习的效果,使培训的效果更加清晰可见。利用Oracle iLearning的开放架构,便捷地与原有的人力资源管理系统相集成,直接从人力资源管理系统中引用所有学员的数据信息,并从人力资源管理政策上给予支持,确保企业培训能够真正开展。在课件开发方面,东航充分利用原有的计算机辅助训练(CBT)课件,直接把这些课件应用于Oracle iLearning电子学习平台上,并紧紧围绕业务内容,委托专业的多媒体公司精心制作,直接由Oracle iLearning应用程序引用。

7.1.3 Oralce 人力资源管理解决方案(2)——广发证券服务有限公司

广发证券服务有限公司(以下简称广发证券),是国内首批综合类券商之一。在公司的发展过程中,注重利用先进的信息技术手段,增强公司的决策效率和市场应变能力。2002年,广发证券引进Oracle软件技术,成为中国金融服务行业中第一家全面完成包括人、财、物的企业级ERP系统的公司。公司的人、财、物信息实现实时互通,从而有效提高公司各部门和各分支机构的管理效率,为公司成本管理、资金管理、预算管理、采购管理、资产管理、人力资源管理提供及时有效的决策信息,强化公司的三级管理体系,规范和提高了公司的管理水平,为公司全面执行“稳健经营、规范管理、在管理方式上稳健与开拓并重”的集团化发展战略扩张提供了强大的管理平台和技术手段。

1. 行业背景

中国证券业正在面临新的机遇和挑战。一方面,在经过十多年的高速发展之后,近年来遭遇到前所未有的市场低迷,同时,新实施的浮动佣金制度使券商经纪业务面临新挑战。另一方面,加入 WTO 之后的中国证券市场逐步开放,合资证券、基金公司准入证券市场,国际化竞争态势已成必然。证券市场的国际化、市场化步伐大大加快,使中国证券公司的生存环境发生了深刻的变化。在新的生存和竞争环境下,原有的粗放经营、垄断利润难以为继。在管理上,国外一流券商的整个管理手段和业务流程都建立在高技术支持的运行体系之上,广泛应用了诸如 ERP(企业资源计划)、CRM(客户资源管理)等管理系统。因此,面对暂时的市场低迷和未来巨大的发展机遇,中国券商需要借助先进技术增强技术和管理体系,为管理手段和业务流程提供强有力的支撑,以此为基础提升综合业务水平,适应未来的激烈竞争。

广发证券与中国资本市场一起成长壮大,她创建于 1991 年,迄今走过了十几年的发展之路。面对新的竞争环境,广发证券围绕"以客户为中心、以市场为导向"的经营理念,引进 Oracle 电子商务套件部署 ERP、CRM 多个应用系统,形成一个强大的综合业务网络平台,有效规范整个公司的管理,提升企业的生存和竞争能力。在 2002 年中国证券公司出现行业性亏损的情况下,广发证券仍取得了较好的经营业绩。

2. 应用需求

对于任何企业,人、财、物的管理都是生存和发展的重要基础。广发证券在公司的发展过程中,一直很重视人、财、物的管理,在引进 Oracle 产品部署 ERP 系统之前,在人、财、物的管理方面引入了相应的技术手段。但基于当时技术的局限性,这些系统之间彼此独立,数据不能共享。随着公司规模的扩大,彼此分离独立的人财物数据无法为公司提供准确、快速决策支持,公司为提供管理效率而制定的管理流程制度也无法全面落实,造成人、财、物管理的脱节。比如在采购方面,公司虽然制定了采购制度和审批流程的规定,但由于缺乏及时、具体的数据和技术支持,使得规定很难真正落实。在某个分支机构申请采购某个物品时,对于公司是否已购买过此种物品、存货多少、存放在何处、目前还有多少预算、公司对这一物品的质量有什么具体的要求、指导价格是多少等采购信息,主管领导都无法及时获得,这样,在审批采购申请时没有准确的数据作支持,物品重复购买、价格不合理和利用率不高的情况时有发生,使得公司的采购成本居高不下。另一方面,由于原有的信息缺乏分析管理的功能,无法为公司的决策者提供决策支持,从而无法帮助他们从财务管理和人力资源管理的角度,对公司的资源进行有效的规划和控制。

广发证券充分认识到这一管理状况所潜伏的危机,决定部署一个能够全面集成公司人、财、物等方面信息的管理系统,对所有分公司的人、财、物资源进行集中管理,统一规划公司的资源。通过全面集成的系统,使公司领导层能够随时、方便地掌握公司的经营管理状况,及时发现问题,及时解决问题,并通过流程化和系统化的规范管理,确保公司业务有序发展,同时降低经营成本,不断增强公司适应新竞争环境的能力,进而提升公司的竞争力。

3. 解决之道

为了确保项目的顺利实施,广发证券明确要求,所有项目上线都需要经过最终用户测试,并在得到各方(业务、技术、开发商、实施顾问、公司领导)签字确认后才能正式上线。2002 年 2 月开始部署 ERP 系统,采用"一次设计、同步实施、分期上线"的实施策略。2002 年 3 月 5 日,成立 ERP 工程监理小组;2002 年 3 月 7 日,成立 ERP 用户小组。在统一部署和公司领导层的强有力推动下，广发证券 ERP 系统的实施过程十分顺利。在 2002 年 6 月 12 日，人力资源模块中的人员管理、培训、招聘子模块便成功上线。2002 年 8 月 1 日，上线财务的总账、应收、应付、资产管理、资金、现金、行政的采购和库存管理等八个模块。2002 年 12 月 12 日，ERP 系统的人力资源薪资、休假、绩效管理子模块、财务分析模块、投行项目核算模块、行政项目核算模块也都上线成功。一个全面涉及大型公司的财务、人力资源、采购、库存、项目会计等多方面企业资源的管理系统，仅在一年之内就能够全面上线运行了。

4. 应用效益

广发证券在一年的时间内，就成功部署了基于 Oracle 的 ERP 项目财务、行政和人力资源管理模块以及基于 Oracle 集群数据库的企业级 CRM 系统，标志着广发证券在规范化管理方面取得了新的突破。借助全面集成整个公司人力、财力、物力信息的 ERP 系统，广发证券能够实时获得全面准确的信息，主管人员能够通过及时、清晰的业务及相关信息，快速作出正确的决策，从而全面提高公司内部和客户管理的可见性、控制力和效率。

借助全面集成的数据，广发证券能够全面推行规范化的流程管理系统，通过适量的系统客户化，全面推行一套具有自身特色、合乎证券业规范运作要求的制度化管理体系，确保整个公司的业务管理有序、高效。这种高效支撑平台已经发挥作用，全公司在基本没裁员的情况下，成功实现成本下降 20% ~30%。

财务分析模块、投行项目核算模块、行政项目核算模块使人、财、物之间能够实时互通，效率和准确率成为更进一步实施的动力，原来一个多月都无法完成的某些复杂的多维分析报告，现在当天就可以完成。在系统管理方面，Oracle ERP 多功能、强大、集中式的管理功能使得广发证券能够有效降低在系统管理人员方面的投入。目前，广发证券的 ERP 系统仅安排了 2 名系统管理人员，一名负责管理数据库，另一名负责管理应用软件，互为 AB 角。如此简练的系统管理队伍，这在以前是无法想象的。

7.2 用友人力资源信息化解决方案及应用

7.2.1 用友人力资源管理集团解决方案

1. 设计思路

企业的人力资源管理作为基础的水平管理体系，在建立人力资源管理信息系统时不能作为孤立的系统建设，必须与企业财务、销售、生产等有机整合，作为企业资源管理的一个子系统构建。在规范和发展情况下，我们可以把企业的人力资源管理系统分为多个层次：企业应用软件平台、人力资源数据管理、人力资源事务管理、人力资源制度与流程、人力资源规划与战略管理。如图 7-7 所示。

应用软件平台可以作为人力资源管理系统与其他管理系统的共用平台，保障企业信息系统数据的整合共享，并利用平台的各种配置、设置功能，使系统具有很好的灵活性、扩展性，保障系统的兼容性和长期可用性。

人力资源基础数据管理工作主要指建立起企业人力资源运作的基础数据平台，这个平台首先要包括一套完整的人力资源管理指标代码体系，并建立完整的人力资源管理对象（机构、职务、岗位、人员等）数据库系统，这是企业一切人力资源管理活动的依据。

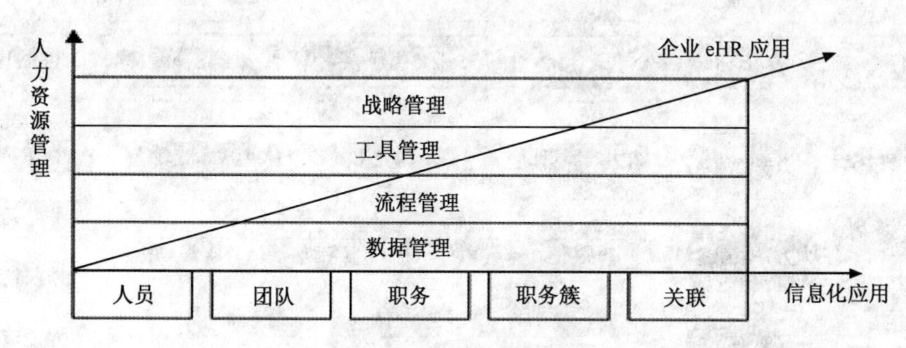

图7-7　人力资源管理的多层次

人力资源事务管理工作是在人力资源基础数据管理体系基础上进行操作的，主要包括合同、考勤、培训、薪资福利、招聘、人员变动等管理内容。应该说，例行性工作的一个特点就是其中的大部分工作都是基于经验的重复劳动，琐碎烦杂，缺乏创造性，占用了HR管理人员大量的时间，但又是人力资源管理中不可回避的基本事务。利用系统可以实现自动化处理，大大节省人员精力，提高人力资源管理工作效率。

人力资源制度与流程工作是建立企业特色的管理制度和流程，如果没有标准化的操作流程做支撑，管理的规章制度在具体操作上或多或少会存在因人而异的混乱现象。对人力资源管理者而言，如果解决不了操作层面的问题，人力资源管理就只能是纸上谈兵。因此，建立一套有效的人力资源运作体系，是人力资源管理迈向实务的重要保障。尤其是建立符合企业发展和战略的业绩考核系统，将是企业人力资源管理的核心内容。

人力资源战略性工作要求人力资源管理者能根据企业的经营发展战略，主动分析、诊断企业人力资源现状和成本(如人力资源配置状况、能力评价等)，为企业决策者准确、及时地提供各种有价值的人力资源信息，使得企业在战略目标的形成过程中得以充分考虑人力资源这一重要的经营要素，并为战略目标的实现制定具体的人力资源行动计划(如通过招聘来优化人力资源配置、通过培训提升人力资源的能力等)。人力资源战略是企业人力资源管理工作的指导方针。

现代企业人力资源管理的方式已经由过去的人员被动接受的“管”，而转变为全员参与的“理”，即人力资源管理工作并不是人力资源部门一个职能部门可以完成的，需要决策者的动态决策、直线经理们的内部管理、员工们的信息浏览和反馈，甚至包括外部应聘人员的双向选择来共同完成。因此，系统的建立需要各个层次人员的应用平台，在权限的控制下参与到企业人力资源运作中，营造一个适合人才发展的环境。

2. 方案框架概述

EHR是为客户持续提升人力资源管理水平和能力而提供的信息化的支撑和平台。EHR的根本价值只是一个带有一定管理思想的工具，它并不能直接提升客户的人力资源管理水平，而需要借助与EHR相匹配的人力资源管理咨询服务。鉴于这一认知，软件咨询和管理咨询被界定为完全不同的两个服务产品，本解决方案将着重从软件层面进行分析，不会过多地涉及管理咨询的内容。整个方案框架如图7-8所示。

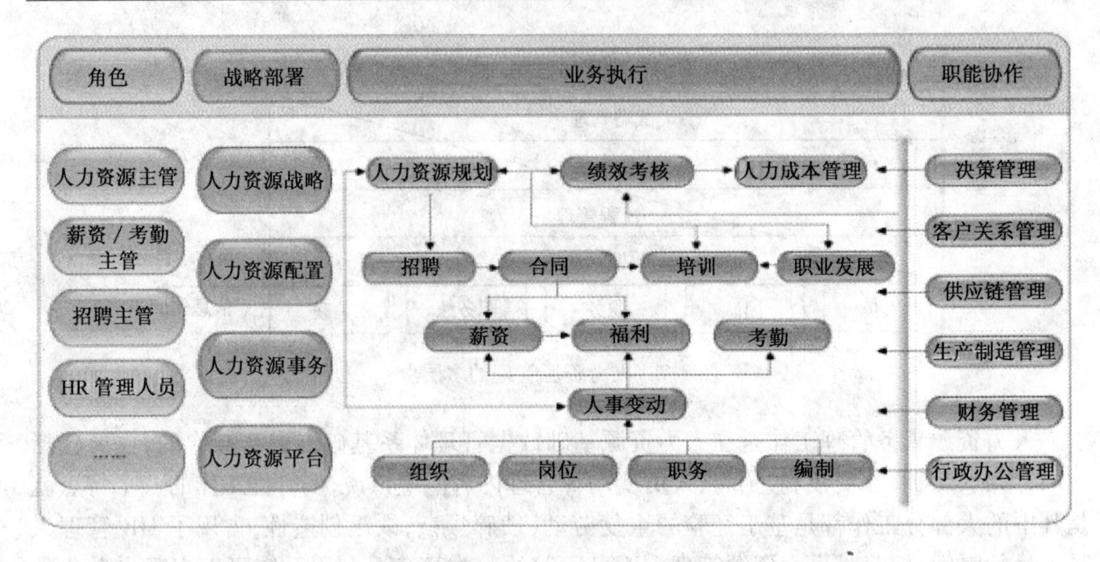

图 7-8　用友集团解决方案框架

3. 技术构建思路

(1) 系统扩展性。用友人力资源管理集团版具有良好的系统扩展功能,可以让客户轻松实现人力资源软件和其他软件的系统集成和数据共享。

(2) 参数灵活性。用友人力资源管理集团版采用三层参数体系,即 UAP 平台参数、HR 系统参数、HR 模块参数。通过三层参数的个性化设置,可以让客户轻松实现独具特色的人力资源管理模式和体系。

(3) 流程柔性化。用友人力资源管理集团版在处理流程问题时,充分考虑到客户日常管理流程的易变性,通过柔性化设置允许客户随时根据实际管理状况的变化进行即时调整。

(4) 模块组件化。用友人力资源管理集团版通过组件化工具开发,可以轻松实现新模块或新工具的接插,并保证数据按业务流程正常流转。同时,客户也可以根据管理需要,重新开发具有个性化的管理模块或工具。

4. 管理思想和软件技术的结合

通过用友人力资源管理集团版的应用和实施,可以帮助集团企业建立完全个性化的现代人力资源管理模式。

(1) 实现以职位为导向的人力资源管理向以能力为导向的人力资源管理的转变。在用友人力资源管理集团版中,既允许客户建立以"职位"为核心的"3P"人力资源管理模式,也允许客户建立以"胜任特征"为核心的能力导向型人力资源管理模式,并通过员工素质测评、绩效管理等模块的整体应用,实现人力资源管理模式的有效转变。

(2) 建立以现代管理技术为支撑的人力资源管理体系。在用友人力资源管理集团版中,客户可以通过自身的应用,灵活操作各种现代化的人力资源管理技术。比如:在"培训管理"模块中,客户可以通过对培训效果评估要素的选择,建立适合于集团需求的培训效果评估模型;在"绩效管理"模块中,客户通过不同的参数定义,建立全视角考核体系或平衡计分卡考核体系,并通对 27 项考核结果使用模型,实现对考核结果的多元化应用;在"招聘管理"模块中,系统通过应聘人数、面试人数、录用人数、到岗人数的统计和比较,帮助客户建立“招聘金字塔”模型,对招聘效果进行全方位分析;在“人力资源规划”模块中,系统允许客户从本地区、本行业、竞争对手、集团内部四个不同的角度进行数据采集和人力资源供需均衡分析,为集团制订人力资源战略决策提供有效的信息支持。

(3) 通过员工自助服务系统,建立开放性、参与式的人力资源管理机制。用友人力资源管理集团版提供员工自助、经理自助和总经理自助服务系统。员工自助可以让所有员工及时了解与自己有关的信息,并及时参与自己感兴趣的人力资源管理活动,实现集团人力资源的透明管理;经理自助为所有管理人员赋予必须的人力资源管理职权,让所有经理人员切实承担起人力资源管理的责任和义务,使人力资源管理真正成为所有经理人员的第一要务;总经理自助可以让集团决策层及时了解集团人力资源管理的真实状况,以便能做出科学的分析和决策。同时,通过自助服务系统,集团内所有人员可以实现无障碍的双向交流,借助信息化为集团构建高效沟通体系。

5. 系统应用价值分析

(1) 规范基础数据管理。用友人力资源管理集团版采用集中的数据管理,可以有效地改变集团型企业信息分布比较散乱的状况。同时,用友人力资源管理集团版提供字段扩展功能,可以为集团型企业实现完整、规范的数据管理提供一个良好的支撑平台。

(2) 处理人力资源日常事务。预警平台可以协助人力资源管理人员更轻松地应对日常管理事务;报表管理的灵活定义,为人力资源部门的统计分析提供强大的技术支持。

(3) 实现标准化管理和个性化管理的有机结合。系统通过账套设置和权限分配,可以由集团制订统一采用的管理标准。比如,由集团设置报表模板,各分子公司都必须按规定的模板提交统计报表。同时,系统也允许子公司根据自身的实际情况采取个性化的管理措施,比如薪资分配形式、培训内容安排等。

(4) 严格的流程控制。从审批流的角度,用友人力资源管理集团版在系统设计时就充分考虑各模块间流程的控制,并根据预设流程自行运转和监控,以事件和流程推动人力资源管理工作的正常运行。如果用户操作不符合流程规定,系统会自动报警,并屏蔽掉非法操作的影响。

(5) 为集团领导决策提供准确实时信息。利用因特网,集团领导可以在任何时间、任何地方进入系统,随时查阅与集团人力资源相关基本信息,准确定位下属人员的工作绩效和在集团中的职位变动信息,掌握集团人员和岗位信息、薪酬和福利现状,并方便地生成各种数据报表或图表。同时,系统还提供强大的管理工具和战略工具模块供客户选择,对这些人力资源信息进行深入分析,为公司决策人员提供更多的智力支持。

7.2.2　用友人力资源管理信息系统模块

1. 人力资源战略

外部环境和企业战略将决定人力资源管理的战略,如企业各岗位系列的薪酬水平、各岗位的平均更新率、各业务线的职位空缺率,同时涉及基于企业的核心业务分析之后的组织模式,用友 e-HR 通过对人力资源管理战略指标的详细分解,将以流程与字段控制的手段,对业务处理过程中的关键环节提出建议,借以科学地完善决策支持机制,达到对人力资源职务职能体系、薪酬与激励体系、培训开发体系、绩效改进体系和内部平衡体系运行过程中的控制。如图7-9所示。

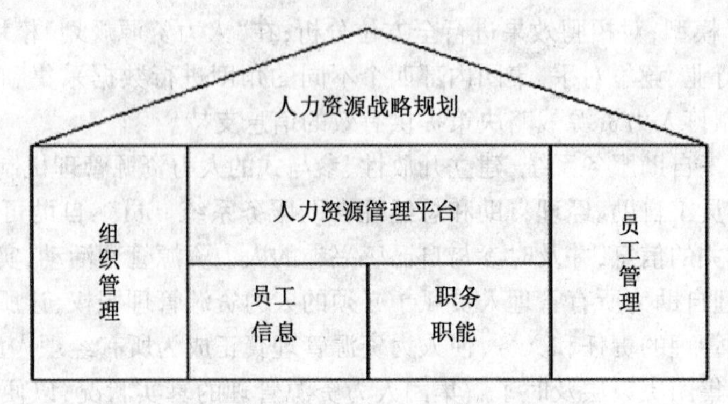

图 7-9 人力资源战略模块

2. 人力资本管理

人力资源管理的方法与手段应该凭借一个相对稳定的框架进行积累,多年的案例、成功的解决方案、标准的素质模型等,均能在这里找到积淀的河床。管理的提升不会因为人员的流动而出现障碍,管理者不会因短期的管理方法失误而导致战略的失败,用友 e - HR 人力资本管理模块是一个专业团体共同建设的领域,自然更多地包括每位系统的使用者,人力资源管理经验与知识得到了快速复制与共享。

3. 人力资源规划

与人力资源规划不同之处是人力资源规划解决的层次是策略性的工作,当然,人力资源计划是以规划为基础。用友 e - HR 从业务流程入手,分析工作,规划岗位,从而规划人员的编制;确定编制以后,规划岗位的素质模型,岗位的发展与变迁。实际上,编制、素质要求与岗位的工作量存在着必然的联系,这种必然的联系恰恰是人力资源规划的重点。用友 e - HR人力资源规划模块智能化地解决了这种业务逻辑关系,很好地利用了基于能力模型的岗位建设管理工具,同时以开放的信息化工具细化了企业的战略思想,是人力资源管理变革的源泉。

4. 企业组织结构

组织设计是由管理机构制定,用以帮助实现组织目标的有关信息沟通、权利、责任的正规体制。组织结构是指某个组织在实现其所希望达到的目标过程中,通过劳务分工和合作(一体化)方式来连接技术、任务和员工。如图 7-10 所示,在组织内部必须明确定义好职位,每一职位的职务所要完成的任务,并要明确定义每一职位的隶属,所管理的员工或客户,以达到信息的及时沟通和责任的明确划分。组织结构应该帮助企业达到以下三个目标。

(1) 促进信息和决策的沟通,减少不确定性。

(2) 在组织内明确职位和单位,从而实现分工的潜在利益。

(3) 在职位和单位的产生之间,帮助它们达到所希望的合作水平。

人力资源管理系统的任务是描述企业组织结构和员工之间的组织关系,以及对员工数据的存储和管理。由于外界环境的变化,促进了新的职位和单位的创设和改变,这就要求人力资源管理系统能及时和灵活地描述企业的组织结构。

5. 人员信息管理

对人员的基本信息全方位、深层次、多方位的掌握无疑是用友 e - HR 奉献给用户的一

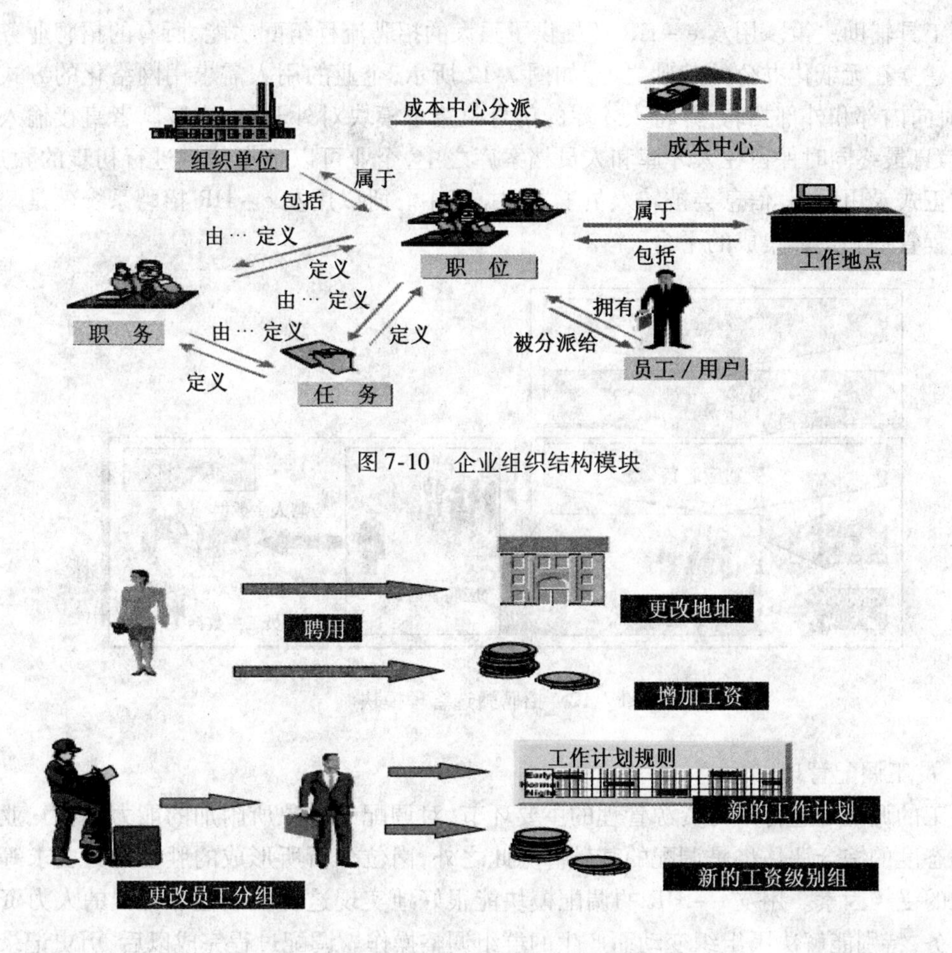

图 7-10　企业组织结构模块

图 7-11　人员信息管理模块

个礼物。跟我们平时所理解的信息处理不同，用友 e－HR 采用数据挖掘的信息处理工具对历史记录、静态数据、过程数据与规划数据实现优化处理，在满足当前业务工作需要的同时，提供随组织变化而需要及时决策的支持。如图 7-11 所示，员工信息的任何变化，从员工的最初聘用，到员工工资变化及员工隶属的变化，用友 e－HR 都能实行动态化的追踪和管理。强大的图形分析工具也许能为我们带来定性的判断，而信息精细化分析的目的在于能使我们的管理行为更贴近实际。结构化的数据是批量处理的基础，使我们能从不同的专业角度来观察与研究整个企业中的人力资源，这是我们进行人力资源优化的基础，反映在调配、淘汰、开发等不同的层面上。

6. 招聘甄选管理

我们依据业务的需要来引进新的人力资源时，如果缺少应有的工具将会使决策者在繁杂的事务工作中陷入盲目。因为我们在招聘时面对的是一个动态的人力资源市场，这个市场会因非客观条件的制约而产生使招聘者难以判断的迷雾。用友 e－HR 提供了这样的一个平台，使你分析与研究的对象按照你想象的模式去排列与组合：可以利用简单的搜索与统计工具对原始的信息归类与整理；可以通过组合化的面试手段获取统一和贴近岗位业务需求标准的信息；可以通过客户化的应用模型进行参照来获得差异性指标信息；可以通过成型的测评工具辅助决策。用友 e－HR 还提供了强大的招聘流程组配功能，所有的招聘业务操作将会建立在无纸化办公的基础之上，如图 7-12 所示，企业的用人需求用网络化的方式公布，同时向内部和外部招聘，并将人才库的信息收集子模块对外开放，由应聘者直接输入信息，此信息最终同时保留在人才库和人员档案库之中，企业可以根据信息进行初步的甄选。员工被正式录用后，其信息会被转入员工主数据库中。所以用友 e－HR 招聘系统就是一个基于过程管理和工具集成的平台。

图 7-12　招聘甄选管理模块

7．员工调配管理

员工的调配是进行人力资源管理的主要环节，对调配的对象所附加的能力、潜力、业绩表现和态度的综合评估将是调配的基础。除此之外，岗位分析所形成的胜任能力要求等也是调配的受控因素。用友 e－HR 的调配模块能很好地实现这种目的性非常强的人力资源管理业务，特别能解决因组织变动而产生的群组调整操作。调配过程完成以后，历史记录的保存是我们进行人力资源管理诊断与分析的原始信息。而对调配信息的分析，则为人力资源规划提供了实践基础。

8．员工离职管理

人力资源管理与资金管理的不同之处非常明显，其中重要的一点是人的变化性，包括自身的变化与环境的变化。这种变化是人才流动的始因，在一个大的人才环境中，离职是一种大环境中人才的平衡调配。用友 e－HR 帮助企业在这种特殊的调配过程中优化资源，尽量减少流失，扩大人力资本。用友 e－HR 实现了网上办理离职业务的整个工作，通过自助平台完善了沟通渠道。通过对离职人员的分析，可以从中发现人力资源管理整个过程中关于激励、工作分配、开发等环节中的不足，借以提供各人力资源管理体系的建设与战略决策。

9．制度政策管理

一套完整的人力资源管理制度是管理战略实现的根本保证，用友 e－HR 按照人力资源管理从整体战略、各业务流程、具体操作等几个方面对制度政策进行分类，方便、高效地提供给用户。文本形式的传递过程已经不能完整地体现出及时、高效、敏捷的现代企业的特征，用友 e－HR 提供的模糊查找功能能最迅速地展现你所需要的信息，并及时共享。对于国家部委的人事政策与制度的更新，可以通过远程由用友 e－HR 人事政策分析专家进行维护与更新，用户同时可获得相应的分析报告。用友 e－HR 制度政策管理平台作为底层的数据集中系统，是人力资源管理者资源的补充与运用的基础工具。

10. 劳动合同管理

劳动关系的管理不仅仅是在合同文本上进行反映，企业与人力资本之间的价值交换的有效性是体现人力资源管理实际效益的一个方面，劳动合同体系的建立与变更要随着业务的发展方向而产生变化，我们可以将劳动合同作为一种有效的激励工具在人力资源管理体系中展现出来，引导员工与企业的目标趋同一致。作为企业文化建设的一个部分，人力资源管理者利用用友 e－HR 及时处理有关劳动关系业务，将大大提升员工的满意度，也是建立一个可持续发展的企业的保证。

11. 培训开发管理

人力资源开发是一个渐进的过程，培训是这个过程中主要的手段，同时，培训又必须为企业的业务发展服务，培训的目标导向是由企业的业务需求决定的，但是，个人的培训需求不一定全部在企业所框定的整体需求之中，这种个人需求和企业整体需求之间的差异是导致资源短缺的原因。利用用友 e－HR 可以合理分配所能掌握的资源，有计划地分配到业务需要的环节中，对于受训者来说，这往往是一个被动的过程；另一方面，人力资源管理者又必须从员工的发展角度出发，合理设计人的职业发展方向，用友 e－HR 提供了这种因发展需要而产生的培训需求的分析模式，这是主动的过程。培训的实施过程完全可以通过网络的形式，在用友 e－HR 系统的运用过程中，培训的效果评估将以需求作为衡量的标准，从培训资源的分配、培训过程的控制、培训参与者的工作业绩等方面作出综合评价，从而指导并控制着培训开发的下一个循环。

12. 职业生涯规划

如图7-13所示，当部门主管职位出现空缺后，一般企业都会从内部提拔新人，由资源管理员升任主管，而管理员留下的空缺职位又会由助理来担当。这些空缺的职位当然也会有外部招聘而来的员工担当。给每位员工从专业的角度指引一个发展方向，是人力资源管理者艰巨而又重要的工作，这种工作必须以几个方面作为基础：行业的发展状况及未来分析、企业的发展战略、详细的岗位设计、员工的基本素质、员工的学习能力。这个工作的完成需要大量的信息资源作为基础，对于一个人力资源管理者来说，完成这些信息的收集与整理是一个非常复杂的系统工程，用友e－HR提供的这种平台使我们的信息收集与处理成为可

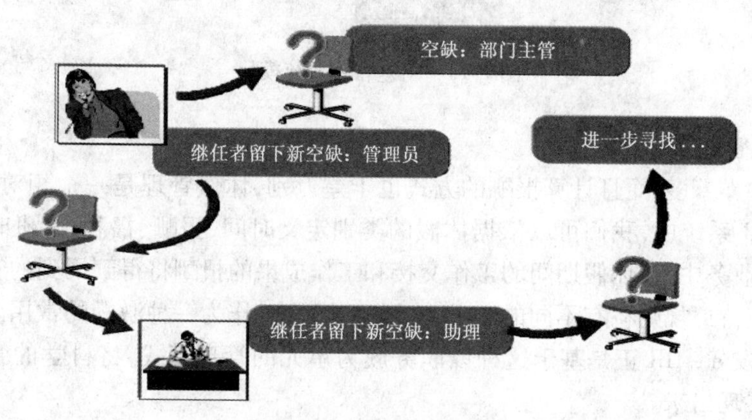

图7-13　职业生涯规划模块

能,利用外围的行业调查机构与专业顾问公司的劳动成果,能使我们的信息丰富起来。在员工的职业生涯规划过程中,这还并不是用友 e－HR 所能做到的重点,我们所盼望的是在有了这些基本数据以后,怎样使员工的未来素质与未来的岗位要求进行匹配?过程需要多长时间?通过哪种职业途径达到预期的目标?在职业发展过程中的每个时期,员工需要哪些培训,才能尽可能地使个人适合这种企业发展的需要?用友 e－HR 提供支持的重心便在于此。

13. 考勤管理系统

考勤是人力资源管理监控中的一部分,这种简单而原始的操作手段将会在很长的一段时间内存在,在使用用友 e－HR 过程中你会逐步熟悉时间管理的核心,围绕单位工作量而设计的排班体系是时间管理的起点,而在初始工作中,我们已经定下了规则,这个好的模式应该是一个能使资源优化的管理规则。用友 e－HR 的操作跨越了地域的界限,及时处理并按照规则统计实际发生的结果显得非常简单而轻松。考勤的数据直接与工资、财务系统关联,并可以随时导出。

14. 出差管理系统

作为时间管理的一部分,出差的日程安排、补助的计算、考勤数据的整理等大量业务的处理应能够随机完成,在以往的工作中,我们也许花费了太多的时间在这些简单但烦琐的事务上,同时还会担心这些业务的准确性,用友 e－HR 支持异地随机处理这些业务,合理安排每个团队与个人的异地办公时间,同时与办公室所在地的团队协同工作。如图 7-14 所示。

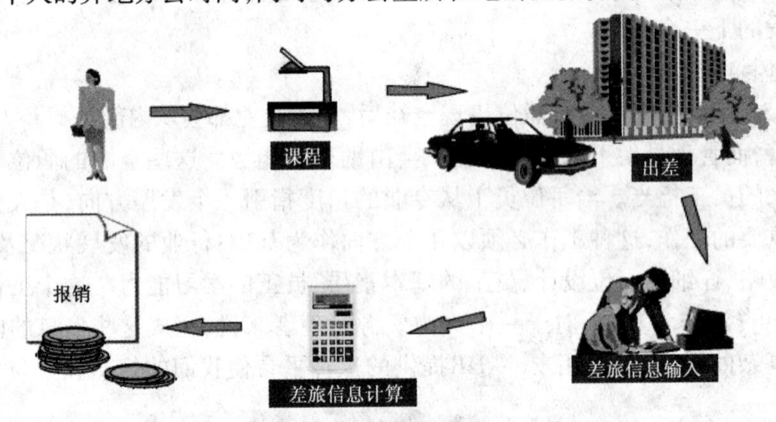

图 7-14　出差管理系统模块

15. 休假管理系统

休假的种类繁多,而且计算报酬的方式也千差万别,休假管理是一个相对独立的体系。在用友 e－HR 系统中,我们可以依据休假的类别定义时间、报酬、福利、上班时间调整等规则,在具体的业务中,在休假期间的工作交接和工作成果的报酬将得到周到的管理。不同类型员工的假期待遇规则将有不同的定义,在激励体系中,作为一种激励的常用工具得到了广泛的使用,用友 e－HR 正是基于这种以职务簇为单元的管理模式,将科学的管理思想以数据化的形式展现出来。

16. 薪酬管理系统

长期激励的行为是按要素分配的机制,侧重于按个体之间的能力、核心技术、已有产权、资金权益等在企业中的支出而获得相应的回报,这种回报收益是与支出不对等的,支出者存在风险,但也意味着比对等关系能得到更多的收获。短期激励的行为是按劳分配的机制,剩余资本在企业与个人之间的分配比例相对稳定时,支出与收益是对等的,只是这种对等的关系在不同的企业之间存在很大的差异,这是导致人力资本流动的动力。科学的薪酬管理体系应该体现这种差异优势,关键岗位尤其如此。薪酬调查的根本目的就是在企业支出一定的成本条件下,使差异优势既集中体现在关键岗位上,又尽量使差异优势更加普遍化。用友e-HR在薪酬体系的建设中提供了衡量行业薪酬体系与企业薪酬体系对比的平台,并能形象地反映这些差异。在薪酬要素的分配中也应该根据岗位性质的不同而定义差异性的结构,寻找一种内部平衡的关系。薪酬的核算、统计、发放等事务性工作将在一个统一的平台中完成,对于集团性公司,这部分的工作完全可以借助信息平台分解,各子公司可以单独地处理业务,定义自己的流程,制作不同的报表;子公司的数据规则与集团总部保持一致,在集团进行数据统计时,不需要重复计算,只需要定义相应的统计规则,用友e-HR可以及时形成报表。薪酬的发放形式可以按照部门统一处理,同时可在员工的自助服务平台中提取信息,员工可以自己打印薪酬表,查看出勤与业绩记录,核对自己的薪酬。如图7-15所示。

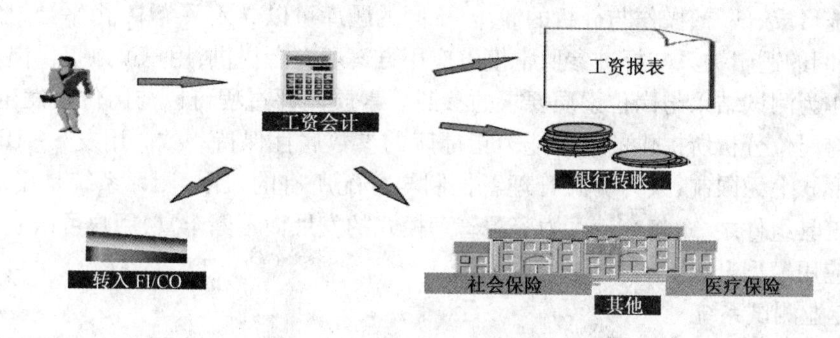

图7-15　薪酬管理系统模块

17. 绩效管理系统

绩效管理体系围绕着人力资源管理体系中的四个基本元素展开,这四个基本元素是人、团队、岗位与职务簇,人与团队是绩效的载体,岗位与职务簇是绩效的参照。在用友e-HR中,岗位的绩效参照为岗位工作分析的标的,可以通过指标的分解来形成整体,职务簇的绩效参照是组织的目标,可以通过战略要求的标的来获得。也就是说,在人力资源管理中,由指标与目标作为绩效管理的衡量标准,在用友e-HR中,绩效管理首先是一个战略系统。考核的过程是通过采用一些业务工作来获得实际的业绩成果,然后将实际的业绩成果与岗位或职务簇的要求进行对比,从中获取参照信息。这种参照信息能反映一个人或者团队在企业提供了标准资源的条件下所转移的价值,或者说贡献。人力资源管理者可以通过这些数据去开发或者激励个人和团队。在这个开发与激励的过程中,即使我们采用的方式与手段不同,也都可以理解为绩效管理过程中的一部分。在用友e-HR中,绩效管理又是一个业务系统。在绩效考核与绩效管理两个不同的管理层次之间,人力资源管理者潜意识或主动地利用了非常多的管理工具,如KPI、OPM、EVA、BSC等,这些工具在用友e-HR中是以应用模型工具与开放式的信息系统平台有机地结合在一起。绩效管理系统的部署方式因企业的行业模式、战略、发展阶段不同而不同,相同的地方可以总结为:个人可以部署KPI;组织可以采用目标管理，目标可以根据组织的业务特性分为成本中心、利润中心、投资中心；实体组织可以采用平衡积分卡；整个公司可以利用 EVA 体系。用友 e - HR 可以完成这些绩效管理战略、绩效管理业务、绩效管理工具和绩效管理基本信息的处理，在操作上可以部署 360 度的方式，在时期上可以根据不同的考核对象任意划分阶段。

18. 人力资源管理诊断

人力资源管理诊断的标准实际上是在人力资源管理战略中确立的，用友 e - HR 借用了这些战略指标的积累，将业务流中的关键接点寻找出来，分析辅助业务所实现的人力资源管理关键指标，作为诊断的正常标准。除此之外，同行业中成功的企业已经采用的关键指标也可成为标准的补充。实际常量的采集过程是非常艰难的工作，用友 e - HR 及时开放着这个窗口，人力资源管理者可以通过这个特殊的窗口随机采集一些数据。数据调研工作完成后，会有几个类别的分析图形产生，人力资源管理者需要从这些专业的报表中寻找能够反映人力资源管理优劣性的数据源，借以调整人力资源管理整体解决方案。

19. 素质测评系统

用友 e - HR 素质测评系统是软件平台与应用模型及行业解决方案的整体。平台提供了测评系统形成、部署、操作与分析的载体，不同的题库可以导入系统中，由平台组成一个整体，题目之间的逻辑关系与标准参照常模由应用方案所有者提供，用户可以提供岗位的胜任能力模型作为测试结果与岗位素质要求的参照。素质测评过程可以与岗位不发生关联，但结果必须与岗位分析所提供的胜任能力指标库的参数属性保持一致。用友 e - HR 测评系统在部署形式上无限制，人力资源管理者控制与分配所有的权限，测评系统是用友 e - HR 核心管理工具组件之一，将会随人力资源管理模式的发展而不断丰富，用户可以通过远程获得长期的应用模型升级。

20. 专业测试系统

不管我们是否硬性地将企业人进行划分，专业技能与知识的掌握是人力资源管理重要的部分，因为专业技能与知识本身就是人力资本的组成部分。专业测试的题库来源于企业，与素质测评系统不同的是：用友 e - HR 能够自动地检索题目并随机组成试卷，答题者进行操作后，答题结果将自动与标准答案进行比对，从而获得最终成绩。如果在岗位基本任职资格中部署了有关专业技能与专业知识的要求，用友 e - HR 还能形成符合岗位要求程度的分析表。用友 e - HR 对群体的测试成绩提供了多角度分析的标准框架，能使人力资源管理者从更高的角度协调与梳理资源。

21. 团队分析系统

目标、观念、行为的一致性是衡量团队的三大因素。个体的共性在团队中往往被局限在一定的区域，而个性的差异却往往被扩大化。人力资源管理者进行团队分析的目的在于寻找更多的共性并将共性扩大化，与企业的要求保持一致。企业以文化作为团队共性扩大化的基础，并逐步同化个性，在用友 e - HR 系统中对于团队的抽样提倡采用职务簇的形式，同时又将职务簇简化为个体，为人力资源管理者的分析提供了不同层次的参照。团队分析的最终结果将反馈到人力资源规划和员工调配系统中，是企业进行人力资源优化、提升竞争力的重要工具。

22. 成本价值分析

人力成本与人力价值作为人力资本中的组成部分，代表投入与产出、流失与增值这些不同的概念。在企业通过招聘等手段使一个人来到企业中时,成本与价值的关系已经开始随着工作的开展而不断变化,企业管理者很希望有两条曲线来形象地表现这种人力投资的状况。显性的成本与显性的价值能够简单地进行核算,但必须注意人力投资的周期;隐性的成本和隐性的价值在一般情况下可以通过显性数据来比照,但在某些情况下会发生很大的差异,这些差异取决于激励的效果。用友 e - HR 不是简单地将显性成本与价值进行统计,在系统中考虑到了激励体系的影响。另一方面,人的潜在价值也是人力资本的一部分,这种价值的变化一方面取决于人力资源开发的成果,同时又受制于岗位的边际,在用友 e - HR 成本与价值分析系统中,虚拟的理想岗位模型能反映潜在的价值。

7.2.3　用友人力资源信息系统方案——打造华侨城员工核心竞争力

华侨城是1985年成立于深圳的一家大型国有企业。20年来,华侨城经济发生了快速增长,已经发展成为一个以家电制造、电子、旅游、房地产业、金融、传媒为主导业务的大型投资控股企业集团。据2002年的统计,其总资产达200亿元,净资产近100亿元,年销售收入超过100亿元,累计向国家上缴税收30多亿元人民币。

企业的人力资源管理在更新、开发、激励、监控等方面是否具备吸引人才和深远发展的优势,是企业竞争力的一个重要方面。对于集团来说,华侨城更重视的是对薪酬管理的监控和面向高管人员的激励体制,比如对于薪酬监控来说,HR 部门需要快速地搜集相关数据并进行分析,与行业、产业的薪酬标准进行对比,这样可以使监控的力度加大。目前华侨城集团拥有300人的人力资源队伍,管理着全球26 000名员工,仅在深圳华侨城这一区域就有着11 000名员工。如此庞大的人力资源管理工作势必要求有一套相应的信息系统来支持。

早在十几年前,华侨城集团就已经在使用深圳市人事局推广应用的 TYRS 系统和集团信息中心开发的人事管理系统。但随着社会发展和环境的变化,员工基本信息项目发生了很大变化,而原有系统只有工资管理、文件管理和员工基本信息管理三个模块,并且基本处于相互割裂的状态。如工资管理和员工基本信息管理两个模块就因为技术原因而不得不需要重复录入员工基本信息。同时,对于现代人力资源管理的其他极为关键的绩效评估、人力资源开发、招聘管理、人力资源规划、组织架构、人力资源指标衡量等方面也完全没有被涉及到。人力资源信息系统迫切需要实现信息共享。不仅在人力资源部门内要实现信息共享,而且要在部门之间甚至整个集团内实现信息共享,以提高运作效率。

华侨城集团2001年采用用友 e - HR 系统。从此以后华侨城集团人力资源管理者不但能够把信息收集上来,而且还能够真正利用起来。企业中的很多流程也会根据这一软件而发生改变。以往上游操作部门的举措很难与下游的操作部门进行衔接,或者只是在按照惯性操作,而现在则完全变为强制合作。原来出现问题之后很难找到死角,而现在则很容易找到问题死角并加以修正。几乎任何有关人力资源管理的细微末节尽在掌握之中。新系统上马后的第一个变化就是 HR 部门的员工感觉到自己从以往繁重的手工计算中解脱出来了。以往如果一个数字输错了,就必须重新手工输入一遍。而新系统上线后使得基础性的工作量大大简化;第二个变化就是 HR 部门有了“权威性”。理论上讲,人力资源部门做出来的人力资源数据应该是最权威的、最准确的,但是很多 HR 部门的一个通病就是,由自己调出来的数据反倒缺乏权威性。这是因为他们搜集出来的数据在即时性和核对率方面都无法保证。未来的情况是,由于现有新系统的“强制性”,每天都会有最新的数据录入系统,这样由

HR 部门做出来的人力资源数据自然就成为了“绝对的权威”。

华侨城整个集团有 60 多家企业，而且行业跨度非常大。也正是因为需要面对如此繁杂的领域进行“多边作战”，直接负责集团 e－HR 项目的华侨城集团总部人力资源部业务经理曾经感到颇为头疼。各股份公司各有各的章法，比如在薪酬方面，每家公司都有自己的一个薪酬套路，而且集团横跨家电制造、电子、旅游、房地产业、金融、传媒等众多产业，每个产业有自己独特的薪酬管理模式，而同一产业中的公司也有自己独特的架构特点。所以对于整个集团来说，既要兼顾各个子公司的特点，又要兼顾各个产业的特点，无法进行简单的模式“拷贝”，有时候只能在最基础的平台上进行重新开发。看似简单的 e－HR 系统在华侨城集团却变得异常复杂，而对于那些产业结构比较单一的大型企业集团来说，由于其旗下企业的薪酬标准基本相同，即使下属企业再多，也会比华侨城集团的这种跨行业情况简单得多。

在 e－HR 系统下，公司的高层管理人员可以在任何一个地方通过因特网进入系统，随时查阅与公司人力资源相关的基本信息，准确定位下属人员的工作绩效和在公司中的职位变动信息，掌握公司人员的岗位信息、薪酬和福利现状，并可以方便地运用各种数据报表或图表，以便对人力资源信息进行深入分析。新系统为高层管理人员的战略决策提供了更多的智力支持，人力资源管理的大部分职能已经可以由员工的直接上级完成，部门经理实际上也是一个人力资源管理者，他们可以借助系统实现部门级与公司级的同步处理，这不仅提高了人力资源管理的效率，更使中层经理也参与到公司的人力资源管理中。他们利用系统可以随时了解员工的工作绩效、个人素质、业务能力等情况，能够根据员工的具体工作状态、工作能力以及未来职业发展规划安排员工的具体工作，或采取灵活措施安排具体工作，并且能够通过系统及时审批和处理下属人员提交的各种申请，避免在年终填写大量表格的繁重事务，从而更加准确地评估员工的工作绩效。

公司的普通员工也可以通过自助服务系统了解个人出勤、假期、薪资福利等历史和当前信息，并对专属于自己的个人信息进行查看或修改；同时，员工也可以查询公司政策规定和相关的人力资源管理规章制度。利用预设的审批流程，员工可以方便地提交个人休假、加班、公出等申请，并查询申请审批状态；另外，员工还可以在网上实现个人工作评估，对同事或经理进行工作绩效评价，甚至可以对照绩效评估结果提出培训需求，申请相关培训。更让许多员工感到欣喜的是，虽然公司人数众多，但 HR 部门却对诸如员工生日等平常“小事”无一“遗忘”，这让他们感到由衷的温暖。HR 部门能够有如此“神通”，正是因为有 e－HR 系统所提供的预警功能，人力资源管理者对合同到期、员工转正、员工生日等事件事先获得通知，避免了因遗忘而导致的事务中止，同时也可以对员工进行人性化关怀，这些都大大提高了员工满意度。

集团在进行招聘时，需要把具备企业核心能力作为一项招聘的必要条件，不具备这一条件的人员即使其他能力再强也不被录取，这样才能保证所招聘的人员是企业真正需要的人员。为此，华侨城集团建立了人才库，应聘者的简历投到网上的简历中心以后，由简历中心直接发送到内部系统；搜集到这些数据后，包括对招聘过程和上次面试的登记情况，都可以随时进行查询、分类和统计，并且可以随时将这些资料调出，与其下属公司共享。如果集团再招聘时需要重新审视这份简历，也可以很容易地知道这个应聘者以前做了哪些工作以及对他做的这份工作的评价。这些都大大提高了招聘工作的效率。

华侨城集团在进行绩效考评时，把是否具有职位所需要的核心能力和核心能力水平高低作为考核指标,希望通过这样的考核,促进员工积极主动地通过多种方式去获得核心能力。因此,集团在制定薪酬制度时,把员工核心能力作为影响薪酬的重要因素,将它直接与员工的薪酬挂钩,通过薪酬制度激励员工获得核心能力。通过培训,不具备核心能力的员工往往能够获得核心能力,而核心能力水平不高的员工则可以提升自己的核心能力。华侨城员工职位的调配是以其是否拥有核心能力为基础而进行的。当员工具有更高层次的核心能力时,公司需要对其进行提拔;当员工不具备目前职位所需的核心能力,而具备其他职位所需核心能力时,公司则需要对其工作进行调换。

7.3　金蝶K/3战略人力资源管理解决方案及应用

7.3.1　金蝶K/3战略人力资源管理解决方案介绍

1. 方案概述

金蝶K/3战略人力资源管理解决方案的产品理念是基于战略人力资源管理理念,以提升组织管理能力和战略执行能力为最终目标,创建以能力素质模型为基础的任职管理体系和以绩效管理为核心的评估与激励体系,搭建由CEO、HR经理、业务经理和员工共同组成的纯Web应用人力资源管理平台,并且作为企业信息化管理系统的组成部分可与其他产品无缝集成。

金蝶的应用方案有全面应用解决方案、集团应用解决方案和应用基础解决方案,各种不同方案适用于不同的对象,具有不同的特点。

1) 全面应用解决方案

(1) 典型客户:高新技术企业、金融机构、电信企业。

(2) 应用特点:人力资源管理全面解决方案。

(3) 应用内容:组织信息管理、职员信息管理、人事事务管理、薪酬福利管理、考勤管理、绩效管理、能力素质模型、招聘管理、培训管理、查询报表、统计分析平台。

(4) 使用者:CEO、HR经理、业务经理、普通员工。

2) 集团应用解决方案

(1) 典型客户:综合管理型企业集团。

(2) 应用特点:实现集团人力资源管理的集中控制、分布应用,可与金蝶K/3的集团财务系统整合使用。

(3) 应用内容:组织信息管理、职员信息管理、人事事务管理、薪酬福利管理、考勤管理、绩效管理、查询报表和统计分析平台。

(4) 使用者:集团HR总监、各分/子公司HR经理。

3) 基础应用解决方案

(1) 典型客户:制造业企业。

(2) 应用特点:单一企业内人力资源管理基础应用,可与金蝶K/3的财务、物流、制造系统整合使用。

（3）应用内容:组织信息管理、职员信息管理、人事事务管理、薪酬福利管理、考勤管理、绩效管理、查询报表和统计分析平台。

（4）使用者:HR 经理。

2. 系统网络结构图

金蝶人力资源管理系统使用典型的 Windows DNA 三层体系结构(如图 7-16 所示),支持 C/S 和 B/S 两种工作模式,即客户端可以支持标准的 Win32 GUI 界面访问和 Web Browser 访问两种类型。金蝶的三层体系结构体现了微软倡导的自由扩展方案技术精髓,它最大的优点是可以针对不同客户业务复杂状况对 HR 系统运算负荷能力的需求做灵活的扩展处理。

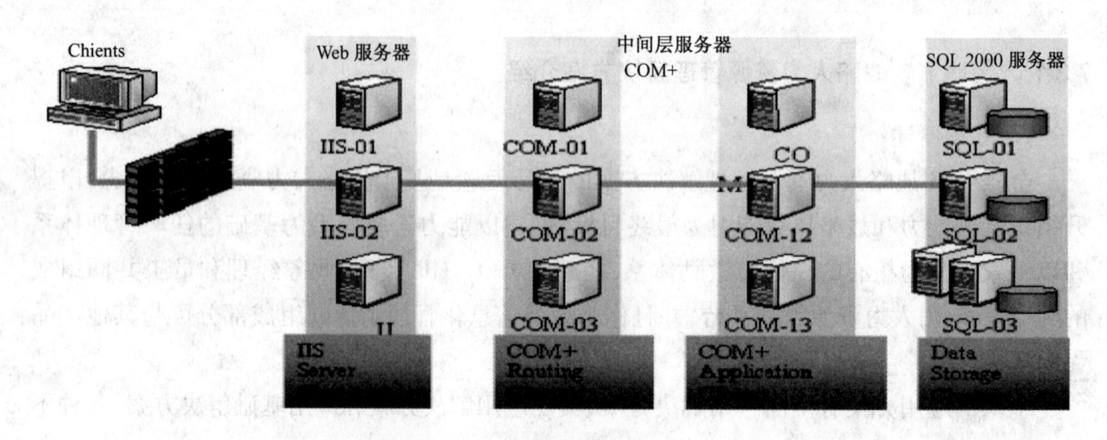

图 7-16 K/3 系统网络结构图

3. 系统技术特性

（1）统一的安全控制。金蝶 HR 系统除自身的传统密码认证方式外,还支持金蝶的统一认证服务。该统一认证服务支持 LDAP 协议,便于用户安全体系的部署。满足企业用户一次登录、到处运行的统一安全控制要求,还提供了登录接口,用户可以通过该接口实现指纹认证等更高安全性的认证方式,以满足不同客户的需要。

（2）一致的组织架构及权限模型。在各种管理应用系统中,组织架构定义及权限管理是用户最重要及复杂的基础管理工作。金蝶 HR 系统通过提供统一的组织架构及权限管理接口,保证了各应用子系统按照统一的模式对组织架构及权限进行管理,大大减轻用户的基础管理压力。

（3）多样的信息服务平台。金蝶 HR 系统提供消息、短信、邮件等信息通知方式,全面驱动人力资源管理的各项业务。

（4）具有较强大的数据分析功能。金蝶 HR 系统提供了统计分析平台,通过该平台可以制作各种类型的统计分析报表,进行 HR 的决策分析。该平台提供定时计算、自动发布等功能,全面提升决策分析能力,同时系统还支持金蝶 K/3 的商业智能解决方案。

4．金蝶K/3－HR五大核心体系

金蝶K/3－HR五大体系是指任职资格体系、招聘甄别体系、培训发展体系、薪酬激励体系、绩效管理体系，这五个核心体系组成了企业整个人力资源管理的大系统（如图7-17所示）。五大核心体系的建立与应用，可以协助企业有效提升组织能力，企业的人力资源结构要与战略发展目标相匹配，建立能力素质模型，实现人才盘点。下面分别对其中的绩效管理体系、任职资格体系和培训发展体系进行简单介绍。

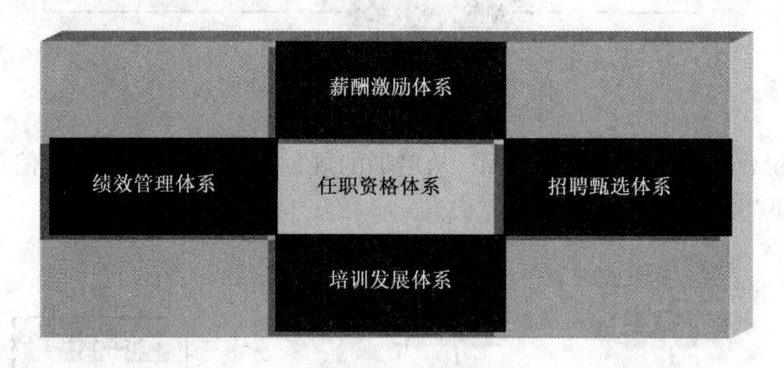

图7-17　金蝶K/3五大核心体系

（1）绩效管理体系。绩效评估是人力资源管理中的一个重要部分，企业应让员工为实现绩效目标而努力，树立绩效导向，建立绩效管理体系。基于金蝶K/3－HR系统的整个绩效管理流程如图7-18所示，其中考核目标的下达，也就是我们在人力资源管理中最常说的KRIS（关键表现指标）的下达是一个关键，金蝶K/3－HR系统采用360度评估方法对绩效进行全面评估。

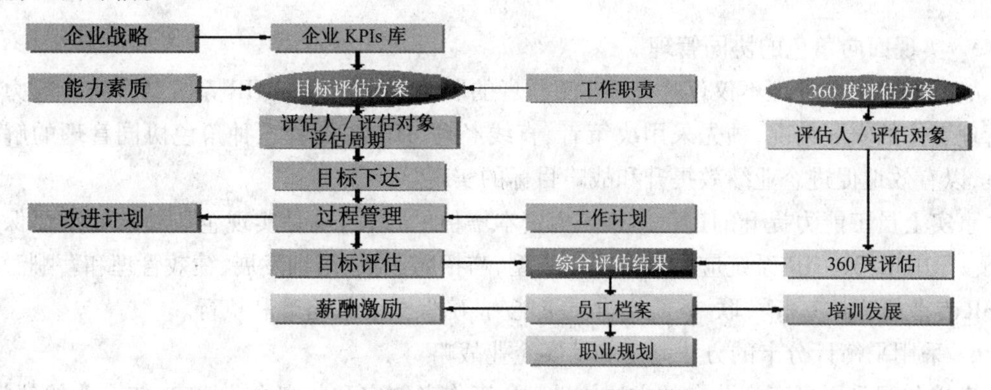

图7-18　金蝶K/3绩效管理体系

（2）任职资格体系。建立基于能力素质的任职资格体系，协助业务经理挑选人才，把公司的人力资源政策贯彻下去，推动人力资源政策的实施。如图7-19所示，金蝶K/3－HR系统建立了能力素质模型，每一个职位都有相关的任职资格要求，这为提高企业整体员工素质，良性贯彻企业人力资源政策打下了基础。

（3）培训发展体系。建立基于能力培养的培训发展体系，直线经理参与培训规划，以员工的能力素质提升为目的。如图7-20所示，根据任职资格和每个岗位能力素质要求，金蝶

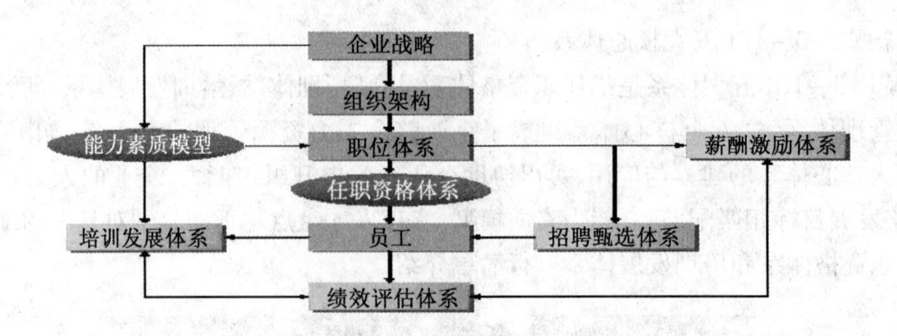

图 7-19 金蝶 K/3 任职资格体系

K/3 - HR 系统建立了完整的培训体系，从培训的规划、培训的实施、培训信息发布及员工培训记录和培训总结都能够在系统内完成。

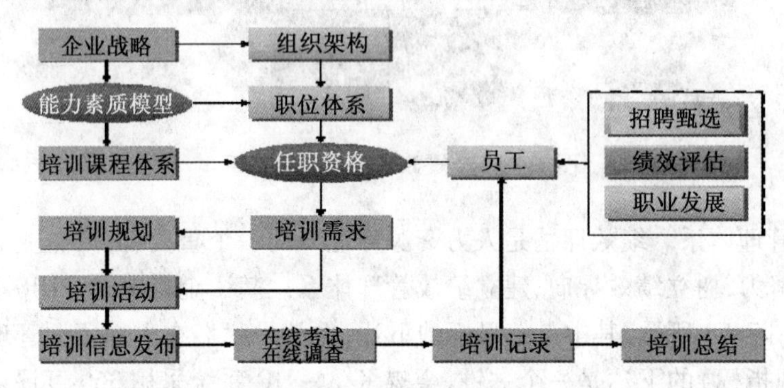

图 7-20 金蝶 K/3 培训发展体系

5. 实现面向角色的协同管理

战略人力资源管理不仅仅只是 HR 工作者的职责，金蝶 K/3 - HR 系统结合企业人力资源管理工作的实际情况，领先采用决策者、直线经理、HR 工作者三种角色协同管理的解决方案，以有效地促进企业绩效提升和战略目标的实现。

事实上员工能力提升的过程即是人力资本增值的过程，也是实现企业绩效的重要保障因素。金蝶 K/3 - HR 系统应用能力素质模型，与招聘选拔、培训发展、绩效管理和薪酬激励等 HR 专业管理体系相关联，系统提升员工能力，确保企业战略顺利执行。

6. 采用平衡计分卡的方法制定和落实企业战略

金蝶公司采用平衡计分卡的方法协助 HR 工作者制定和落实企业战略，使企业的部门、团队及个人的绩效目标与企业的战略目标保持一致，极大地促进企业战略。金蝶 K/3 关注企业绩效，实现目标管理、过程控制与 360 度评估相结合的全面绩效管理体系，确保企业管理和绩效螺旋式上升，如图 7-21 所示。

7. 集团应用，即时管理

金蝶 K/3 - HR 系统采用纯 B/S 架构，面向集团应用，支持集权与分权、跨行业、跨地域管理；强大的工作流驱动，以消息、邮件及短信息的方式发送，帮助您随时随地掌控各种信息。为避免企业信息孤岛的产生，金蝶 K/3 - HR 系统不仅能与金蝶 K/3 其他业务系统无缝集成，而且还提供符合国际标准的外部接口，轻松实现与其他系统的集成，轻松满足企业个性化管理需求。

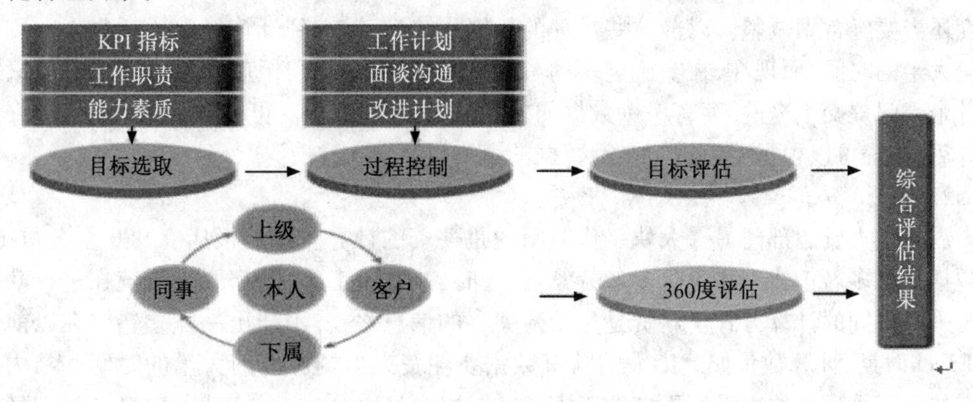

图7-21　360度评估全面绩效管理体系

7.3.2　人力资源信息系统案例——上海花园酒店

花园酒店是上海老牌的五星级酒店之一，位于市中心原法国俱乐部旧址，毗邻繁华的淮海中路，拥有近3万平方米的花园，是一个集古典高雅与豪华舒适于一体的五星级宾馆。酒店拥有500套客房，多个西餐厅、咖啡厅、中餐厅、日餐厅和酒吧，在酒店中工作的员工有900多名，而负责人力资源工作的只有3个人。

以前上海花园酒店人力资源管理工作主要靠手工和Excel表格来做，工作量大，而且大都是重复劳动。常需要半个月的时间才能把考勤情况做完统计，而薪资的计算也需要十来天左右，因此可以说是忙完了考勤，忙工资，忙完了工资又要开始忙考勤。1993年花园饭店也开始使用开发人力资源的管理软件，但只做了工资模块和一些较简单的人事资料，不具备丰富的统计功能，只能做单纯的记录，因此酒店人力资源部门的工作量还是非常大。

虽然，花园饭店作为一家经营十多年的五星级酒店已经建立了一整套比较规范的人力资源管理方法，但在当今人力资源管理迅速发展的年代，花园酒店意识到，没有一个强大的人力资源管理系统，人力资源部门面对大量的信息，无法有效率地将其中的重要部分提取出来，并做出相应的判断和处理。酒店管理层的决策只能依据简单的一些报表，在浪费大量人力、物力的同时无法做到实时监控，难以保证数据的准确性和及时性，更加无法满足酒店管理层对人力资源部提出的更高的要求。因此，选用一套既有国际化管理理念，又能够满足中国特殊的人力资源管理环境的人力资源软件系统就被提上了日程。

花园饭店在考虑了产品的功能模块、成熟度，系统的设计理念和售后服务后，2003年7月采用了金蝶K/3－HR方案。4个月后，金蝶完成系统实施，花园饭店开始运用信息手段管理人力资源。这家有着悠久历史的五星级酒店开始焕发出现代科技的气息。金蝶的K/3 HR将花园饭店烦琐的考勤、薪资和培训管理变得异常轻松，效率成倍提高。事务性工作逐步地被金蝶的系统所取代，人力资源的管理真正进入了信息时代。

1. 考勤

在酒店行业中，考勤制度往往非常复杂。据了解，在花园饭店的中、西、日餐厅、咖啡厅、酒吧中都有着各自不同的考勤制度。因为有的餐厅可能需要供应早餐，它的考勤就要从早上五六点钟开始,而有的餐厅如果不供应早餐,它可能只需要从十点或十一点开始。而且,就算在同一个餐厅中,不同职务的员工也会有不同的考勤要求。由于时间的变化,这些考勤制度还需要经常做调整。以前这些烦琐的数据从统计、输入到计算经常要耗去人力资源部门一大半的时间,而现在,在实施金蝶的考勤管理模块后,花园饭店的人力资源部门只需要将各个部门提交上来的、存有考勤数据的软盘插入电脑,数据就可以自动导入系统。在设置条件后,系统可以根据要求进行考勤数据的计算。

2. 薪资

占去人力资源部门另一大块工作时间的是薪资的计算。花园饭店有900多名员工,其中包括600多名正式工和300多名劳务工、计时工、实习工等,这都要求系统在进行薪资计算时采取不同的计算方式。薪资是员工最关心的信息之一,不能出一点差错。在以前手工加Excel时期,计算数量如此庞大的薪资数据要耗费人力资源部门大量的时间和精力。在金蝶的薪资管理模块中设定不同的工资、补贴、奖金计算公式,系统就可以自动而精确地计算出花园饭店所有员工的薪资。

3. 培训

花园饭店是一家日资企业,与其他同级别的酒店相比,它在人员培训方面的要求更多。现在的培训管理模块包括培训审批、培训活动安排、培训总结安排和培训报表等功能。根据花园饭店外语培训和考试的需求,金蝶在培训管理模块中增加了多种查询方式,可以按照部门、考试日期以及参加培训者的星点数等条件来查询个人、部门及全饭店当前的外语水平现状。用这个系统查询起来非常方便,而且,员工的信息也收集得很完整。如果人力资源部门需要对员工的一些情况做修改也非常便捷。

4. 人力资源服务的演化

在花园饭店,通过借助信息化的手段改变了人力资源管理一直陷在事务性工作中的困境,并且优化了人力资源服务。现在,花园饭店的工作人员有了更多的精力和时间去为酒店做更有价值的人力资源服务,为酒店招聘优秀新员工就是其中一项。据了解,花园饭店只招聘应届毕业生,许多学校的酒店专业都与花园饭店建立了长期的联系,应届毕业生都会通过固定的渠道到花园饭店来面试。前几年,学生资源一直比较充足,但近几年,上海的高档酒店越来越多,其中也不乏许多与花园饭店一样的五星级酒店,酒店招聘新员工的竞争就变得非常激烈。在以前,人力资源部门经常疲于做考勤和薪资的计算,在招聘新员工方面能够调动的时间和精力有限。而现在一方面可以有更多精力投入到新员工招聘工作中,另一方面,系统也详细地记录了应聘者的情况,使人力资源部门能对招聘信息了然于心,这都为花园饭店招聘到更多、更优秀的新员工创造了条件。

7.3.3　人力资源信息系统案例——长安汽车(集团)有限公司

长安汽车(集团)有限公司(以下简称长安公司)是一个国有大型企业,人事管理相当复杂,其原先有一系列各自分隔的数据系统。数据库共有全厂2万多人的数据,但只有基于组织部管理的中层干部数据是及时更新和维护的。过去人力资源数据库采用的后台数据库为SYBASE 11,服务器为RS6000 F50系列,如图7-22所示。

下面所列是长安公司人力资源系统整合前各主要部门所用的数据库:

- 人事部人力资源系统(SYBASE);

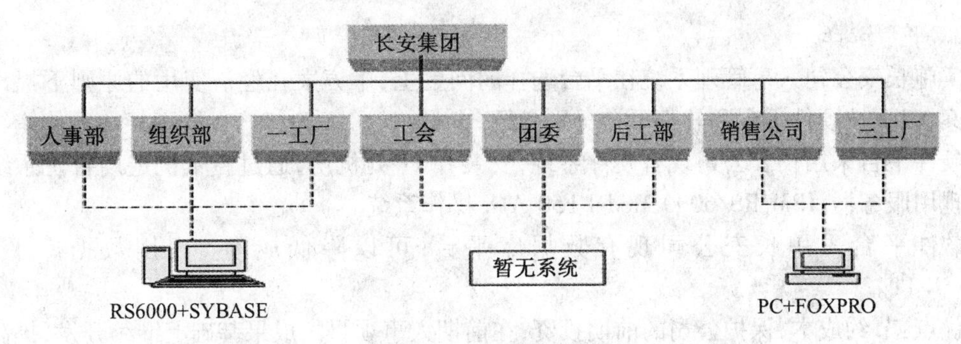

图 7-22　长安公司人力资源系统整合前的结构图

- 组织部中干(中层干部)卡片系统(SYBASE);
- 一工厂人事系统(SYBASE);
- 三工厂人事系统(V-FOXPRO);
- 销售公司人事劳资系统(V-FOXPRO);
- 人事劳资(一般为 FOX 系统);
- 在工会、团委等部门无相关管理系统运行。

1. 改革必要性迫切性分析

随着公司人事制度、岗位工资的改革,发现由于集团公司没有统一的人事管理系统,造成人事管理部门对各基层的人事情况非常不了解,出现脱岗、混岗等现象,要准确有效的推动改革十分困难。因此非常必要一套统一的人事系统,为人事管理部门提供准确一致的数据。

领导干部和后备干部信息的管理以及对他们的培养评估,对公司的发展有着关键的甚至是方向性的作用,因此需要借助信息系统提高对管理层的规划管理。由于没有及时准确的数据,在劳保福利的执行工作中常有多享受、超时享受福利等不合理的现象,因此在工会系统中急需借助计算机管理系统来杜绝、减少这类不合理现象的发生。由于没有集中的准确的数据,在房改中常有多次享受福利房、重复享受货币补贴等不合理现象,因此房管部门急需一套统一的房产管理系统。所以,目前迫切需要在人力资源部、组织部、工会、团委等部门建立人事系统,并由此提出了人事信息整合系统,包含以下五个分系统:人事劳资管理信息系统、领导干部及后备干部管理信息系统、公司工会管理信息系统、团委管理信息系统、后工部房产管理信息系统,同时按公司信息化建设原则,方案总体规划,分阶段实施。

鉴于需求的迫切性,由公司人事部立项,将基于整个集团公司的一个人力资源解决方案引入实施。本系统实施的主要核心是建立各分系统统一共享的基础数据。对公司总体规划而言,本系统相当于前期工程,为今后公司实施 ERP 系统做好必要的基础数据准备。ERP 系统中通过开放的数据接口,可以充分利用现在建立的基础数据。

2. 人事管理系统的目标

建立长安公司统一的人事管理系统,解决人事数据孤岛问题,实现七大片区人事数据共享,集中管理整个公司的人事数据,完成部分相关部门的业务工作管理,为人力资源管理从传统的人事管理(作业执行)到现代人力资源管理(策略规划)的过渡打好必要的坚实的数据基础。整个长安公司人事管理系统包括:人事部子系统;工会子系统;组织部子系统;团委子系统;后工部房产管理子系统。

3. 平台选择

实施长安公司人事管理系统在平台选择的问题上，本方案在经济实用的原则下提出解决方案，以下按硬件平台和软件平台分别介绍。

硬件平台采用长安公司现有硬件系统，安装在 IT 处机房，通过磁带机定期备份系统数据。现用服务器：IBM RS/6000 Model F50 AIX 操作系统。

软件平台采用长安公司现有数据库平台，可以降低成本。现用数据库平台：SYBASE 11。

优点：节约成本，保护公司的前期投资；在前期人事项目的成果基础上继续开发，提高效率，节约时间；有利于快速原型法的实施，这在从无到有的系统实施过程中是重要的手段和方法。

缺点：在一定程度上对公司信息化建设的长远发展有影响，将来与其他系统的集成需要开发商介入才能进行。

4. 系统结构

整个人事管理系统包括人事部分系统、工会分系统、组织部分系统、团委分系统、后工部分系统。其中人事部分系统基于 SYBASE 数据库基本完成集中式体系结构。在本次方案设计中，根据实际情况，在以前的集中式体系结构基础上，采用分布式与集中式相结合的体系结构。各大片区的人事数据分散在各片区维护更新，通过数据管道技术（pipeline）定时刷新公司服务器的数据。这样，在各片区本地有数据，在公司总部也有各片区的数据。并采用双向控制更新方法保证数据的唯一性和安全性。

考虑到长远的信息化建设发展以及公司人事管理模式的改革（从基于人的管理向基于岗位的管理转变），现有的人事部分系统只能推翻，重新分析设计，开发实施，才能更好地适应人事管理的需要。为了更好地利用现有资源，整个方案在现有人事部分系统的基础上实施，对急需使用的人事部分系统的模块进行升级优化。如图 7-23 所示。

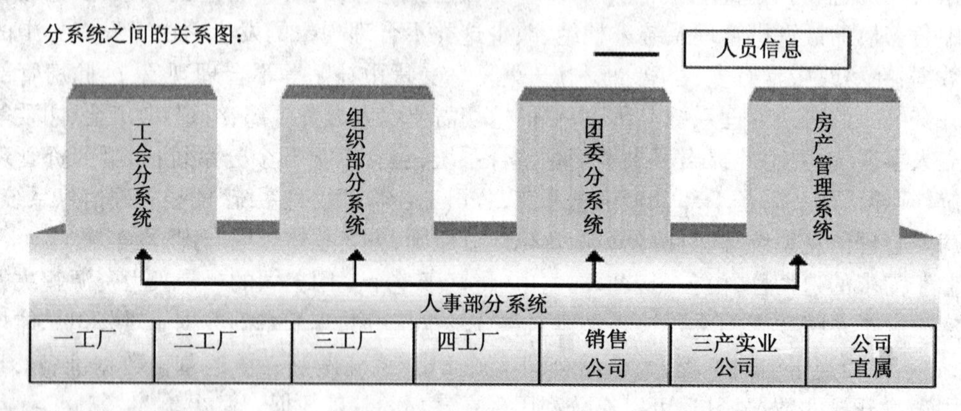

图 7-23　长安公司人事部分系统的模块

5. 开发工具及系统体系

本方案中开发工具采用 PowerBuilder 7.0，后台数据库采用 SYBASE，系统体系采用 C/S 体系。按照总体规划，分步实施原则，暂时不采用 B/S 体系，但是在本次方案设计实施中，为以后实施 B/S 体系留有接口，方便系统的扩充。

6. 与其他系统的关系

人事管理系统同财务系统以及其他专业应用系统一样,是相对比较独立的信息系统,系统数据的产生、维护在系统内部完成,与其他系统的关系主要表现在能否提供人力资源信息,方便其他系统查询提取相关数据。

小　结

(1) Oracle公司是全球最大的信息管理软件及服务供应商,成立于1977年,总部位于美国加州 Redwood shore. Oracle应用产品包括财务、供应链、制造、项目管理、人力资源和市场与销售等150多个模块,荣获多项世界大奖,现已被全球近7 600多家企业采用。

(2) EHR是为客户持续地提升人力资源管理水平和能力而提供的信息化的支撑和平台。

(3) 人力资源管理系统的任务是描述企业组织结构和员工之间的组织关系,以及对员工数据的存储和管理。由于外界环境的变化,促进了新的职位或单位的创设和改变,这就要求人力资源管理系统能及时和灵活地描述企业的组织结构。

(4) 用友人力资源管理信息系统模块主要有:①人力资源战略;②人力资本管理;③人力资源规划;④企业组织结构;⑤人员信息管理;⑥招聘甄选管理;⑦员工调配管理;⑧员工离职管理;⑨制度政策管理;⑩劳动合同管理;⑪训开发管理;⑫职业生涯规划;⑬考勤管理系统;⑭出差管理系统;⑮休假管理系统;⑯薪酬管理系统;⑰绩效管理系统;⑱人力资源管理诊断;⑲素质评价系统;⑳专业测试系统;㉑团队分析系统;㉒成本价值分析。

思考题7

7-1 简述Oracle HR员工信息系统界面。

7-2 用友人力资源管理系统的模块都有哪些?

7-3 简述用友人力资源信息化解决方案的特点?

7-4 简述金蝶K/3战略人力资源管理解决方案的特点?

7-5 简述Oracle HR员工信息管理系统。

参考文献

[1] 戚艳萍. 现代人力资源管理. 杭州:浙江大学出版社,2002

[2] 李燕萍. 人力资源管理. 武汉:武汉大学出版社,2002

[3] 王荣科. 人力资源管理的环境系统. 华东经济管理,2004(4)

[4] 李红玲,张京成. 中国现代企业人力资源管理现状与对策研究. 科研管理, 2003(11)

[5] 李伟. 人力资源管理现状及其解决方案. 企业改革与管理, 2004(9)

[6] 刘彤,杨笑颜. 中外人力资源管理模式分析. 科技情报开发与经济, 2004(12)

[7] 冯虹. 现代企业人力资源管理. 北京:经济管理出版社,1997

[8] 孙小琴. 企业人力资源信息化管理探讨. 机电工程技术,2003(3)

[9] 唐侠. 现代企业人力资源信息化系统的设计和实现. 黑龙江纺织, 2001(9)

[10] 关淑润. 人力资源管理. 北京:对外经济贸易大学出版社,2001

[11] 戴昌钧. 人力资源管理. 天津:南开大学出版社,2001

[12] 郜启杨,张卫峰. 人力资源管理教程. 北京:社会科学文献出版社,2003

[13] 杨明一,洪大为. 电子商务与 ERP 理论与实务. 北京:清华大学出版社,2003

[14] 杨周南,张瑞君. 会计信息系统. 北京:经济科学出版社,2000

[15] 王立坤,孙明. 物流管理信息系统. 北京:化学工业出版社,2003

[16] 胡玲,吴志斌. 电算化会计信息系统. 北京:中国财政经济出版社,2002

[17] 何发智. 物流管理信息系统. 北京:人民交通出版社,2003

[18] 薛祖云. 会计信息系统. 厦门:厦门大学出版社,2003

[19] 乔鹏,李湘蓉. 会计信息系统. 北京:清华大学出版社,2002

[20] 郑大奇. 奥美优化人力资源管理. 计算机世界,2001(11)

[21] [美]戴维 · 沃尔里奇. 人力资源教程. 刘磊译. 北京:新华出版社,2000

[22] 莲新元. 因特网令科技与培训结合在一起. 北京现代商报, 2002(8)

[23] 张建辉. 因特网与企业人力资源管理. 中国软科学,2002(4)

[24] 石宝丽,田亮. 论企业人才招聘的新渠道——网络招聘. 西安邮电学院学报, 2003(4)

[25] 王琪延. 企业人力资源管理. 北京:中国物价出版社,2002

[26] 庄培章. 现代企业文化新论——迈向成功企业之路. 厦门:厦门大学出版社,1997

[27] 李大军. 中外企业文化知识 500 问. 北京:企业管理出版社,2002

[28] 陈军,张亭楠. 现代企业文化. 北京:企业管理出版社,2002

[29] 解树江. 虚拟企业对传统企业文化的影响. 工业企业管理, 2001(12)

[30] 贾翠萍. 人力资源管理创新带动企业文化建设. 中外企业文化, 2002(3)

[31] 武卫东. 浅析企业文化在人力资源开发中的重要性. 煤炭企业管理, 2001(8)

[32] 乔庆恩. 人力资源开发与企业文化建设. 石油劳动,1997(3)

[33] 王静霞. 企业文化与人力资源管理. 继续教育与人事,2003(5)

[34] 邓顺国. 电子商务概论. 北京:清华大学出版社,2005

[35] 张磊. 人力资源信息系统. 大连:东北财经大学出版社,2002

[36] 周一鹿. 电子商务网站建设与管理. 重庆:重庆大学出版社,2002

[37] 冯矢勇. 电子商务安全. 北京:电子工业出版社,2002